冷战国际史研究丛书

国家社会科学基金项目

威慑与禁忌

艾森豪威尔时期美国在东亚的核部署研究

陈　波◎著

世界知识出版社

图书在版编目（CIP）数据

威慑与禁忌：艾森豪威尔时期美国在东亚的核部署研究 / 陈波著．—北京：世界知识出版社，2023.8
（冷战国际史研究丛书 / 李丹慧主编）
ISBN 978-7-5012-6662-3

Ⅰ．①威… Ⅱ．①陈… Ⅲ．①美国对外政策—研究—东亚②核安全—安全管理—研究—美国 Ⅳ．①D871.20 ②TL7

中国国家版本馆 CIP 数据核字（2023）第 115405 号

责任编辑	刘豫徽
责任出版	李　斌
责任校对	陈可望
书　　名	威慑与禁忌： 艾森豪威尔时期美国在东亚的核部署研究 Weishe yu Jinji: Aisenhaoweier Shiqi Meiguo zai Dongya de Hebushu Yanjiu
作　　者	陈　波
出版发行	世界知识出版社
地址邮编	北京市东城区干面胡同 51 号（100010）
网　　址	www.ishizhi.cn
投稿信箱	lyhbbi@163.com
电　　话	010-65233645（市场部）
经　　销	新华书店
印　　刷	北京虎彩文化传播有限公司
开本印张	787 毫米×1092 毫米　1/16　16¾印张
字　　数	220 千字
版次印次	2023 年 8 月第一版　2024 年 8 月第二次印刷
标准书号	ISBN 978-7-5012-6662-3
定　　价	68.00 元

本书的出版得到华东师范大学社会主义历史与文献研究院的支持，特致谢忱！

总 序

在历史研究中，冷战国际史研究不仅着眼于国家间的双边或多边关系，而且还在这一基础上向外扩展，探讨某一地区乃至全球的政治、军事格局的形成和走向；向内延伸，分析在已经形成的世界格局中各国国内政策的变化和发展，以及由此产生的对国际关系和国际事务的影响。就此意义上说，它已成为一个独立于国际关系史范畴的新的研究领域。

冷战国际史区别于国际关系史的重要特征即在于它的国际性，它是一个国际史。所谓“国际史”，其含义有两个层面：其一在于，无论是学者队伍和史料来源，还是研究对象和观察视角，凡在冷战史的范围内，都不能再以某一个或几个国家为中心，而已经构成了一种国际现象；其二在于，冷战首先表现为以意识形态、制度为分野的分庭抗礼，不同制度的国家卷入其中，成为一种世界范围的国际斗争，由此引发美苏集团对各地区、民族或国家事务的卷入，除阵营国家外，处于中间地带的各民族国家多分别依附于一方，各个国家的发展道路与两极国际格局的演变已经融为一体。这种历史现象的内涵与外延，已不是一般的国际关系史所能囊括的了。

1991 年，以苏联解体、东欧剧变和两德统一为标志，冷战作为世界历史上的一个时代结束了。即之，以俄国档案的解密为契机，一系列前社会主义阵营的东欧国家档案也纷纷见之于世，加上原有的美国、英国、日本等国定期公开的档案，学者们可以通过大量的一手材料更加真实地描述和解释冷战时期的历史。所有这些构成了冷战史研究在20世纪90年代异军突起的时代机遇。美国威尔逊国际学者中心（The Woodrow Wilson International Center for Scholars）于1991年率先成立了冷战国际史项目（The Cold War International History Project），许多国家和地区也随之建立了自己的研究机构或团队。此后，“冷战国际史”这一概念便开始流行，并被国际学界广为接受。

当20世纪中叶开始的世界社会主义与资本主义两大阵营的相互对抗成为过去，研究者与研究对象之间的距离也随即逐渐拉开，各国冷战史学者得以在摆脱冷战环境及其思维定式束缚的条件下，对冷战的概念、内涵和外延，冷战的起源，冷战思维对各国决策层的影响，大国关系对国际政治力量改组的影响，小国在冷战格局变化中的地位和作用，不同阵营内部关系的变化及其对两极格局的影响，美苏之间冲突、遏制、对抗和缓和的交替过程，苏联解体过程中的冷战因素，冷战框架和冷战思维对后冷战时期世界格局发展变化的影响等一系列重大历史问题，进行比较客观的再思考。由此，国际学术界掀起了对冷战历史研究的新的热潮，参与的学者人数和国度、研究的角度和方法、课题的种类和范围，以及档案文献资料所涉及的语种和国家等，都大大超过了以往几十年的研究。这种新的国际学术潮流，被国际著名冷战史专家约翰·刘易斯·加迪斯（John Lewis Gaddis）称为“新冷战史”（The New Cold War History）。

近年来，冷战国际史的新研究日渐深入，其主要学术特征表现在以下几个方面。

第一，众多冷战史研究群构成了国际学者队伍。在美国和西欧，美国威尔逊国际学者中心冷战国际史项目、位于乔治·华盛顿大学的国家安全档案馆、伦敦政治经济学院冷战研究项目、以瑞士联邦技术学院安全研究中心为依托的合作安全平行历史项目（The Parallel History Project on Cooperative Security）等，是世界上几个主要的冷战史研究中心；此外还有意大利的马基雅维利冷战史研究中心，法国的“欧洲认同、国际关系和欧洲文明”研究所等冷战研究机构。而中东欧各国也几乎都建立了冷战史研究机构，除俄罗斯科学院冷战史研究中心外，经常在国际学界露面的是匈牙利冷战史研究中心和保加利亚冷战研究组。在亚洲，比较活跃的有中国华东师范大学冷战国际史研究中心，以及日本早稻田大学现代中国研究中心和北海道大学斯拉夫研究中心。韩国参与冷战史研究的主要是韩战研究会和国防部军史编纂研究所。新加坡国立大学近年也成立了冷战研究中心，侧重于冷战在东南亚的历史研究。香港大学历史系的美国研究中心经常与各国冷战中心合作举办国际会议，是亚洲冷战研究的主力之一。在中国台湾，“中央研究院”近代史研究所组建了一个专门研究冷战时期海峡两岸关系的研究群，“国立”政治大学历史系也有冷战史研究小组。印度学者最近也开始加入冷战史的研究队伍。

第二，档案开放、收集的国际化与多国档案的综合利用。冷战国际史研究的基本要求就是必须以第一手的档案文献构成学术论著的叙述主体，不仅如此，这项研究还强调综合利用双边档案和多国档案从事学术考察。以往的冷战史研究，依靠的主要是美国档案，故形成“美国中心论”——冷战史实际上是美国外交史——在所难免。目前，各国档案的开放、收集、整理、翻译及综合利用，已经成为冷战史研究领域首先关注的事情。正是这种档案收集和利用的国际化趋势，从根本上突破了“美国中心主义”倾向，使冷战史研究成为真正意义上的冷战国际史研究。

第三，研究者学术关怀的重点集中在历史事实的重建。冷战国际史之所以被称为“新冷战史”或“冷战史新研究”，并不是因为研究者持有相同的、统一的观点，更不在于他们形成了一个学术流派，而是恰恰相反，学者之间在很多观念、概念、定义以及对史料的解读方面，往往存在不同的释义和看法。就学术关怀而言，研究者的共同努力首先和重点在于重新描述历史过程，重新构建历史事实。冷战时代结束后，世界现代史在基本史实的认定方面出现了颠覆性的变化。过去，由于意识形态的对立和档案文献的阙如，冷战双方的研究者无法看到或不想看到铁幕的另一边究竟发生了什么，学者眼中的历史常常是片面的、虚假的、错误的，甚至是扭曲的或被歪曲的。如今，随着对峙双方档案文献的解密和公布，以及学术研究中意识形态因素的弱化，冷战历史的原貌开始浮出水面。冷战史演进的全过程进入重建阶段，在一个相当长的时间里，各国学者首要的和主要的任务就是恢复历史的本来面目。

第四，档案交流和专题研究方面的国际合作日益加强。冷战史研究走向国际化的趋势，是冷战结束以来各国档案大规模开放的现实促成的，也是其研究领域本身的内涵所决定的。冷战史研究领域的重大专题研讨会，需要多国学者利用多国档案共同参与讨论，如此才能更有效地辨明事实真相，总结历史教训。

第五，研究领域、研究对象和研究方法等方面呈现出新的发展趋势。目前，在持续关注冷战起源、苏联与冷战的关系、中美和中苏关系、朝鲜战争和越南战争等诸多热点问题的同时，冷战史学者也开始走出大国关系史研究的光环，注重考察中心地带与边缘地区的互动关系。从战后基本同步、并列延伸的冷战和殖民主义瓦解的进程来看，冷战的发展实际超出了东西方对抗的范畴，成为一种更为复杂、更具多元化特征的历史过程。两个超级大国在第三世界地区争斗的日益激烈，使无产阶级世界革命中的冷战对峙和民族独立运动这两大历史脉络密切地交织在一起，冷战的规模由此拓展至全球。这期间，第三世界扮演的角色不容忽略。只有进一步考察第三世界国家在冷战中的地位和影响，才能使人们更加深刻而全面地了解冷战年代世界格局的内涵，以及在这一总体格局中各国历史的发展道路。此外，冷战国际史研究还进一步突破了传统国际关系史研究的范畴，把观察的视野转向经济、文化和一系列社会问题，“经济冷战”“文化冷战”“宣传战—心理战”等研究逐渐兴起，跨学科研究成为一种发展趋向。战后以来，经济、文化、科技、宗教、社会等各类专门史，都不可能摆脱冷战这个核心；与此相应，研究冷战史，研究国际格局产生和变化的过程，也必须考察经济、文化、科技、宗教、社会等问题，因为正是这些问题与国际关系问题融合在一起，才构成了冷战时代本身。也只有运用多维视角，才能完全展现出冷战史作为一部国际史的价值和魅力。而就方法论言之，一些学者正尝试着在合理的新历史证据的基础上，建立自己的冷战国际史概念、分析框架和理论模式。而这种做法本来就是冷战国际史研究者所关注的，重新建构历史活动之中的应有之义。

作为冷战中的一个社会主义大国，中国的角色和作用是冷战史的重要组成部分。冷战时期的国际环境对中国的内政外交产生了重要影响，新中国的发展轨迹与冷战进程交织在一起。以此，中国学者在冷战史新研究兴起之初就参与到这一学术潮流中。随着国际交流的深入，中国学者的研究成果正日益引起国际学术界的重视。在朝鲜战争、中苏关系、新中国对外政策、台海危机、越南战争等一系列冷战史重大课题的研究中，许多中国学者的观点及其所依据的史料都在国际学术界产生了重要影响，中国的冷战史研究已经进入国际学术前沿，具备了与国际一流学者对话的能力。因此，与其他学科稍有不同的是，中国的冷战史学科一开始就是与国际学术界保持同步的，目前冷战史学界的新趋势也是贯穿在中国冷战史学科发展之中的。中国的冷战史研究已经成为一个新的学术增长点，其作为中国学术界新兴学科的地位也已经确立。

不过，中国学界在冷战国际史研究中仍然存在某些不足和需要改进之处。其一，冷战时期美国外交政策研究仍然是中国冷战国际史研究的“大宗产品”，从事其他方面研究的学者比例过低。其二，多国多边档案的互证对比研究尚处于起步阶段。其三，偏重政治、外交和军事史研究，对社会、科学、经济和文化方面冷战的研究尚显重视不够。在中国日益崛起的今天，中国的冷战国际史研究还须迈出更为坚实的步伐，学者们的视野应该不断“扩张”，探索也应该“面面俱到”。毕竟冷战的历史极其丰富和鲜活，队伍庞大的中国研究者应当尽可能均衡地关怀和揭示冷战史的方方面面。这不仅是学术发展的需要，也是国家发展的要求。

近年来，“新冷战”（New Cold War）问题开始引起国际社会的关注，大国之间围绕利益和权力展开的对抗，国际政治中出现的对峙和遏制，似乎重演着冷战年代的是是非非。面对新产生的“世界是否会进入新冷战时代”“目前国际紧张状态中有哪些因素来自冷战年代”“国际局势今后将如何发展和演变”等问题，人们只有通过思考过去的经验教训，才能做出合乎逻辑的解答。由于当代世界的结构性因素和重大国际问题的渊源都与冷战时期密切相关，所以，冷战史研究可以为理解和把握后冷战时期的历史运动规律、应对及管理现实的国际危机，提供必要的历史借鉴和战略性评估。这也是进一步全面、深入地加强冷战国际史研究，并在学科建设方面将这一研究提高到应有地位的现实意义所在。

有鉴于此，为了推动中国冷战国际史研究的继续拓展和深入，促进中国现代史、世界现代史、现代国际关系史和国际政治学研究的发展，以及为中国参与国际事务、选择对外方针提供政策咨询，我们着手编辑并出版了冷战国际史研究丛书。此套丛书的内容广泛，形式多样，既有中国学者的最新专题研究成果，也有国外学者的冷战史研究新作，以及口述历史著作。该套丛书将持续编辑出版下去，以期集中反映中外学者冷战史研究的面貌，拓宽中国冷战史学者的思路，开掘冷战史研究的新材料。

我们相信，经过中国学者的努力，中国的冷战国际史学科，必将不断走向成熟；中国的冷战国际史研究，也必将以其客观、严谨、厚重、创新的学术品质，跻身于世界史林。

冷战国际史研究丛书编委会

2012 年 6 月

目 录

第三章　冲绳问题与美国在日本的核部署

第四章　美台同盟与美国在中国台湾地区的核部署

第五章　第二次台海危机中美国的核决策

第六章　冷战初期的美菲关系、基地谈判与核问题

结 语

绪 论

冷战虽已结束，但阴霾尚未散去，特别是两极对抗时期美苏囤积、遗存的大量核武器成为国际和平与人类生存的潜在威胁，核安全正日益成为当代国际关系中的重要议题。苏联解体后，美国在亚太地区部署的核武器虽已撤出，但在部分欧洲国家及美属海外领地的部署依然存在。同时，就国际核安全这个问题来说，研究二战以来美国在海外的核部署具有一定的现实意义。

在有关美国核历史的研究中，海外核部署较核战略与核政策而言，无论在国外还是国内学界都是一个相对薄弱的领域。究其原因，文献资料特别是军方档案难以获得是首当其冲的。1999 年，美国国防部文件《核武器监管与部署史，1945—1977》部分解密。该文件不仅透露了二战后美国在 27 个国家和地区部署过核武器，还包括装备的数量、制式和历年的变化。更为重要的是，该文件的解密推动了美国政府对核武器档案的公开。十余年来，乔治·华盛顿大学“国家安全档案”项目先后解密了有关美国向韩国、日本、中国台湾、联邦德国、英国以及意大利提供“核保护伞”的历史文献，美国在亚欧地区的核部署史愈见清晰。

一、研究现状及趋势

自 20 世纪 50 年代以来，关于艾森豪威尔总统及其时代的核部署研究成果可谓是汗牛充栋。因此，任何希望探索艾森豪威尔时期核政策历史的学者，首先应该从总统本身研究的状况及其时代演化入手，因为每一代学者对人物的解读都会打上时代烙印，其解释框架能让我们了解作者所处时代的文献来源、智识诉求和思想谱系，有助于我们选择自己的研究视角、路径和侧重点。关于艾森豪威尔研究的学术历程，有两点对本书所关注的问题有重要的价值。第一，档案文献的来源与各种解释框架、不同研究结论之间的关系。对于美国外交史，单就美国档案本身而言，当前的来源不是太少，而是太多。选择不同馆藏地、不同部门乃至不同层级的档案，即使对同一问题开展研究，也会得出迥乎不同的结论。第二，艾森豪威尔是一位积极主动的决策者，还是一位相对被动的，易受官僚体制、顾问群体影响甚至牵制的总统？对这个问题的回答，将决定我们如何设定研究角度，以及如何分配研究的比重——将重点放在总统个人还是其周边决策人物或群体上。

档案开放不仅对学术研究有利，对历史人物及其时代的公正评判也至关重要。美国公众对艾森豪威尔的评价和总统排名，从 20 世纪 60 年代的第 22 位，升至 1996 年的第 9 位。档案越是开放，公众越是能够接触到他执政时期的各种文件，学者们和媒体对其评价就越积极。正如艾森豪威尔研究专家史蒂芬·拉比所说："尽管艾森豪威尔总统图书馆的资源相当可观，但如果未曾虔诚地造访过阿比林，历史学者们不会知道艾森豪威尔时代有多值得研究。"[1] 就艾森豪威尔研究而言，时至今日，有两股重要的力量推动了学术界的"变轨"：其一来源于档案资料的大规模扩张，就是 20 世纪 70 年代末期艾森豪威尔总统图书馆资料对公众开放，使"重新认识"艾森豪威尔有了文献基础；其二来源于政治和社会思想的变革，即

1　Stephen G. Rabe, "Eisenhower Revisionism: A Decade of Scholarship," *Diplomatic History* 17, no. 1 (1993): 98.

20 世纪 80 年代保守主义的回潮，历史与政治学界对总统在历史进程中的地位和作用再度引起学者们的重视。

当然，人们对艾森豪威尔的关注从二战就开始了，不过当时更多的是传记作品，关注的也是他的童年和早期军旅生涯。战后初期，一些曾经与艾森豪威尔共过事的人写了一些回忆性的传记。1953 年，艾森豪威尔当选为总统后的第一个任期内，正面评价他的传记喷涌而出，主要来自记者和本党的一些知识分子，"政治因素"远远大于其他考虑。因此，这些作品更多是用"英雄"的叙事手法，意图树立起"当代领袖人物"的正面形象。

真正的学术研究应该说从传统派代表小施莱辛格开始。他认为以往的这些"传记式"的作品忽略了艾森豪威尔掩盖在英雄表象之下"政治家"的一面：在 1952 年和 1956 年大选时轻视知识分子、从朱可夫元帅的朋友迅速转向反共、从一个超党派的人变成一个狂热的反新政人士。他骨子里的保守主义情结，在成为共和党人之后变得更加明显。[1] 传统派认为，艾森豪威尔不过是个在公众面前不断炫耀"高尔夫球技"的"混混型"总统，利用手下人来管理国家，而自己收割了执政成果。而且，他缺少智识力量，美国在他任期内出现的问题与成就一样多。

然而，到了 20 世纪 70 年代，随着美国史学界"左转"风气的到来，特别是出现了两位"更为糟糕"的约翰逊和尼克松总统，加上总统档案馆的开放，学者们对艾森豪威尔这段时期有了更为深入的认识，相关研究也开始出现"修正"观点。一些曾经批评艾森豪

---

1 Arthur Schlesinger, Jr. , "Ike Age Revisited, " *Reviews in American History* 11, no. 1 (1983) : 2. 其他称得上严肃学术研究的传统派代表作还有 Richard Rovere, *Affairs of State: The Eisenhower Years* (NY: Farrar, Straus, and Cudahy, 1956) ; Marquis Childs, *Eisenhower, Captive Hero: A Critical Study of the General and the President* (NY: Harcourt Brace, 1958) ; Sherman Adams, *Firsthand Report: The Story of the Eisenhower Administration* (NY: Harper & Brothers, 1961) ; Arthur Larson, *Eisenhower: The President Nobody Know* (London: Leslie Frewin Publishers Limited, 1968) 。

威尔的人开始反思，认为在他执政的八年中，至少还有七年半是和平时期，而后面三任总统“执政十年，十年战争”。就连小施莱辛格也开始重新认识他，称艾森豪威尔是一位成功的总统，其执政方式比想象的要复杂、微妙。政治学者弗莱德·格林斯坦的研究表明，他是一位善于在幕后使用各种技巧、手段来同手下、媒体和其他政府领导人共同工作的总统，并非一个消极被动的人，具有“行动力与低调”合而为一的风格。[1]

艾森豪威尔的“消极执政”在修正派眼中居然也成了为保持个人声誉、实现更大政治目标的韬晦之计，其中一个重要的例子就是同麦卡锡的斗争。修正派认为在国内外政策中，艾森豪威尔都表现出了一定的领导力，试图引导美国走一条平衡的道路。罗伯特·迪万在《艾森豪威尔与冷战》一书中强调，艾森豪威尔而非杜勒斯才是美国外交的设计者，他外交的成功之处恰恰在于保守，因此没有在任内重大危机中卷入与苏联或中国的直接冲突，“他是和平的倡导者，并不希望成为冷战之王”。[2]

具体到核问题上，修正派将艾森豪威尔描述为一个积极的、在核政策形成中占据中心位置的人，但他首先追求的是核时代的和平。在《为了和平与战争的原子能》中，两位作者认为为了达到上面的追求目标，艾森豪威尔能够站在战争与和平、希望与恐惧、正

---

1 Arthur Schlesinger, Jr., “Rating the Presidents: Washington to Clinton,” *Political Science Quarterly* 112, no. 2 (1997): 179–190; Fred I. Greenstein, “Eisenhower as an Activist President: A Look at New Evidence,” *Political Science Quarterly* 94, no. 4 (1979–1980): 575–599.

2 Robert Divine, *Eisenhower and the Cold War* (New York: Oxford University Press, 1981), p. 154. 修正派的重要观点还可参见 Fred Greenstein, *The Hidden-Hand Presidency Eisenhower as Leader* (Baltimore: Johns Hopkins University Press, 1994); Herbert Parmet, *Eisenhower and the American Crusades* (New York: MacMillan, 1972); Vincent P. De Santis, “Eisenhower Revisionism,” *The Review of Politics* 38, no. 2 (1976): 190–207; Anthony James Joes, “Eisenhower Revisionism and American Politics,” in Joann P. Krieg (ed.), *Dwight D. Eisenhower: Soldier, President, Statesman* (NY: Greenwood, 1987), pp. 283–296; Robert Burk, “Eisenhower Revisionism Revisited: Reflections on the Eisenhower Scholarship,” *Historian* 50 (February 1998): 196–209。

义和错误的高度引导有关核武器的争论，成为当时及此后美国核政策的缔造者。历史学家理查德·伊默尔曼则断定艾森豪威尔是“二战后第一位系统思考战争、和平与核时代安全的总统”。另一位学者也认为，在与核武器相关的国家战略上，艾森豪威尔是有着自己独立且系统思考的决策者。[1]

进入 21 世纪后，随着越来越多的人利用艾森豪威尔图书馆和国家档案馆档案进行研究，一股对艾森豪威尔进行再认识的“后修正”潮流出现了。从观点上看，这一流派是传统派和修正派的折中。在持这类观点的学者眼中，艾森豪威尔既不像传统派说的那样是一个简单、在政治上无甚贡献的人，也不像修正派所说的那样“成功”，不过他们接受修正派认为的艾森豪威尔是一位有思想、有手腕的领导人。他们觉得修正派对艾森豪威尔“过誉”了，没有进行批判性的认识——他的个性、领导能力、眼界都值得探讨。比如罗伯特·麦克马洪就认为他将民族主义与共产主义混为一谈，把世界范围内的社会运动统归为苏联的指使和推动。这导致了美国外交的“倒退”，而在如此重要的一个问题上，艾森豪威尔的影响一直持续至今。也有后修正派学者对艾森豪威尔的亚洲政策持批判态度，比如，认为在越南他并不是没有积极遏制，而是没有从越南社会内部的矛盾和规律中探讨对越政策；在第一次台海危机中威胁使

1 相关研究参见 Richard G. Hewlett and Jack M. Holl, *Atoms for Peace and War, 1953-1961: Eisenhower and the Atomic Energy Commission* (Berkeley: University of California Press, 1989); Richard H. Immerman, "Confessions of an Eisenhower Revisionist: An Agonizing Reappraisal," *Diplomatic History* 14, no. 3 (1990): 319-342; Robert Griffith, "Dwight D. Eisenhower and the Corporate Commonwealth," *American Historical Review* 7, no. 1 (1982): 87-122。

用核武器，刺激了中国发展自己核能力的决心。[1] 在与核武器相关的问题上，后修正派的学者们批评艾森豪威尔过于简单粗暴的处理方式，没有促成他们的决策团队形成正确的战略，比如“大规模报复”（Massive Retaliation）思想实际上让大战的风险升高，而维系有限冲突的成本也不低。在台海危机时，艾森豪威尔试图以威胁使用核武器来向其他国家表明履行核威慑的决心，却忽视了冲突升级为局部乃至全球大战的风险。[2]

当然，即使具体到艾森豪威尔时期美国的核政策，英语学术界的成果也是俯拾皆是。对于这个相对敏感的领域，研究勃兴于20世纪80年代艾森豪威尔总统图书馆开放以后，话题涉及“大规模报复”战略、和平利用核能、大陆防御体系、科学家群体的作用、核试验和核禁试谈判以及晚近与社会文化史相关的内容。

“我们从历史得到的深刻教训就是，羸弱无法捍卫和平。”艾森豪威尔认为，“这需要力量——军队的力量、经济的力量，而首先

---

1 Robert J. McMahon, “Eisenhower and Third World Nationalism: A Critique of the Revisionists,” *Political Science Quarterly* 101, no. 3 (1986): 457. 后修正派的代表作还有 Chester J. Pach and Elmo Richardson, *The Presidency of Dwight D. Eisenhower*, Revised Edition (Lawrence: University of Kansas Press, 1991); Günter Bisch of and Stephen E. Ambrose (eds.), *Eisenhower: A Centenary Assessment* (Baton Rouge: Louisiana State University Press, 1995); Stephen G. Rabe, *Eisenhower and Latin America: The Foreign Policy of Anticommunism* (Chapel Hill: The University of Carolina Press, 1988)。

2 相关研究包括 H. W. Brands Jr., “The Age of Vulnerability: Eisenhower and the National Insecurity State,” *The American Historical Review* 94, no. 4 (1989): 963–989; H. W. Brands Jr., “Testing Massive Retaliation: Credibility and Crisis Management in the Taiwan Strait,” *International Security* 12, no. 4, 1988, pp. 124–151; Jeremi Suri, “America's Search for a Technological Solution to the Arms Race: The Surprise Attack Conference of 1958 and a Challenge for ‘Eisenhower Revisionists’,” *Diplomatic History* 21, no. 3 (1997): 417–451; Martha Smith-Norris, “The Eisenhower Administration and the Nuclear Test Ban Talks, 1958–1960: Another Challenge to ‘Revisionism’,” *Diplomatic History* 27, no. 4 (2003): 503–541; Benjamin P. Greene, “Eisenhower, Science and the Nuclear Test Ban Debate, 1953–56,” *The Journal of Strategic Studies* 26, no. 4 (2003): 156–185。有关艾森豪威尔研究的学术演变轨迹可参见 Brian Madison Jones, *Abolishing the Taboo: Dwight D. Eisenhower and American Nuclear Doctrine, 1945–1961* (Solihull: Helion & Company Limited, 2011), Introduction。

是精神力量。”[1] 他强调，要以正确的方式用核武器技术来加强美国的实力，以对抗冷战威胁。战后 20 年，核技术的发展让艾森豪威尔及其智囊们面临的一个挑战就是，如何在核时代制定出保障国家安全的政策。从与社会主义阵营长期对抗的角度看，他们认为核技术能在经济、军事、工业和道德层面带来好处。艾森豪威尔为核武器服务于美国安全和世界的发展设定了一个思想框架，而且要使核技术以几种不同方式服务于美国的国家利益。为此，他极力推动在军事与和平两个领域利用核能。同时，要建立起有效的防御政策、实施有效的措施，首先必须突破禁忌。氢弹的成功让他意识到要充分利用机会，在战略和战术两条线上重新规划美国的核政策。[2] 也正因如此，我们可以看到在他任总统的 8 年中，核报复、核试验、核部署、核不扩散等这些看上去互相矛盾的政策和行动同时存在。以下将对艾森豪威尔时期美国核政策的诸问题进行简单的学术史梳理，以更准确地为本书所研究的课题定位。

关于整体的核政策方面，约翰·瓦尔迪斯在其博士论文《多多益善：发散性的美国核政策》以后结构主义的研究方法切入，聚焦于国际环境、国内政治、社团组织和舆论影响之下的美国核政策“话语”的形成，选择的研究对象包括艾森豪威尔时期、里根时期和小布什时期。其中，对艾森豪威尔政府则重点分析“公开政策”与 NSC151 号文件在内外宣传与心理战方面的作用。坎贝尔·克雷格的《斩草除根：艾森豪威尔与热核战争》，利用国家档案馆、艾森豪威尔图书馆和肯尼迪总统图书馆等馆藏资源，以柏林问题为线

1 Dwight D. Eisenhower, *Statement by the President on the Fourth Anniversary of the Signing of the North Atlantic Treaty*, April 4, 1953, accessed May 10, 2020, https://www.presidency.ucsb.edu/documents.

2 Brian Madison Jones, *Abolishing the Taboo: Dwight D. Eisenhower and American Nuclear Doctrine, 1945–1961* (Solihull: Helion & Company Limited, 2011), pp. 120–121.

索穿插叙事，回顾整个艾森豪威尔时期的国家安全政策，其中对“大规模报复”战略、放射性尘埃等问题进行了重点论述。通过具体案例反映艾森豪威尔“新面貌”（The New Look）政策与有限战争实践的主要代表作有大卫·沃克尔的博士论文《艾森豪威尔的新面貌、战术核武器与有限战争：以1958年台海危机为例》，其也是利用美国国家档案馆和艾森豪威尔总统图书馆的档案，以重大地区危机为例，展示了因战术核武器的“不可用”而导致“新面貌”在“实践”层面存在很大的局限，同时也引发美国政府内部的争论。随着肯尼迪的上台，这一战略很快就被调整。萨基·多克里尔在他的《艾森豪威尔的国家安全政策：新面貌，1953—1961》中比较全面地分析了“大规模报复”战略的形成过程，尤其考察了杜鲁门和艾森豪威尔时期国家战略的连续性。该书的主要缺点是“面面俱到”，对每一个问题的研究都不够深入。在史料上，除了美国档案，作者还利用了德国、法国、苏联、中国和日本的出版文献。扎卡里·戴维斯的《艾森豪威尔的世界观与核战略》是为数不多的、从领导人物观念角度来写作的，通过对艾森豪威尔的教育背景、早年经历，特别是在二战期间欧洲战场和战后初期的军事、政治思想来分析“大规模报复”战略的形成。克里斯托弗·图达在其专著《“事实便是武器”：德怀特·艾森豪威尔和约翰·杜勒斯的外交辞令》中，通过考察美国对盟国、对苏联外交和对内决策中运用不同的“修辞”，展现了一幅“内松外紧”的外交图景，并认为这种状况实际上恶化了同苏联和盟国的关系。马修·泰勒的论文《走向核战略：艾森豪威尔与苏联力量的挑战，1952—1956》是较早探讨“新面貌”战略形成史的，他从朝鲜战争中美国的核政策入手，细致还原了“新面貌”战略的出台和实施，并认为核武器最终进入艾森豪威尔的国家安全战略设计是对苏联行为的回应。鲍伊与伊默尔曼合著的《缔造和平：艾森豪威尔如何制定持久影响了冷战的战略》侧重于从战略学的角度分析艾森豪威尔“新面貌”战略的形成，特别总结出该战略中哪些涉及核武器的内容成为持续影响冷战发展的“遗产”：核军控、第二次打击力量、威慑的可能性以及避免核灾难。理查德·哈纳尼亚则在《核禁忌溯源：艾森豪威尔政府与东亚的四次危机》中，通过对朝鲜战争、两次台海危机和印度支那问题的比较分析，认为在“使用核武器”上艾森豪威尔政府并无统一的政策，尽管军方制定了大量计划试图规避政治因素，但总统本人实际上在决策过程中起到了主导性作用。[1]

和平利用原子能是艾森豪威尔核政策的重要标杆，与军事方面相互配合、彼此呼应。伊拉·切努斯的《艾森豪威尔的和平利用原子能政策》在史料上并不见长，侧重于还原“原子能为和平”政策的形成史，从奥本海默小组的运作，到“公开政策”的形成，以及在这个过程中“话语”的演变。马拉·多洛根的博士论文《和平利用原子能、美国外交与核技术的全球化，1953—1960》从全球史的角度，将外交政策与技术传播相结合，选取美国分别在欧洲、非洲和亚洲推行核能政策的实践和影响，特别关注到“宣传”如何配合美国外交政策的展开。在海外实施“和平利用原子能计划”收

---

1 John M. Valdez, “Building More Bombs: The Discursive Emergence of US Nuclear Weapons Policy” (PhD diss., University of Oregon, 2018); Campbell Craig, *Destroying the Village: Eisenhower and Thermonuclear War* (NY: Columbia University Press, 1998); David McKinley Walker, “Eisenhower's New Look, Tactical Nuclear Weapons, and Limited War with a Case Study of the Taiwan Strait Crisis of 1958” (PhD diss., George Washington University, 2004); Saki Dockrill, *Eisenhower's New Look National Security Policy, 1953-1961* (Hampshire: MacMillan Press, Ltd., 1996); Zachary Shands Davis, “Eisenhower's Worldview and Nuclear Strategy” (PhD diss., University of Virginia, 1989); Christopher J. Tudda, *The Truth Is Our Weapon: The Rhetorical Diplomacy of Dwight D. Eisenhower and John Foster Dulles* (Baton Rouge: Louisiana State University Press, 2006); Matthew Taylor, “Toward a Nuclear Strategy: Eisenhower and the Challenge of Soviet Power” (PhD diss., Rice University, 1992); Robert R. Bowie and Richard H. Immerman, *Waging Peace: How Eisenhower Shaped an Enduring Cold War Strategy* (NY: Oxford University Press, 1998); Richard Hanania, “Tracing the Development of the Nuclear Taboo: The Eisenhower Administration and Four Crisesin East Asia,” *Journal of Cold War Studies* 19, no. 2 (2017): 43-83.

到的效果是不同的，马丁·泰克的论文主要利用英国档案，考察了英美在美国政策形成初期于核技术领域合作的状况，着重揭示丘吉尔在这一问题上的主要目的：缓和英美关系，并为国内经济复苏提供能源保障。约翰·贝利斯则在自己的论文《交换核机密：英美核关系的奠基》中利用英美两国档案，研究 20 世纪 50 年代上半叶英美双方如何在敏感的核能领域建立合作，重点复原 1957—1958 年双方有关核协议谈判的过程。至于和平利用原子能政策带来的结果评价，史蒂芬·特威格也是以英美核关系为例，在《原子能领域的马歇尔计划：和平利用原子能、英国外交与民用核力量》中主要利用英国档案，表明英国对国际原子能机构的态度由强烈反对到最后支持，一直将核问题放在双方关系中比较次要的位置，反映出英国对艾森豪威尔和平利用原子能计划"模棱两可"的态度。一直从事核技术国际流动研究的多洛根则在《核命令：和平利用原子能与美国核电出口政策，1953—1955》中，通过大量档案证明和平利用核能计划如何引发了核技术的全球扩散，给国际安全以及民众心理带来深远影响。在她的另一篇论文《德国的有核国家问题：美国在西柏林的反应堆》中揭示了美国第一个出口到欧洲的核反应堆选择西柏林遇到的种种问题及障碍，就此也使核关系成为美国与联邦德国之间的重要议题。奥克萨·列卡连科最近发表的《美国与 1958 年欧洲原子能协议：冷战的影响》认为，美国意图通过这一安排加强在西方的核技术领导地位，强化与西欧盟国的纽带，但实际上促进了欧洲在科学技术与经济上的联合。另外，原子能委员会在和平利用核能的进程中无疑起到了重要作用。这方面理查德·休利特和杰克·霍尔共同主编的《为了和平与战争的原子能：艾森豪威尔与原子能委员会，1953—1961》，通过较大篇幅呈现了原子能委员会在和平利用核能、核试验、欧洲原子能组织等领域发挥的作用。值得关注的是，与苏联一样，艾森豪威尔和原子能委员会也曾探索核武器在民事方面的利用价值，比如修造运河、开凿大坝、开采天然气，甚至建造港口等。斯科特·考夫曼在《犁铧计划：冷战时期美国和平利用核爆》披露了美国政府曾进行 27 次此类试验（Peaceful Nuclear Explosion，PNE），当然，第一次实施是肯尼迪上任的第一年。[1]

艾森豪威尔时期是美国军控与核不扩散政策的起点，近些年在这一问题上的研究呈上升趋势。小查尔斯·阿普比的博士论文《艾森豪威尔与军控，1953—1961：危险中求平衡》是较早探讨这个话题的作品，作者从和平利用原子能入手，按照时间顺序先后记述"开放天空计划"、1957 年伦敦谈判以及禁止核试验谈判中美国的政策。论文除史料功底极其扎实之外，一大亮点是趁着当事人大都健在，采访并使用了大量的口述资料。论文认为尽管艾森豪威尔自己认为是苏联社会的封闭本质导致了谈判的失败，但实际上从美国的角度来看，他对苏联的不信任、担心核禁试会削弱防务能力以及与盟国的关系才是谈判失败的关键，最重要的原因是他怀疑苏联会在核查过程中舞弊。哈罗德·史塔生在艾森豪威尔时期的裁军政策

---

1 Ira Chernus, *Eisenhower's Atoms for Peace* (College Station: Texas A&M University Press, 2002); Mara Drogan, "Atomic for Peace, US Foreign Policy and the Globalization of Nuclear Technology, 1953-1960" (PhD diss., State University of New York, 2011); Martin Theaker, "Being Nuclear on a Budget: Churchill, Britain and 'Atoms for Peace', 1953-1955," *Diplomacy & Statecraft* 27, no. 4 (2016) : 639-660; John Baylis, "Exchanging Nuclear Secrets: Laying the Foundations of the Anglo-American Nuclear Relationship," *Diplomatic History* 25, no. 1 (2001): 33-61; Stephen Twigge, "The Atomic Marshall Plan: Atoms for Peace, British Diplomacy and Civil Nuclear Power," *Cold War History* 16, no. 2 (2016): 213-230; Mara Drogan, "The Nuclear Imperative: Atoms for Peace and the Development of U.S. Policy on Exporting Nuclear Power, 1953-1955," *Diplomatic History* 40, no. 5 (2016): 948-974; Mara Drogan, "The Nuclear Nation and the German Question: An American Reactor in West Berlin," *Cold War History* 15, no. 3 (2015): 301-319; Oksana Lekarenko, "The United States-EURATOM Agreement of 1958: The Cold War Impact," *Diplomacy & Statecraft* 29, no. 3 (2018): 432-454; Richard G. Hewlett & Jack M. Holl (eds.), *Eisenhower and the Atomic Energy Commission* (LA: University of California Press, 1989); Scott Kaufman, *Project Plowshare: The Peaceful Use of Nuclear Explosives in Cold War America* (Ithaca: Cornell University Press, 2013).

设计中无疑是一个关键性人物，劳伦斯·卡普兰在他的著作《哈罗德·史塔生、艾森豪威尔、冷战与核裁军之路》中利用了明尼苏达历史协会收藏的史塔生文件和其他档案馆、图书馆馆藏文献，从史塔生的任职经历、主要思想入手，分析他担任裁军事务特别助理后对20世纪50年代后期美国核裁军政策的影响。本杰明·格林通过对科学家顾问群体与决策过程的考察，认为艾森豪威尔在军控方面谋求与苏联达成一致，在很大程度上是受到了这些人的左右，对美国政策与总统的执政结果都产生了深远的影响。在另外一篇论文中，与其他研究侧重于考察艾森豪威尔执政末期的核禁试谈判不同，他指出，艾森豪威尔第一届任期内美国政府就已经存在争论，这对总统接下来的决策产生了很大影响。较早从“修正派”视角对艾森豪威尔的裁军和核禁试政策进行研究的是托马斯·斯普思，他的《一位谋求和平的冷战斗士：艾森豪威尔的核裁军战略》认为，并非如以往学者认为他只是一位打高尔夫、任由顾问摆布且没什么执政能力的总统那样，艾森豪威尔在核裁军以及缓解东西方关系上有自己的认识，也制订了一定的计划且达到了预先设定的目标。玛莎·史密斯-诺里斯则的《艾森豪威尔政府与核禁试谈判，1958—1960》，通过考察1958—1960年美国在日内瓦召开的核禁试谈判挑战上述修正派的观点，认为与苏联、英国进行的这场谈判没有取得任何实质性的成果，且主要责任在于艾森豪威尔政府。其中最大的原因就是政府内部各部门的意见分歧，特别是国防部在背后的掣肘。夏恩·默多克的论文《第四国问题：艾森豪威尔的核不扩散政策》是较早关注美国早期核不扩散这个课题的研究成果，利用解密的艾森豪威尔图书馆资料，对“第四国问题”与艾森豪威尔政府和平利用核能、海外核部署政策、北约多边核力量计划之间的关系进行了较为深入的研究。[1]

在艾森豪威尔核政策形成的过程中，以知识分子为主的各类“总统顾问小组”起到了重要作用。瓦莱丽·亚当斯在《伙伴：民间顾问、艾森豪威尔与国家安全政策》中分别讨论了“日光浴计划”的三个工作小组与“大规模报复”战略、基里安报告与大陆防御计划、盖瑟报告与民防计划之间的关系。大卫·施耐德在其著作《盖瑟委员会：艾森豪威尔与冷战》中，认为第二届任期的艾森豪威尔面临重重困境：国会大幅削减国防预算，苏联卫星上天拉开了空间技术的距离，而民调显示他的支持率也有所下降。为了应对苏联的优势，以盖瑟为首的智库提出了从加强大陆防御到建设民防设施一系列的计划，修补“大规模报复”战略的“漏洞”。本杰明·格林的著作《艾森豪威尔、科学家与核禁试争论，1945—1963》从“城堡”系列核试验引发的严重后果入手，认为科学界和政府对核放射性物质的讨论，奠定了艾森豪威尔第二届任期内核禁试谈判政策的观念基础。理查德·丹姆斯的博士论文《政学之间：艾森豪威尔的科学顾问与国家安全政策，1953—1961》虽然属于早期成果，但与其他研究相比，其突出价值是，作者从二战后美国政学关系变迁的角度，考察顾问体制如何逐步成为艾森豪威尔政府的一种“科学决策”的制度。在史料方面，论文还利用了其他学者不太关注的

---

1 Charles Albert Appleby, Jr. , “Eisenhower and Arms Control, 1953-1961: A Balance of Risks” (PhD diss. , John Hopkins University, 1987); Lawrence S. Kaplan, *Harold Stassen, Eisenhower, the Cold War, and the Pursuit of Nuclear Disarmament* (Lexington: University Press of Kentucky, 2018); Benjamin P. Greene, “‘Captive of a Scientific-Technological Elite’: Eisenhower and the Nuclear Test Ban,” *Presidential Studies Quarterly* 45, no. 1 (2015): 29-45; Benjamin Greene, “Eisenhower, Science and the Nuclear Test Ban Debate 1953-56,” *The Journal of Strategic Studies* 26, no. 4 (2003): 156-185; Thomas F. Soapes, “A Cold Warrior Seeks Peace: Eisenhower's Strategy for Nuclear Disarmament,” *Diplomatic History* 4, no. 1 (1980): 57-71; Martha Smith-Norris, “The Eisenhower Administration and the Nuclear Test Ban, 1958-1960,” *Diplomatic History* 27, no. 4 (2003): 503-541; Shane Maddock, “The Fourth Country Problem: Eisenhower's Nuclear Nonproliferation Policy,” *Presidential Studies Quarterly* 28, no. 3 (1998): 553-572.

第二国家档案馆藏全美科学基金会（RG307）和科学技术办公室（RG359）系列文件。王作跃在《在卫星的阴影下：美国总统科学顾问委员会与冷战中的美国》中，从科技史的角度，利用了大量亲历这段历史的科学家的档案，辅以各档案馆、总统图书馆、国会图书馆和私人文献，细致地还原了杜鲁门到肯尼迪时期“科学决策”形成以及发展的历史过程，辩证分析科学与国家安全体制的关系，无论从视角还是史料上都是一部非常扎实的著作。[1]

冷战史在方法论上的文化转向也逐步渗透进传统的核历史研究，其中肯尼斯·奥斯古德是较早探索艾森豪威尔政府宣传战的学者，他的《总体战：艾森豪威尔在国内外的秘密宣传》一书，从通信技术变革、总体战思想、心理战以及新闻署机构的作用等方面论述了美国此时期的主要政策、措施。具体到核武器问题，有一章专门谈了围绕和平利用核能在国内外进行的宣传。罗伯特·亨特在他的《随时引爆：主流电影、广播和电视上的美国核政策，1945—1960》中，认为艾森豪威尔时期的宣传分为两个阶段，1953—1956年主要是围绕“大规模报复”战略如何获得民众的支持展开的，但是在第二任期内原有的“共识”开始出现裂痕。尼尔·奥茨沃尔的《裂变的原子，分割的图景：决策、环境科学与核复合体，1945—1960》从环境史的角度指出冷战早期的领导人怎样将环境因素融入决策过程，呈现冷战历史中人类、政策、技术和环境如何融为一

1　Valerie Lynn Adams, “A Fine Group of Fellows: Civilian Advisors, Eisenhower, and National Security Planning” (PhD diss., University of New Hampshire, 2001); David Snead, *The Gaither Committee, Eisenhower, and the Cold War* (Columbus: Ohio State University Press, 1998); Benjamin P. Greene, *Eisenhower, Science Advice, and the Nuclear Test-ban Debate, 1945 - 1963* (Stanford: Stanford University Press, 2007); Ricard V. Damms, “Scientists and Statesmen: President Eisenhower’s Science Advisers and National Security Policy, 1953-1961” (PhD diss., The Ohio State University, 1993); Zuoyue Wang, *In Sputniks Shadow: The Presidents Science Advisory Committee and Cold War America* (New Brunswick: Rutgers University Press, 2008). 该书中文版为王作跃：《在卫星的阴影下：美国总统科学顾问委员会与冷战中的美国》，安金辉、洪帆译，北京大学出版社，2011。

体，不仅改变了自然界，同时改变了人与人之间的关系。[1]

除此以外，核试验、大陆防御计划与核政策紧密相关，也得到了不少学者的关注。大卫·布雷兹在《核试验的历史及其对核思想的影响，1945—1963》中，专门有一章涉及艾森豪威尔时期，认为美国政府最终在1958年停止试验并寻求同苏联在核禁试方面进行谈判，是因为与前一任处于冷战发生阶段不同，在20世纪50年代美苏冷战格局进一步固定化，且前半段苏联在热核武器方面领先，而后半段苏联在空间技术、洲际导弹方面领先。玛莎·史密斯的博士论文《艾森豪威尔时期核试验政策研究，1953—1960》虽然成文比较早，但还是使用了艾森豪威尔总统图书馆和国家档案馆的馆藏资料，同时通过对美国新闻署档案和国务院核心档案（711.5611编号系列）的利用，论述政府如何在核问题上“引导国内外舆论”。克里斯托弗·布莱特在《艾森豪威尔时期的大陆防御：防空核部队与冷战》中利用国家档案馆、艾森豪威尔总统图书馆、空军档案以及加利福尼亚州、内布拉斯加州地方档案，研究了大陆防御思想的起源和艾森豪威尔政府的总体设想，集中呈现“妖怪”“奈基-大力神”和“猎鹰”三种导弹的部署情况。北美整体的防御计划对“大陆防御”至关重要，同时又涉及美国同加拿大的关系。马修·特拉金的博士论文《寻求大陆安全：北美空防系统的演变，1949—1956》利用美加两国档案，特别是军方档案，从加拿大的视角出发，比较细致地梳理了美加在空中防务、雷达协同、早期预警等问题上的合作，并论述了随着美国战略导弹的发展及部署，美加

1　Kenneth Osgood, *Total Cold War: Eisenhower's Secret Propaganda Battle at Home and Abroad* (Lawrence: University Press of Kansas, 2006); Robert E. Hunter, “Fingers on the Button: American Atomic Policy in Mainstream Film, Radio, and Television, 1945 - 1960” (PhD diss., University of Illinois, 2008); Neil S. Oatsvall, “Splitting Atoms, Fracturing Landscapes: Policymaking, Environmental Science, and the Nuclear Complex, 1945-1960” (PhD diss., the University of Kansas, 2013).

空防合作如何走向终结。[1]

具体到本书重点关注的主题，限于档案的解密状况，西方学者对美国海外核部署的研究开始于20世纪末，其中国防部文件的解密起到了很大的促进作用。总体而言，研究现状的著述多于历史的，宏观整体的多于具体案例的。这可能与目前涉及美国军事和核政策的档案开放状况并不理想有关（详见下文）。

威廉·伯尔等三位美国核历史专家在国防部档案解密后即发表了《它们在何处?》，对美国冷战时期的海外核部署进行了梳理。罗伯特·诺里斯则在《美国在海外的核部署，1950—1977》对以上论文进行了补充。上述成果推动了核部署史的档案整理与个案研究。马修·琼斯的《广岛之后：美国、军备竞赛与核武器在亚洲，1945—1965》集中探讨了冷战前期美国的亚洲核政策，并简要论及在日、韩及关岛部署核武器的状况。盖茨·布朗在2018年出版了其博士学位论文《艾森豪威尔的核规划：在欧洲部署中程弹道导弹的政治学》，这是目前仅见的、虽然涉及但并不是以核部署为中心探讨的专著，利用了大量艾森豪威尔总统图书馆的档案，对“大规模报复”战略出台的详细背景、中程导弹技术的发展等进行了细致考证，并主要考察了美英之间有关的部署协议。德国柏林自由大学的克斯蒂安·图施霍夫的长篇论文，利用德国解密的档案和文献，探讨了艾森豪威尔第二届任期到肯尼迪时期，美国在联邦德国部署核武器系统的原因和结果，特别关注到联邦德国在整个北约军事规

1 David M. Blades, *A History of U. S. Nuclear Testing and Its Influence on Nuclear Thought, 1945–1963* (Lanham: Rowman & Littlefield Publishers, 2014), Chapter 6; Martha J. Smith, “The Nuclear Testing Policies of the Eisenhower Administration, 1953–1960” (PhD diss., University of Toronto, 1997); Christopher J. Bright, *Continental Defense in the Eisenhower Era: Nuclear Antiaircraft Arms and the Cold War* (NY: Palgrave MacMillan, 2010); Matthew Paul Trudgen, “The Search FOR Continental Security: The Development of the North American Air Defense System, 1949 to 1956” (PhD diss., Queen’s University, 2011).

划中的地位与作用。中田弘史的《美国对日本提供核威慑的发展史：隐形威慑，1945—1970》是一部美日核关系的力作，虽然时间跨度比较大，但显示了日本学者在史料考据上的扎实功底，其中有一章专门考察了在“新面貌”战略之下，美日如何通过秘密部署“准核武器”——“忠实约翰”火箭的形式给日本提供了“核保护伞”。穆拉特·伊普利奇的《为何艾森豪威尔政府决定在土耳其部署朱庇特导弹：北约战略核武化的案例研究》虽然是一篇硕士毕业论文，但在个案探索上具有一定的学术价值，因为它将土耳其案例同北约的核武器部署结合起来，同时又与古巴导弹危机后美国拆除在土导弹相联系。海外核部署的另一类研究涉及与盟国的核关系，杰克·坎宁安的博士论文《核分享与核危机：英美关系研究，1957—1963》以英美两国档案为主，以德、法出版文献为辅，从中程弹道导弹的部署问题（IRBM）出发，系统还原了艾森豪威尔执政后期至肯尼迪政府时期英美之间就核技术分享、核部署以及使用核武器等问题的协商过程。此外，简·梅利森利用英国和美国档案，还原了“雷神”地对地中程导弹在英国部署的过程，并以此为例分析了20世纪50年代下半叶的英美核关系。对于另一个比较重要的西欧盟国——法国，基思·鲍姆的论文《两人成行，三人不群：艾森豪威尔政府、法国与核武器》，主要利用艾森豪威尔总统图书馆档案，认为美法核武器合作遇到问题，原因除了戴高乐给双方关系制造的困难，美国国会在1954和1958年修订《原子能法》

时设定的障碍也是一个重要因素。[1]

当然，在史学研究以外的国际关系学领域，利用各种理论和方法研究核部署与战后乃至当前国际秩序的论文也值得借鉴。如托德·塞舍尔的《分享核武：海外核部署如何影响了核不扩散和威慑政策》，打破一般从核不扩散和威慑理论讨论核部署的思维定式，转而分析核部署在抑制核不扩散、强化威慑效果方面的功能。他与另外一位学者合著的《核战略、核不扩散与海外核部署的根源》可以说是前一论文的姊妹篇，重点在于解读大国进行海外核部署的动机。保罗·埃维的《凤毛麟角：对海外核部署与危机的历史分析》，将美苏核对抗的历史数据列表分析，认为大国进行核部署并不必然导致危机的发生或升级。尼娜·坦嫩瓦尔德的《核禁忌：1945 年以来美国与未使用核武器的历史》部分章节以朝鲜战争、两次台海危机和越南战争为例，分析了美国虽然在亚太地区部署了核武器，

1 Robert S. Norris, William M. Arkin & William Burr, "Where They Were," *Bulletin of the Atomic Scientists* 55, no. 6 (1999): 26–35; Matthew Jones, *After Hiroshima, The United States, Race and Nuclear Weapons in Asia, 1945–1965* (Cambridge University Press, 2010); Gates Brown, *Eisenhower's Nuclear Calculus in Europe: The Politics of IRMB Deployment in NATO Nations* (Jefferson: McFarland & Company, Inc., Publishers, 2018); Christian Tuschhoff, *Causes and Consequences of Germany's Development of Nuclear Capable Delivery Systems, 1957–1963* (Nuclear History Program: University of Maryland, 1994); Hiroshi Nakatani, "The Development of US Extended Nuclear Deterrence over Japan: A Study of Invisible Deterrence between 1945 and 1970" (PhD diss., The University of Reading, 2019); Murat Iplikci, "Why Did the Eisenhower Administration Decide to Deploy Jupiter Missiles in Turkey: A Case Study in Nuclearization of NATO Strategy" (MA Thesis, Illinois State University, 2019); Jack Cunningham, "Nuclear Sharing and Nuclear Crisis: A Study in Anglo-American Relations, 1957–1963" (PhD diss., the University of Toronto, 2010); Jan Melissen, "The Thor Saga: Anglo-American Nuclear Relations, U. S. IRBM Development and Deployment in Britain, 1955–1959," *Journal of Strategic Studies* 15, no. 2 (2008): 172–207; Keith W. Baum, "Two's Company, Three's a Crowd: The Eisenhower Administration, France, and Nuclear Weapons," *Presidential Studies Quarterly* 20, no. 2 (1990): 315–328.

却因为各种限制性因素而未能使用。[1]

近年来，国内有关美国核历史的成果集中于核政策研究，按照关注的主题可分为以下几个类别。

第一类，重大危机与事件中美国的核政策研究。赵学功教授的《核武器与美国对第一次台湾海峡危机的政策》《核武器与美国对朝鲜战争的政策》《制约美国在朝鲜战争中使用核武器的若干因素》，王娟娟的《战后初期美英在使用核武器协商权问题上的争议》，以及汪伟民的《疯狂的年代：尼克松政府在越南战争中的核选择》均以个案为例，分析美国在亚太地区重大军事对抗中"使用核武器"的决策及其国内、国际制约因素。[2]

第二类，冷战时期美国的核战略研究。如赵学功的《简论冷战时期美国核战略思想的演变》；郭培清的《从"大规模报复"到"灵活反应"》；潘锐的《从"大规模报复"到"星球大战"——论冷战时期美国核战略的演变》；詹欣的《美国对华核战略与一九六九年中苏边界冲突》《美国尼克松政府对华核军控政策评析》；刘磊的《"抵消战略"与卡特时期美国核战略的延续与变化》《从"大规模报复"到"有限战争"——艾森豪威尔时期美国有关核战略的争论》《肯尼迪政府时期美国对苏联核战争的设想》《施莱辛

1 Nina Tannenwald, *The Nuclear Taboo: the United States and the Non-use of Nuclear Weapons since 1945* (London: Cambridge University Press, 2007); Todd S. Sechser, "Sharing the Bomb: How Foreign Nuclear Deployments Shape Nonproliferation and Deterrence," *The Nonproliferation Review* 23, no. 3 - 4 (2016): 443 - 458; Matthew Fuhrmann and Todd S. Sechser, "Nuclear Strategy, Nonproliferation, and the Causes of Foreign Nuclear Deployments," *Journal of Conflict Resolution* 58, no. 3 (2014): 455-480; Paul C. Avey, "The Historical Rarity of Foreign-Deployed Nuclear Weapon Crises," *Security Studies* 27, no. 1 (2018): 89-119.

2 赵学功：《核武器与美国对第一次台湾海峡危机的政策》，《美国研究》2004 年第 2 期；赵学功：《核武器与美国对朝鲜战争的政策》，《历史研究》2006 年第 1 期；赵学功：《制约美国在朝鲜战争中使用核武器的若干因素》，《史学月刊》2011 年第 4 期；王娟娟：《战后初期美英在使用核武器协商权问题上的争议》，《社会科学辑刊》2011 年第 1 期；汪伟民：《疯狂的年代：尼克松政府在越南战争中的核选择》，《国际观察》2007 年第 2 期。

格主义与尼克松政府核战略的调整》。核战略研究往往从大处着眼，重点在于分析美国高层在核武器与军事战略的顶层政策设计，这些成果对于理解具体的核政策以及核部署来说至关重要。[1]

第三类，核扩散与美国的对策研究。这方面有刘姝的《美国对法国核武器研制的评估与对策（1958—1960）》；詹欣的《美国与朝鲜核问题的历史分析》《美国对中国第一次核试验的对策再考察》《试论美国对中国核武器研制的评估与对策（1961—1964）》《约束与局限：试述台湾核武器计划与美国的对策》；刘子奎的《核扩散问题与艾森豪威尔政府和平利用原子能计划》《美国早期防扩散政策与美英苏禁止核试验谈判》；崔丕教授的《美日对中国研制核武器的认识与对策（1959—1969）》；以及笔者的《吉尔帕特里克委员会与美国的核不扩散政策》。国内核历史研究中以这方面成果居多，有的从政府宏观层面考察核不扩散政策，有的则以个案带出对美国不扩散政策的研究。当然，冷战时期的核扩散问题不仅限于上述具体案例，还有许多热点地区和国家发展核武器的历史，如印度、巴基斯坦、以色列、南非、巴西等仍然缺少高

1　赵学功：《简论冷战时期美国核战略思想的演变》，《世界近现代史研究》2013年第十辑；郭培清：《从"大规模报复"到"灵活反应"》，《吉林师范大学学报（人文社会科学版）》2003年第3期；潘锐：《从"大规模报复"到"星球大战"——论冷战时期美国核战略的演变》，《太平洋学报》2002年第3期；詹欣：《美国对华核战略与一九六九年中苏边界冲突》，《中共党史研究》2011年第10期；詹欣：《美国尼克松政府对华核军控政策评析》，《当代中国史研究》2014年第1期；刘磊：《"抵消战略"与卡特时期美国核战略的延续与变化》，《美国研究》2014年第5期；刘磊：《"从大规模报复"到"有限战争"——艾森豪威尔时期美国有关核战略的争论》，《美国研究》2013年第2期；刘磊：《肯尼迪政府时期美国对苏联核战争的设想》，《军事历史研究》2014年第2期；刘磊：《施莱辛格主义与尼克松政府核战略的调整》，《史林》2013年第4期。

质量成果。[1]

具体到美国在亚太地区的核部署问题，除了笔者发表的相关成果《日美同盟与冷战前期美国在日本本土及琉球群岛的核部署》《冲绳返还与美国在西太平洋的核部署》和《“威慑”与“禁忌”：艾森豪威尔政府在韩国的核部署》，高奇琦的《美国在韩核部署的历史分析（1958—1991）》比较系统地梳理了美国在韩核部署的历史演变及其动因。近些年一些学者也利用日本外务省、美国国家档案馆档案撰写涉及美国在亚太地区核部署的论文，其中崔丕教授的《美日返还冲绳施政权谈判中的核密约问题考》、臧扬勤的《同盟的深化——美日核潜艇靠港谈判（1963—1964）》以及梁志的《一段隐秘的历史：美国在台湾的核部署（1957—1960）》值得关注。[2]

从以上研究现状可以看出，对于美国核历史，国内学者的学术关注点仍集中于核政策的个案研究，对美国在亚太地区核部署整体

1　刘姝：《美国对法国核武器研制的评估与对策（1958—1960）》，《社会科学战线》2009 年第 2 期；詹欣：《美国与朝鲜核问题的历史分析》，《东北师范大学学报（哲学社会科学版）》2007 年第 2 期；詹欣：《美国对中国第一次核试验的对策再考察》，《国际论坛》2015 年第 5 期；詹欣：《试论美国对中国核武器研制的评估与对策（1961—1964）》，《当代中国史研究》2001 年第 3 期；詹欣：《约束与局限：试述台湾核武器计划与美国的对策》，《台湾研究集刊》2014 年第 3 期；刘子奎：《核扩散问题与艾森豪威尔政府和平利用原子能计划》，《世界历史》2016 年第 5 期；刘子奎：《美国早期防扩散政策与美英苏禁止核试验谈判》，《历史研究》2015 年第 4 期；崔丕：《美日对中国研制核武器的认识与对策（1959—1969）》，《世界历史》2013 年第 2 期；陈波：《吉尔帕特里克委员会与美国的核不扩散政策》，《史学月刊》2016 年第 10 期。

2　陈波：《日美同盟与冷战前期美国在日本本土及琉球群岛的核部署》，《日本学刊》2010 年第 4 期；陈波：《冲绳返还与美国在西太平洋的核部署》，《国际观察》2010 年第 3 期；陈波：《“威慑”与“禁忌”：艾森豪威尔政府在韩国的核部署》，《历史研究》2012 年第 2 期；高奇琦：《美国在韩核部署的历史分析（1958—1991）》，《韩国研究论丛》2008 年第 1 期；崔丕：《美日返还冲绳施政权谈判中的核密约问题考》，《上海交通大学学报（哲学社会科学版）》2014 年第 4 期；臧扬勤：《同盟的深化——美日核潜艇靠港谈判（1963—1964）》，《冷战国际史研究》第 16 辑；梁志：《一段隐秘的历史：美国在台湾的核部署（1957—1960）》，《中共党史研究》2017 年第 11 期。

状况的探讨并不多见；而西方学者则越来越注重超越个案的宏观层次研究，通过在亚太地区的核政策这一侧面考察核武器作为美国对外政策选择的有限性。随着美国政府相关档案的陆续解密，这一课题日益成为国际核历史与核政治研究中新的学术增长点。

二、研究的学术价值与现实意义

核战略是二战以来，在核武器超出一般意义上的“武器”，成为国际关系中的“政治工具”后，美苏等核大国制定的维护本国国家利益的国家安全战略。核战略具有相对稳定性，与本国所处的军事、经济、政治和心理地位等因素紧密相关，并由核军事战略、科技战略以及经济发展战略等相辅而成。美国的核战略在冷战时期经历了“大规模报复”战略、“灵活反应”战略、“现实威慑”战略以及战略防御计划的演变。在这些战略方针的指引下，美国政府重塑了国家经济和科技发展机制，针对不同的国家（地区）或事件形成了具体的核政策。同时，为了实施上述核战略，华盛顿在亚欧以及其他海外军事基地部署了一定数量和制式的核武器装备。

核政策，第一是指在具体的事件中，核武器由安全战略转化成现实威慑能力的过程，这种决策存在使用或不使用核武器两种选择，例如在朝鲜战争中美国试图使用核武器来改变战争进程；第二是指在核战略的指导下，针对某一国家或地区的军事甚至核能力所制定的措施，如美国针对朝鲜核能力而制定的对朝核政策。冷战时期，美国在多次重大地区危机（以古巴导弹危机为典型）中试图使用核武器，但对核大战的担心、决策层内部的分歧以及盟国的压力对其核政策构成了基本限制。

核威慑与核打击能力的实现依仗于合理有效的核部署。二战以来，美国军方为贯彻其核战略，实施其核政策，除在本土之外，还在加拿大、英国、格陵兰、西欧、近东地区以及公海上部署了相当数量的战略和战术核武器，形成了对苏联的核包围态势。而在亚太地区，美国针对中国的核部署是以“韩国—日本（冲绳）—中国台湾—菲律宾”环形防御线展开的。倘若没有海外核部署，美国的核战略便成了纸上谈兵，而具体的核政策也没有了现实支撑点。因此，核战略、核政策与核部署是一个有机的整体。

目前无论是国外还是国内学术界，研究美国核战略或核政策的成果不在少数，却较少关注其核部署的情况，这与该问题在核历史中的重要性不成正比，考察美国在亚太地区的核部署史是对美国乃至国际核历史研究的补充。研究二战以来美国在亚太地区的核部署有助于推进以下几个方面的认识。

第一，加深对冷战时期两大阵营对峙格局的理解。20世纪下半叶，国际局势保持了相对“和平”[1] 的局面，虽然地区热战不断，但始终未爆发新的世界大战，核武器的“相互确保摧毁”（MAD）无疑是一大因素，而美苏之间的核部署则是其中重要的一环，与重大地区危机中的“威胁使用核武器”相配合，使理论上的“核威慑”转化为现实的“核威慑”。

第二，美国在海外进行核部署的过程中，牵涉的层面很广，如军方与国务院、原子能委员会之间的决策关系、决策高层与地区派驻机构之间的关系、美国与军事盟国之间的关系、相关国家民众对核武器的抵制态度及美国对策等。因此，核部署研究有助于深化对美国外交决策、当代国际关系甚至美国国内政治的认识。

第三，二战以来，美国尽管在本土和海外部署了一定数量的核武器，但在重大地区危机，譬如朝鲜战争、两次台湾海峡危机、柏

---

1 约翰·路易斯总结出“长和平”的几个重要条件：（1）尊重各自的势力范围；（2）避免直接的对抗；（3）将核武器视为最后手段；（4）宁可得到可预见的不合理的结果（anomaly），也不要不可预见的合理的结果；（5）不谋求削弱对方领袖的地位。参见 John L. Gaddis, *The Long Peace: Inquiries into the History of the Cold War* (New York: Oxford University Press, 1987), pp. 239-243。

林危机、古巴导弹危机和越南战争中并未使用它们。华盛顿一直希望通过海外核部署来真正实现核武器的“威慑”作用，但在实践上却屡屡因决策者的道德观念、政府高层的分歧、西方盟国的反对、国内外舆论压力等因素而使“用核”成为美国外交难以突破的“禁忌”。

三、研究史料、内容与总体框架

史学研究的基础在于史料。美国海外核部署本身就是近些年才出现的新课题，加之档案材料非常有限，中外学者可以在同一起跑线上开展共同研究。谁能尽早取得成果和学术话语权，完全取决于谁能更快、更多地获取档案材料。笔者在国内材料极为有限的情况下，利用 2019 年下半年到美国乔治·华盛顿大学访学的机会，于美国第二国家档案馆和艾森豪威尔总统图书馆收集材料，并与美国核历史专家、乔治·华盛顿大学教授威廉·伯尔建立起学术联系。不过，与美国学者交流和在美收集档案给笔者的一个感受是：美国档案虽然开放，但有关军事特别是核问题的档案开放程度极其有限，很多仍处于未解密状态，不得不向档案馆提出解密申请。比如涉及美国在菲律宾核部署的档案几乎没有公开，而申请解密要经过层层审核，周期往往要一年甚至几年。又如，2018 年底“不完全解密”的国务卿原子能事务特别助理系列档案，涉及 1954—1955 年国务院与国防部就海外军事基地核存储权益的讨论，凡是国名、地名和重要人名均做涂黑处理。对于此种材料，学者们不得不根据上下文或者文件撰写者（比如某些文件落款漏涂）来推定。这种状况造成的后果之一便是，很多涉及核历史的研究课题都无法做到完整叙事，构建历史的链条时常会发生断裂。

另外一个突出的感受是：国家档案馆与总统图书馆在分工方面虽然不明确，但馆藏有一定差异。国家档案馆更多的是收藏联邦政府机构，涉外的如国务院、国防部、中央情报局、参谋长联席会议（以下简称“参联会”）、新闻署、国际援助与开发署等部门档案，从类型上以来往电文、情报分析、信息整合、会晤记录和建议备忘录等为主，在研究层级上属于“中游文献”，更适合于了解事情的来龙去脉和各部门的具体意见。但是，如果要知道作为决策中心的总统及其核心幕僚的想法，或者他们对各部门提交上来的方案如何看待（即基层、中层信息是如何“上行”的），则必须借助于总统图书馆的国家安全档案、总统个人档案和重要阁僚个人档案。这些属于研究层级较高的“上游文献”。因此，利用好这类档案要对总统的决策风格、在某一事务上不同部门所起的作用比较熟悉。或者用一句话概括，就是要对美国政府在特定问题上的决策机制非常清楚，否则必定会迷失在头绪繁杂、甚至漫无边际的档案海洋之中。

根据目前笔者收集到的有限材料，本书力求全面使用上述两个档案来源的文献。其中，在第二国家档案馆主要收集了国务院文件集群（RG59）中的原子能事务档案、国务院欧洲事务司（以下简称“欧洲司”）档案、国务院远东事务司（以下简称“远东司”）文件、核心文件，参谋长联席会议集群文件（RG218）和新闻署集群文件（RG306）。这些文献中依然有大量的直接相关档案是“部分解密”或“未完全解密”的。来自艾森豪威尔总统图书馆的档案集中于艾森豪威尔总统文件（Records as President）、白宫办公厅文件（White House Office）、白宫核心文件（White House Central Files）、国家安全系列文件（NSC Series）以及杜勒斯和赫脱个人系列文件。两种来源的档案在某些具体运用中是可以互补的——因为审核人的尺度不一，在第二国家档案馆未解密的部分，很可能在总统图书馆备份的同一文件是解密的。

本书重点关注以下三个方面的内容。

第一，由“国家安全系列文件”反映出的美国国家安全基本政策，与具体核部署及其调整之间的关系。举凡国内外研究冷战时期美国军事战略演变的成果，大都集中于对基本政策的解读，少有将宏观上战略设计的变化与局部军事部署调整（如核部署）结合起来考察者。核部署的调整不仅与军事战略的演变保持一致，在某些情况下还增强了宏观政策的灵活性。

第二，军事盟国在美国海外核部署中所扮演的角色。美国并不希望在其所有的海外军事据点都部署核武器，特别是在两大集团对抗较为激烈的朝鲜半岛和柏林地区，担心被其军事盟国“拖入”与苏联或中国的核大战。而实际上地区当局，如李承晚和阿登纳分别在美国与韩国、联邦德国核部署的决策过程中起到了相当大的作用。

第三，美国决策高层，特别是国务院与军方在核部署决策过程中的反复争论。军方优先考虑的是部署核武器可以增加军事“威慑”的有效性，而国务院的政治顾虑则包括西方盟国的反对、民间反核运动和海外防务支出增加等。这些争议既反映了双方在军事利益与政治后果之间的权衡与选择，也往往成为美国的海外核政策存在“禁忌”的原因。

冷战时期，除了在海外 27 个国家和地区部署有核武器，美国还通过航空母舰舰载机挂弹、潜艇或核潜艇携带战略核导弹在全球巡航来实现“威慑”，这也是海外核部署的重要形式。基于以上，本书分为七个部分。

第一章从整体上梳理了艾森豪威尔时期美国大规模海外核部署政策的形成轨迹。其中重点讨论了“大规模报复”战略与“大平衡”思想之间的关联，以及美国高层内部如何逐步清理进行核部署的思想和政策障碍，特别是国务院和参谋长联席会议等军方机构如何以向美国以外地区进行核存储和核部署来侵夺原本属于原子能委员会的核监管权力。这一部分还探讨为获取盟国的合作与支持，美国在基地权益和对外宣传上所做的动员。

第二章主要研究美国在韩国的核部署。艾森豪威尔政府末期是美国在韩国部署核武器的开始，韩军裁减、李承晚的态度与核部署决策密不可分。至 20 世纪六七十年代，美国不仅要面对韩国发展自身核力量的冲动，同时还要在裁减驻韩美军与韩军武器“现代化”之间做出选择。在韩国这个案例中，特别需要关注的是弱小盟国通过不断的“外交讹诈”对美国海外核部署决策产生的影响。

第三章有两个研究重点，一是考察美国通过载有核武器的飞机舰船“过境”日本本土这种形式进行的核部署，以及这种形式给美日同盟关系带来的影响；二是关注美国在本土之外的冲绳等岛屿进行核部署的历史过程。对于在日部署核武器，这一章还探讨了日本反核运动与核部署的困境、美日核密约的形成及地位、冲绳返还与核部署的调整等议题。

第四章以美国对台政策之变化与冷战初期在台核部署决策为主要内容。1954 年台海危机的爆发，一方面促成了“美台军事同盟”的形成，另一方面也推动华盛顿加快向中国台湾部署“屠牛士”导弹[1]的步伐。华盛顿一方面希望借助于“屠牛士”导弹加强对中国的“威慑力”，保持台湾海峡地区的局势稳定，但又对蒋介石的“反攻大陆”心存顾虑。因此，在中国台湾地区部署的核武器数量是亚太地区最少的，部署的时间也是最短的。

第五章以亚太地区核部署完成后的第二次台海危机为例，检视“大规模报复”战略和海外核部署在应对地区危机上的有效性。美国之所以未能启用核武，是因为危机恰恰发生于检讨“大规模报

1 “屠牛士”导弹是美国空军装备的一种陆基发射的亚音速导弹，可以携带一般弹头和核弹头，1951 年第一次部署海外，首次部署并未携带核弹。1957 年已经在联邦德国部署。Text of Proposed Joint Sino-US Announcement for Simultaneous Release at Taipei and Washington, April 1, 1957, in RG306, Office of Plans, Coordinator for NSC and OCB Affairs, Subject and Policy Paper Files, 1953-1961, Box 23, NARA。

复”战略、调整国家安全政策的当口，高层处理地区危机缺乏统一、可行的指导方针。同时，核武库中也无可用的“清洁核武器”，亚太常规力量长期投入不足、远程军事调动匆忙混乱也让核打击无从兑现。

第六章从战后初期美国对菲政策的宏观变化入手，着重分析基地谈判在双方关系中的重要意义。旷日持久的基地谈判让美国对菲律宾军事和战略地位的评估出现波动，因而在菲部署核武器的时间较晚，数量也较少。此外，菲律宾民众对核武器的反感也推动了美国实施“双轨并行”的方针，通过积极在菲律宾推行和平利用原子能计划，改善当地对核能及核武器的态度，为军事上部署核武器提供必要的外部条件。

最后的结语分三个层次对本书的内容进行总结。第一层从美国政府的决策来看，艾森豪威尔时期海外核部署的实现有赖于核武器观念的更新与思想统一，其过程也伴随着各部门对决策权力的争夺；第二层从美国与盟友的关系来看，核部署既是双方斗争的一种结果，也成为持续考验同盟关系和相互信任的因素；第三层则从整个艾森豪威尔政府的核政策来看，其中包含的矛盾体现于多个方面，贯穿于执政始终。

第一章
“新面貌”
与美国大规模海外核部署的开始

1950 年 6 月，杜鲁门下令向英国部署 89 件不携带核弹头的核元件装备美军驻英战略空军，开启了美国的海外核部署过程。但是总体上，杜鲁门政府的核部署数量比较少，大多没有携带核弹头。1953 年 1 月，共和党人艾森豪威尔上台后，逐步形成了以“大规模报复”为核心理念的新的对外战略，又被称为“新面貌”。这一战略试图借助于核武器的威慑力，减少海外驻军规模，从而达到减少国防支出的目的。以此为契机，美国开始迈出大规模向海外部署核武器的步伐。

“大规模报复”战略不仅反映了 20 世纪 50 年代美国的国家安全观，还起到了承前启后的作用，是整个美国对外战略发展中关键的一环，因此相关著述非常丰富。现有研究可分为两类：一是通过整体探究“大规模报复”战略来透析其中的核政策，二是以具体案例论述艾森豪威尔政府“大规模报复”的有限性。[1] 近些年，随着美国档案的解密，出现了一些基于“大规模报复”战略、专门讨论美国在海外部署核武的个案研究。从宏观到微观，已有研究著述涵盖了“大规模报复”战略的政策形成和实施。然而，从战略层面的“新面貌”到具体执行的“核部署”之间，实际上存在诸多争论和有待突破的障碍和关键环节，这也就是为何从政策形成到开始实施之间，相隔四年之久。深入发掘1953—1957年“大规模报复”战略“落地”的历史过程，不但有助于认识美国高层核观念的变化、核决策的机制，而且可以加深对美国外交决策过程中盟友、舆情等影响的理解。

第一节 “大规模报复”战略与核政策的“松绑”

20世纪上半叶，大萧条、二战和冷战相继发生，作为历史亲历者以及战后首位入主白宫的共和党人，艾森豪威尔对如何维护国家安全有着自己的思考。在财政上，他是一位保守主义者，希望缩减罗斯福“新政”以来不断扩张的公共投资，放宽私有经济活动以及

1 第一类代表作有 Saki Dockrill, *Eisenhower's New-Look National Security Policy, 1953–61* (New York: St. Martin's Press, Inc., 1996); Matthew Jones, "Targeting China: U. S. Nuclear Planning and 'Massive Retaliation' in East Asia, 1953–1955," *Journal of Cold War Studies* 10, no. 4 (Fall 2008); 石斌：《20世纪50年代美国政府关于核报复战略的内部争论》，《史学月刊》2004年第11期；刘磊：《从“大规模报复”到“有限战争”——艾森豪威尔时期美国有关核战略的争论》，《美国研究》2013年第2期。第二类代表作有 Gordon H. Chang, "To the Nuclear Brink: Eisenhower, Dulles, and the Quemoy-Matsu Crisis," *International Security* 12, no. 4 (Spring, 1988); Michael Gordon Jackson, "Beyond Brinkmanship: Eisenhower, Nuclear War Fighting, and Korea, 1953–1968," *Presidential Studies Quarterly* 35, no. 1 (2005); David McKinley Walker, "Eisenhower's New Look, Tactical Nuclear Weapons, and Limited War with a Case Study of the Taiwan Strait Crisis of 1958" (PhD diss., The George Washington University, 2004)。

削减财政赤字，而平衡财政预算必然涉及国防开支。如何既能减少国防支出，又不至于削弱美国对抗苏联的能力呢？他虽已有想法，但需要通过公开演说等方式统一思想，以便在新政府内部形成共识，得到立法机关乃至整个美国社会的支持。

1953 年 2 月 2 日，刚刚就任总统不久的艾森豪威尔向国会两院联席会议发表《国情咨文》，表示要实施全新的、积极的对外政策。在咨文的第三至第五部分，他特别以朝鲜问题为例阐述了新政府平衡外交政策与国内经济的立场：“我们的问题是，在经济持续紧张的状态下保持军事力量足够强大。不顾经济能力地动员军事力量可以使我们免于一场灾难，却在另一面引火烧身。”为此，他将指示国防部长制订“以最小的代价最大限度地保障国家安全的计划”。[1] 4 月底，在与国会领袖的联席会议上，他再次谈到“本届政府面对的双重危险（duel perils）”——外部是苏联领导的共产主义威胁，内部是美国经济衰退的征兆。他还说，美国在应对共产主义扩张的过程中，可能会使国家经济处于危险之中，最终美国的自由、价值观和民主制度会陷入万劫不复的深渊。[2] 艾森豪威尔还以“国家安全及其代价”为题向全国发表广播讲话，如果不做出改变，“赤字居高不下，政府采购一单接着一单，物价上涨，储蓄贬值以及国家安全成本不断攀升”。[3] 以上内容所传达的信息，是新总统准备调整前任的对外战略，要以更小的经济投入换取最大的安全保障。

艾森豪威尔的构想得到了国务卿杜勒斯（John Dulles）的响

1 Dwight D. Eisenhower, “Annual Message to the Congress on the State of the Union,” February 2, 1953, accessed December 29, 2019, https://www.eisenhowerlibrary.gov/eisenhowers/speeches.

2 William Leuchtenburg (eds.), *President Eisenhower's Meetings with Legislative Leaders, 1953–1961* (Microfilm: University Publications of America, 1986), Reel 1.

3 Dwight D. Eisenhower, “Radio Address to the American People on the National Security and Its Costs,” May 9, 1953, accessed December 29, 2019, https://www.presidency.ucsb.edu/documents.

应，后者在公开场合不时地抛出“核武器”来试探各方反应。杜勒斯在一次外交政策声明中声称，苏联总能“选择武器、选择地点和时间”发起挑战，这种局面令美国处处被动，且增加了国内经济的运行风险。核武器的杀伤力不仅可以降低成本，还可以有效保护自由世界。[1] 与此同时，海外派驻人员也不断建言献策，推动政府高层转变思路。驻北约大使小威廉·德雷柏（William Draper，Jr.）给总统写了一封“必须予以重视”的信，警告北约国家普遍面临财政危机，而问题的核心在于如何减少各国和北约整体的军事支出。英国和一些国家认为新式武器的使用可以减少对常规力量的投入，最终降低西方的防务成本。“对美国和北约来说，没有比将欧洲集体防务和核防御结合起来制定战略更好、更廉价的方式了。”他希望这封信“对高层评估整体战略有帮助”。[2] 显然，要改变杜鲁门时期不计成本地投入常规军事力量而导致经济压力过大的局面，就必须采取大胆的尝试——美国在核技术上的优势可以变被动为主动，同时还能大幅减少海外军事义务。

所有这些都让艾森豪威尔的思路日渐清晰。为了更好地制定新的国家安全战略，同时协调国务院与国防部的意见，艾森豪威尔启

---

1 Foreign Policy and National Welfare, February 16, 1953, in Dulles, John Foster: Papers, 1951–1959, JFD Chronological Series, Box 10, Abilene: Dwight D. Eisenhower Library (DDEL).

2 William H. Draper, Jr. to the President, March 8, 1953, in RG59, Special Assistant for Atomic Energy, Country and Subject Files Relating to Atomic Energy Matters, 1950–1962, Box 3, College Park: National Archive II (NARA). 信件还敦促政府各部门充分疏通信息渠道，群策群力制定出一个北约政治和经济能力可以支撑的防务政策。为此，德雷柏专门附了一份研究报告，在提交总统的同时抄送国务卿、国防部长和原子能委员会主席，希望引起核心部门足够的关注。

动了“日光浴计划”，委托三个工作组进行调研。[1] 与之相配合，他还指示国务院、国防部和原子能委员会的首长在国家安全委员会（以下简称国安会）之下成立“核能事务委员会”，协商核能的生产、核武器的部署和使用等问题并就核政策形成“统一的认识”。

经过六周的准备，三个工作组分别提交了报告。国家安全事务助理罗伯特·卡特勒（Robert Cutler）将各组意见综合，最终形成了 NSC162 号系列文件。这份与 NSC68 号相对应的政策纲领认为，斯大林的去世并没有削弱苏联的实力，它与以美国为首的“世界资本主义”的敌对状态也没有改变。美国未来的安全系于“以打击力量实现大规模报复的能力”，而所谓的“大规模报复”能力则“以大规模的核能力为基础”。与之平行的是，“保持健全、强劲并不断增长的经济，从而能够通过迅速有效的动员提供上述能力”。[2] 这清楚地表明了艾森豪威尔将核武器作为支撑点，保持经济发展并与苏联进行持久战。同时，新战略不仅没有削弱盟国的作用，反而更加突出盟国军事基地对美国战略空军核打击能力的重要性。总而言之，文件的逻辑是美国试图通过突出技术上的领先地位，以“报复”促“威慑”，缓解国内的财政压力。“大规模报复”能力、健全的国内经济以及西方国家集体安全构成了“新面貌”的基本要素。

然而，寄希望于核武器的“大规模报复”能力，首先要解决

1　即“Project Solarium”，1953 年 4 月，艾森豪威尔任命了包括凯南在内的三个工作组来研究对外战略基本方针，三个组提出的方案分别是：（1）“遏制”，延续杜鲁门政府时期围堵苏联势力扩张的政策，但在军事上更加倚重核武器；（2）“隔离”，与苏联保持明确的界线，一旦越线即不惜采取大规模军事行动；（3）“推回”，采取包括军事行动在内的方式向苏联进攻并从地缘上消灭苏联。Gates Brown, *Eisenhower's Nuclear Calculus in Europe: The Politics of IRMB Deployment in NATO Nations* (Jefferson: McFarland & Company, Inc., Publishers, 2018), pp. 21–27.

2　National Security Policy, Basic. NSC162/2, October 30, 1953, in *U.S. Declassified Documents Online* (USDDO), Farmington Hills: The Gale Inc., 2019, CK2349391157.

“能否使用”问题，因为是否能突破这个“禁忌”直接关系到新战略的“可信度”。应该说，NSC162/2 号文件第 39 段 b 款已有涉及：“在敌对状态下，美国将考虑把核武器与其他武器一样来使用。在盟国允许在其领土上的美军基地使用核武器，美国应在使用前征得盟国同意。”[1] 对于能否以及如何使用核武器，从现在可见的档案来看，在文件制定之后美国高层有过多次讨论，且原子能委员会、国务院和国防部有不同意见并展开持续争论，都希望在核使用权上占据主动。[2] 卡特勒见状，建议艾森豪威尔组织专题会议来协商解决。

1953 年圣诞节前夕，总统召集专门工作小组讨论，会后形成的备忘录对争议部分做出如下解释：只在特殊情况下，比如美国或西欧遭到核攻击，美国才可以自动启用核武器。但大多数是有限冲突的情况，往往有不可预测的政治问题，美国需要考虑使用核武器是否会增加对方使用的概率、是否会失去盟国的支持以及冲突是否会升级，等等。这些情形之下，是否启用只能由总统来决定。[3] 1954 年 10 月、1955 年 3 月的国家安全基本政策跟踪报告显示，对于使用核武器依旧因循上述备忘录所做出的解释。[4] 围绕第 39 段 b 款的

1 National Security Policy, Basic. NSC162/2, October 30, 1953, in USDDO, Gale, 2019, CK2349391157.

2 目前涉及三方态度的材料均未完全公开，从已有解密档案大概可知国务院的态度是：在一般情况下不得使用核武器，特别是在有限冲突下，应考虑使用带来的政治和军事后果，除非遇到像“珍珠港事件”那样的严重危机。国防部认为无论是何种冲突，无论苏联是否首次使用，美国都可以考虑并使用核武器，最高决策权在总统，但军方有权在具体危机中判断核武器是否优于其他手段。James Lay to DDE, re Atomic Weapons (TS), December 2, 1953, in White House Office, Office of the Special Assistant for National Security Affairs: Records, 1952–1961, NSC Series, Subject Subseries, Box 1, DDEL.

3 Memorandum Regarding U. S. Policy for the Use of Nuclear Weapons in the Event of a Hostile Attack Against the U. S.; U. S. Policy Regarding Use of Nuclear Weapons, January 4, 1954, in USDDO, Gale, 2019, CK2349473594; CK2349255811.

4 Report on Existing Basic National Security Policy, October 21, 1954; U. S. Policy Regarding Use of Nuclear Weapons, March 14, 1955, in USDDO, Gale, 2019, CK2349017316; CK2349263452.

争论也暂且落定。

事实上，三部门的分歧主要不是“能不能使用核武器”，而是因为监管权不甚清晰导致的“如何使用”问题。军方借核监管权的转移取得主导地位，并以文件的形式将在局部战争和有限冲突中可以使用核武器确定下来，从而奠定了此后美国处理重大危机时对核武器这一选项的基调。至此，套在美国政府高层的“核枷锁”在某种程度上被打开了。当然，国家宏观政策设计的实现有赖于具体措施的配合。突破使用核武器的限制后，“大规模报复”战略的展开、特别是将核元件部署到海外盟国中去，需要美国高层精心安排，继续排除军事和政治上的障碍。

第二节 艾森豪威尔政府核武观的更新与统一

艾森豪威尔政府时期向海外部署核武器是战后美国核政策、核技术发展的必然结果，也与美国决策者如何看待核武器——特别它在美国军事战略中的地位、与常规武器的区别与联系、是否具备以及如何起到威慑作用——有很大的关系。从杜鲁门政府继承而来的核武器政策在方方面面并不统一，甚至意见纷纭。“大规模报复”战略出台后，新政府内部进行了一系列的讨论和协调。首先，美国决策高层需要逐步统一意识，认为核武器与其他武器一样“可用”，破除政策制定的内部障碍；其次，国防部与原子能委员会就核监管权的争夺，激发了高层内部对核武器问题的讨论，在监管机制上和思维方式上都朝着有利于军方改变；再次，为减小来自盟国和民众的阻力，美国政府专门制定政策对他们进行“教育和说服”工作；最后也是最重要的，在迫切需要减少海外军事开支以保持财政平衡的情况下，海外部署战术核武器就成了“降低成本、保持实力”的必然选择。凡此种种，虽限于档案解密的原因每一条线都不甚完整、清晰，但都是艾森豪威尔政府关注的问题，也与核部署政策的形成、发展有着密切联系。

早在1948年9月，杜鲁门政府即通过NSC30号文件“美国核战争政策”，以“使用核武器属于最高层的决策”的表述确立了总统在核武器使用上的地位。文件还列出使用原子武器的必要程序和需要考虑的因素。同时指出，“一旦战争发生，军事设施必须准备好立即、有效地使用所有可动用的军事手段，包括核武器，以保障国家安全，也必须制定相应的作战计划”。当然，使用核武器的最终权力属于总统。[1] 由此决定了，核决策虽然参与部门和人员众多，[2] 但每一位总统及其重要阁僚的观念、思路无疑最为重要。首当其冲的是，军方不断推动决策高层的核武观念变化。

1949年12月，空军原子能战地办公室（USAF Field Office for Atomic Energy）提交给参联会的《原子空战原则》，对原子战争的属性有过一番评论。轰炸日本后，美国政府内部围绕原子弹产生了很多争论，其中有人认为使用原子弹会毁灭人类文明，也有人对原子弹的实际效果持怀疑态度。这些意见纷呈“本质上是新式武器出现的必然结果”。文件旨在对核武器的方方面面进行调查，特别是对核武器在战争中的作用进行评估并制定原子空战的技术守则。其

1 United States Policy on Atomic Warfare, September 10, in USDDO, Gale, 2019, CK2349353727.

2 从后来在1954年4月成立的行动协调委员会（Operation Coordinating Board，OCB）核能小组成员可以看出，参与艾森豪威尔时期核武器政策制定的部门包含但不限于白宫办公厅、国务院（原子能事务特别助理及后来的军控与裁军署）、国防部（含参谋长联席会议）、原子能委员会、中央情报局、新闻署、联邦民防局。Coordination of Nuclear Energy Projects and Related Information Programs, April 28, 1954, in White House Office, National Security Council Staff: Papers, 1948-1961, OCB Central Files Series, Box 8, DDEL; Terms of Reference for Working Group on Coordination of Nuclear Energy Projects and Related Information Programs, May 13, 1954, in RG306, Office of Plans, Coordinator for NSC and OCB Affairs, Subject and Policy Paper Files, 1953-1961, Box 21, NARA.

中在"效能与局限"一节，文件认为核武器虽有比较大的杀伤力，但其爆炸的特征和成本使其更适于袭击有一定规模的集群目标，比如城市、工业区和较大的军事设施。因此"目标选择至为重要"。"核弹没有投射工具就毫无价值。因此，任何使用核武器的计划都必须考虑到这一点"。当时投射手段包括轰炸机、秘密的地上方式和核潜艇水下方式以及潜伏人员。同时在核战中，"时间因素也与目标选择同等重要"，对某一有核国家来说，一台发射装置从技术上发射 5—10 枚核弹是极大的负担。当时满足时间条件的只有飞机。但是对轰炸机来说，原子弹投放的经济成本较高。[1] 无论是投射手段还是时间因素，最终都会与部署的方式有所关联。1952 年 6 月，一份杜鲁门政府的核武器政策回顾文件列举了向美国本土和海外转运未携带弹头的武器装备地点清单，后者就包括了摩洛哥、英国、关岛、冲绳、格陵兰。[2]

1951 年 12 月，针对国防部表达"对使用核武器有兴趣"，参联会根据自身职责和权力提交了一份备忘录，开篇即说："美国核武库数量的稳定增长，对美军战略、战术观念，以及军队作战力量的规模、性质和训练都产生了巨大影响。"其中战略空军的组成和武装，主要就是围绕核武器来发展的，战术空军部队和海军部分力量也在朝着这一方向努力。核武器也在影响着战机的改装、改造和换代，影响着导弹部队和制导系统、轰炸系统以及特定枪械的发展。因此，核武器已经成为大战准备和作战计划中不可分割的组成部分。参联会有责任根据美国现有的技术条件制定预防性的军事计划，并为总统在必要时刻采取必要的军事行动提供建议。因此，制

1 Doctrine of Atomic Air Warfare, December 28, 1949, in USDDO, Gale, 2019, CK2349385401.

2 Summary of Policies Approved by Presidents Harry S. Truman and Dwight D. Eisenhower Regarding Nuclear Energy, Nuclear Weapons, and Nuclear Warfare, June 26, 1952, in USDDO, Gale, 2019, CK2349473573.

定围绕核武器的军事行动方案是国防部的事，而核物质的生产和研发才是原子能委员会的职责。“前者是消费者，后者是生产者。”在使用核武器的权限问题上，参联会完全支持总统做出是否使用的决定（即何时使用），但“核武器与其他武器一起组成了战争的全部手段”，因而参联会“有权决定在何地、以何种方式、使用多少数量和何种制式”的核武器。文件还具体建议划分国防部和原子能委员会在核武器问题上的分工和职责。在核武器的安全问题上，核武库本身的物理安全由军方负责。而信息安全和信息分享，则由联合政策委员会（Combined Policy Committee）提出建议，由总统批准，且仅限于科学和技术信息，不得涉及核武器。与盟国分享必要的核武器信息，需经参联会同意并经总统批准。[1] 文件还透露出国防部与原子能委员会开始在监管权上出现矛盾。当时，核武器主要的监管责任在原子能委员会，因此在转移和部署的过程中流转的部门和人员较多，导致核信息泄露的危险非常大，同时也让“时刻准备好使用”与“授权使用”之间的矛盾凸显，国防部认为这种状况致使无法在军事上完全做好准备。

在考察美国高层的核武器认知问题时，不仅要分析前一任的政策遗产，还要关注艾森豪威尔本人和政府相关机构在公开场合、政策文件及其讨论过程中提出的重要观点。至于新任总统本人对核武器的观念，则要追溯到他对轰炸广岛和长崎的看法。在他自己的回忆录中，艾森豪威尔曾认为对日使用原子弹并没有太大的必要：一是因为日本基本上已经战败；二是因为这种武器可能会引发世界舆论的强烈反应。[2] 然而从军界转身投入政界的他，考虑问题的视角

---

1 Joint Chiefs of Staff Views on Department of Defense Interest in the Use of Atomic Weapons, December 11, 1951, in RG218, Central Decimal File, 1951-1953, Box 159, NARA.

2 Dwight D. Eisenhower, *The White House Years: Mandate for Change, 1953-1956* (NY: Doubleday, 1963), pp. 312-313.

和出发点必然会发生变化。经历过大萧条、二战和冷战的艾森豪威尔，其安全观呈现出一定的复合特征，试图将多种因素融入国家安全政策——空军、战争能力、工业、科技，甚至民众的精神——来确保美国的安全。这就决定了艾森豪威尔更加关注核武器的战略层面而非技术层面，当然也容易让他接受核武器可用于实现战略意图、可以大力发展，而相对忽视核武器的道德风险。“对艾森豪威尔来说，核战争的风险无法超越在国家实力、遏制共产主义和追求和平上带来的更直接、可见的好处。”[1] 也正是由于这一点，与杜鲁门相比，艾森豪威尔才会在“突破核禁忌”的问题上走得更远，将核武器作为整个安全战略的支点。

上任伊始，面对杜鲁门时期并不系统的核政策，艾森豪威尔指示国务院、国防部和原子能委员会三个部门的首长在国安会之下成立了“核能小组委员会”，任务是在具体核政策出台之前，协商“核能的生产、核武器的部署和使用”等问题并就核政策形成“统一的思想”。1953 年 5 月初，该小组委员会向总统提交了一份报告。首先，建议在合适的时机、采取合适的方式将核武器的监管权交由国防部；其次，文件再次明确了核武器的使用是国防部长在总统授权之下才可以行使的权力。对于监管，国防部对海外部署的核武器有调度权，且“国内部署的核武器”也应确保其有灵活的权力。原子能委员会则负责剩余的核武器监管。两个部门各自负责为所监管的核武器提供存储地点，存储地点的安全保障则全部由国防部负责提供。[2]

---

1 Brian Madison Jones, *Abolishing the Taboo: Dwight D. Eisenhower and American Nuclear Doctrine, 1945–1961* (Solihull: Helion & Company Limited, 2011), p. 10.

2 文件还提出，在正式启动权力转移前，可以事先请国务院知会英国和加拿大等盟国，以“减少这种调整在国内外带来的心理影响”。James Lay to DDE, re Atomic Weapons (TS), May 4, 1953, in White House Office, Office of the Special Assistant for National Security Affairs: Records, 1952–1961, NSC Series, Subject Subseries, Box 1, DDEL.

值得注意的是，报告还以附件的形式提供了三部门对核监管权转移的意见，从中可以看出这一时期主要决策部门对核武器的基本态度。国务院认为核监管权应保留在“使用者”手中，向国防部转交监管权可以使核武器成为一种更一般意义上（normal）的武器装备，令军方在操作上更能有所准备，继而增强军事力量，最终有利于支撑美国的外交政策。监管上的“特殊化处理”不利于国内外舆论将其视为与其他武器同等的武器装备，更会无形中凸显这种武器在道德上的瑕疵。国务院还就移交的具体时机给出了建议。国防部的意见则更为直接，他们认为核武器在军方监管之下，更能在操作上确保战备的灵活性，而这对军队履行维护国家安全的职责至为重要。国防部认为监管、存储和安保方面“权分两家”的状况应该尽快改变，理由有如下几个方面：核武器是一种与其他武器并无二致的武器系统；在突发危机面前，能够动用核武器是军队实施战争规划的前提；监管的分离造成了权力重叠、职能交错；管理部门过多，不利于核信息的保密；监管权赋予一个部门，能使国防部从整体上和长远处对核政策进行研究和规划。原子能委员会显然不赞同监管权由国防部独享，认为目前没有必要改变1946年《原子能法》确定的民事监管原则，且不能忽视“核武”本质上也是“核能”的一部分。作为“自然资源”的核能，委托管理人就是原子能委员会。[1] 这一讨论过程实际上加速了核武器监管权力由原子能委员会向国防部转移的步伐，[2] 同时也让军方在核武器使用等重大问题上逐步占据主导地位。

1　James Lay to DDE, re Atomic Weapons (TS), May 4, 1953, in White House Office, Office of the Special Assistant for National Security Affairs: Records, 1952-1961, NSC Series, Subject Subseries, Box 1, DDEL.

2　核武器的监管权力最初属于原子能委员会，但随着朝鲜战争的爆发、美国开始向英国部署小型的核元件，以参联会为首的美国军方不断要求尽快向国防部转移监管权。History of the Custody and Deployment of Nuclear Weapons (U): July 1945 Trough September 1977, pp. 15-16.

1953年5月27日召开的国安会第146次会议上，卡特勒专门邀请奥本海默（Julius Oppenheimer）参加。奥本海默就核武器自1945年后的长足发展进行了说明，指出苏联一定会在技术上紧随美国之后，而且有使用核武器的强烈愿望，对美国而言可以说是“形势严峻”。因此，要更好地制定美洲大陆的防务计划，美国必须加强宣传和教育，使民众、国会“知情”，从而意识到国家面临来自对手的强大压力，同时也要使盟国意识到这一点，他将这一政策称为“公开政策”（policy of candor）。艾森豪威尔对此表示同意，但同时说明要区分哪些信息是可以向民众公开的，他还反对使用“热核武器”一词，希望在公开声明中一律使用“原子武器”。会议上还对NSC151号文件进行了讨论，为了确保信息公开的安全性，总统要求心理战略委员会在每次公开信息之前草拟声明文本。[1]

会议最终修订了当月初的NSC151号“军备与美国政策”文件，敦促政府采取“公开政策”使美国人民了解美苏核军备竞赛的状况和现实，以期获得民众对预防性战争的理解和支持。这一政策并非一时之计而是长期策略。至于何种信息可以公开以及何时公开，具体由心理战略委员会根据当时的核技术及政策信息进行甄别和选择。在宣传问题上，文件划定了两条原则。其一，“任何物理现象本身没有好坏之分，核武器必须被看作是我们武器系统的一个组成部分，这样道德问题只是与武器如何被使用有关。这将在军事力量方面给予美国更大的自由度”。其二，“核技术并非是独立于其他新技术的特殊事物。核能是西方文明一项崭新的、富有建设性的技术，和平利用核能会有很大的前景和好处”。文件的第二个目标

1 Discussion at the 146th Meeting of the National Security Council, May 27, 1953, in Eisenhower, Dwight D. Papers as President of the United States, 1953-1961 (Ann Whiteman File), NSC Series, Box 4, DDEL; USDDO, Gale, 2019, CK2349162399. NSC151号文件涉及向盟国提供核武器信息的政策。

是与主要盟国分享信息，通过加深他们对核武器政治和军事上的意义的理解来增强他们分担责任的意识，这样做也能够提高他们在处理共同防务问题上的能力。[1] 这一文件的重要性在于，美国政府不仅要统一内部认识，而且要在民众和盟国中促成某种“共识”，从而创造出有利于核政策进一步推行的外部环境。

1953 年 11 月底，该文件经过进一步修订，成为专门规定向盟国公开核信息的指令。根据相关法律以及国家安全的需要，美国将选择向一些盟国透露部分核信息。12 月 4 日，国安会进一步形成了 NSC151/2 号“向盟国公开原子能信息”文件，指出政策的目标是促进盟国更好地参与自身防务以及同美国的防务合作；在危机中与美国协调一致，特别是需要使用核武器时给予美国支持；积极发展民防以减轻美国在战争期间的负担；推动盟国在核能计划方面与美国的合作，提升“自由世界”整体的核研发水平。在保证安全的情况下，与盟国核信息分享的范围包括核武器的效能、对核武器的战术和战略使用方式、苏联核储备和投射能力情报等。文件还限定了不得与盟国分享的核情报，包括：核武器的制造和设计；核武器过去和当前的储备数量；总体的核能力；核部署。最后一项，特指核武器部署的详细信息，除了为争取所在国同意而不得不公开的部分情报。[2] 为了更好地实施上述政策，美国还专门设立了“北约高级

1 NSC151: Armaments and American Policy, May 8 and November 23, 1953, in USDDO, Gale, 2019, CK2349442127; CK2349442144.

2 NSC151/1: Disclosure of Atomic Information to Allied Countries, November 23, 1953; NSC151/1 re Disclosure of Atomic Information to Allied Countries, December 4, 1953, in White House Office, Office of the Special Assistant for National Security Affairs: Records, 1952-1961, NSC Series, Policy Paper Subseries, Box 5, DDEL; NSC Statement of Policy on Disclosure of Atomic Information to Allied Countries, December 4, 1953, in USDDO, Gale, 2019, CK2349177148.

官员特种武器培训课程”。[1]

1954年6月4日的国安会第200次会议上，第一个专题就是美国的核政策，对此参联会通报了几个方面的问题：到1964年美国可以生产出核物质的数量；使用核武器的经济性；破坏性影响的程度；核武器发展带来的战略灵活性；核武器的部署方案。参联会代表用图表的方式展示了未来苏联核力量发展对美国威胁的紧迫性，因此要对美国的安全政策进行重新评估。参联会主席雷福德（Arthur Radford）[2] 特别指出，到1958年时，苏联可能会因为研制出洲际导弹并携带热核弹头而略微领先美国，而且目前美国并没有找到反制的措施。艾森豪威尔表示，根据二战的经验，他很怀疑对战争破坏性估算的准确性。[3]

随着对核武器及中长期核政策的争论不断深入，“核武器发展对人类的影响”成为艾森豪威尔政府在1955—1957年的一个重要议题。[4] 1955年10月，国安会第260次会议首次提出该议题，并特别指出要限制研究这一课题的参与者范围，减少政府外机构和人员的参与，以防美国的安全政策泄露。[5] 1956年7月，在国务院内部（BNA）的文件中，对核武器在美国长期的政策设计中的作用进行

1　USDDO文件中关于这一课程未解密，但艾森豪威尔总统图书馆公开的同一份文件的附件B透露了培训课程的目标和主要内容。NSC151/1 re Disclosure of Atomic Information to Allied Countries, December 4, 1953, in White House Office, Office of the Special Assistant for National Security Affairs: Records, 1952-1961, NSC Series, Policy Paper Subseries, Box 5, DDEL.

2　艾森豪威尔任期内先后有四任参谋长联席会议主席，分别是奥马哈·布莱德利（1949年8月至1953年8月）、阿瑟·雷福德（1953年8月至1957年8月）、内森·特文宁（1957年8月至1960年9月）和莱曼·莱姆尼策（1960年10月至1962年9月）。

3　200th Minutes of Meeting, June 4, 1954, in Eisenhower, Dwight D.: Papers as President of the United States, 1953-1961 (Ann Whiteman File), NSC Series, Box 5, DDEL.

4　关于这个问题的档案文献，可参见White House Office, Office of the Special Assistant for National Security Affairs: Records, 1952-1961, NSC Series, Briefing Notes Subseries, Box 9, [Human Effects of Nuclear Weapons Development, 1954-57] (1)-(4), DDEL。

5　272th Minutes of Meeting, October 7, 1955, in Eisenhower, Dwight D.: Papers as President of the United States, 1953-1961 (Ann Whiteman File), NSC Series, Box 7, DDEL.

了讨论。文件认为，苏联在一段时期内常规力量会保持一定规模，而美国和盟国可能会逐步削减武装。一旦美苏力量失衡，苏联使用核武器的可能性会大大增加，因为它不担心会遭到报复性反击。即便是苏联不敢冒“人类自杀”的危险首先使用核武器，它也会利用常规力量的优势对西方施加政治和外交上的压力。但是，核武器在政治上和军事上并不具备“可使用性”，因此文件的最终基调是，美国应在保持最低报复能力的前提下，对常规力量予以更多的重视，同时大力发展洲际导弹技术。[1]

1957 年 2 月 7 日，在国安会第 312 次会议上，该问题又作为第一个议题被讨论。根据工作小组起草出的文件初稿，艾森豪威尔对其中“如果没有充分准备，核袭击会导致 5000 万人丧生，民众最终不会支持政府的战争政策而最终使国家走向分裂”这一表述最为关注，认为按照当前美国的军事规划，只在海外部署 6 个师的兵力，是无法解决这个问题的。他提出，关键的环节是“在战争爆发的第一周，美国能做什么”。他还指出民防工程计划（shelter program）对威慑苏联是没有意义的。[2]

海外核部署进行的另一个重要背景是，美国军方和高层对“世界大战”和“局部战争”关系的认知变化。对 1956 年 10 月陆军参谋长泰勒（Maxwell Taylor）将军的发言和国会证词进行整理我们能看出，决策高层越来越意识到，局部战争可能导致使用核武器的世界大战，如果想要避免这种结果出现，反而“要有能力和充分的准备应付局部战争”，或者说“在局部”要有足够的“威慑能力”来震慑对手、阻止大战的爆发。在这方面，海外驻军、战术核武器的

1　Long Range Foreign Policy Results of Dependence on Nuclear Weapons for Defense, July 6, 1956; Long Range Foreign Policy Results of Dependence on Nuclear Weapons, December 26, 1956, in RG59, Central Decimal File, 1955-1959, Box 2877, NARA.

2　312th Minutes of Meeting, February 8, 1957, in Eisenhower, Dwight D. : Papers as President of the United States, 1953-1961 (Ann Whiteman File), NSC Series, Box 8, DDEL.

部署甚至在局部战争中的使用都是具体的威慑手段。比如,“一支随时待命的核空军力量就能使潜在的敌人意识到,对美国和盟国的侵犯会导致毁灭性的报复”。[1] 11月21日,当再次讨论部署核武器问题时,艾森豪威尔强调大规模的部署要考虑到“安全存储”。如果大量核弹头分散到各军事基地,美国的反击和报复能力可能会受损。他还要求参联会要对部署做出最恰当的评估,并且同国务院协商。参联会主席雷福德当即表示会妥善处理。[2]

1957年6月,国务卿杜勒斯受邀参加了国防部关于“使用核武器”问题的讨论。事后,两个部门都发现军事—民事协调在政策制定过程中的紧迫性。而7月底的第1755号国家安全行动指针也要求两部门在政策制定过程中协同工作。具体到使用问题上,国务院建议在与国防部协调中坚持:(1)使用应以达成“国家目标”而不是“军事目标”为指向;(2)使用的程度和方式应避免冲突扩大为大战;(3)为能够善用核武器的盟国提供核技术和元件,主要是北约某些盟国,以减少美国自身部署的核武器。[3]

上述政策讨论和协调既提出了核政策出台的紧迫性,也不断地将权力的天平向军方倾斜,同时力图在政府内部、国会、民众和盟国的不同层次上推进“思想统一”,为核部署转变成一项清晰可见、切实可行的核政策做了铺垫。

---

1 Discussion of Peripheral War, the Use of Tactical Nuclear Weapons, October 11, 1956, in USDDO, Gale, 2019, CK2349427844.

2 In Discussing the Dispersal of Nuclear Weapons, the President Stresses His Desire to Have a “Safe Reserve” of the Weapons on US Soil, November 21, 1956, in USDDO, Gale, 2019, CK2349429529.

3 Memorandum for the Secretary: The Need for Additional Non-military Participation in Planning for the Employment of Nuclear Weapons, June 3, 1957; RB Memo re Politico-military Cooperation, August 5, 1957, in RG59, General Records Relating to Atomic Matters, 1948-1962, Box 433, NARA.

第三节　核限制突破后的政策配合与实践

核武器的发展，特别是美苏两国都有了氢弹之后，用核的道德代价越来越大：对大城市或军事目标的战略打击势必导致平民大规模死伤。接下来，两家都在考虑既要面对核战争，又要把它的作用限制在威慑或局部战争层面。艾森豪威尔上台时，美国的核武器发展到更可用、更可部署。特别是小型战术核武器、可携带核弹头的导弹及发射装置的研发，让核限制的突破在技术上成为可能。

1953 年 5 月，原子能委员会宣布成功使用 280 毫米火炮发射了核弹头。[1] 几乎与“大规模报复”战略出台同步，美国空军科学顾问委员会宣告“在制造洲际导弹可携带的小型热核武器方面取得进展”。[2] 1954 年 5 月，参联会得知加州大学正在研发体积小、当量小的一种核弹后，迅速敦请原子能委员会优先考虑该项目，他们认

1　“First Atomic Shell Fired from a Gun Opens Still Another Phase of Military Tactics,” *The New York Times*, May 31, 1953.《纽约时报》还煞有介事地报道第一支装备有核武器的部队将在年底开赴欧洲，而且美国军方已经制订了计划，把存储在国内的核武器转移到欧洲大陆。这下引起了国会的关注，一位议员写信给艾森豪威尔“询问”是否属实。总统特别助理的回复却闪烁其词，先是说这种军事情报不宜公开讨论，又说即便携带核弹头并部署到世界范围内也属正常。Letter from Senator Albert Gore to the President Eisenhower, June 3, 1953; Letter from Special Assistant to the President Wilton B. Persons to Senator Gore, June 27, 1953, in Dwight D. Eisenhower: Records as President (White House Central Files), 1953-61, Confidential File, Subject Series, Box 9, DDEL.

2　Chronology of U. S. Long-range Ballistic Missile Program, 1942-1957, October 29, 1957, in White House Office, Office of the Special Assistant for National Security Affairs: Records, 1952-1961, NSC Series, Subject Subseries, Box 4, DDEL. 直到 1955 年 2 月，“下士”导弹部队部署到欧洲，成为第一支海外部署的弹道导弹部队。

为"这种核弹将增加部队的机动性，甚至会开辟新的作战方式"。[1]从作战能力上来讲，装备核弹无疑会大大提高杀伤力。不过，小型弹头的好处更在于作战效果：携带低当量核弹头的导弹，对空打击时不会对地面产生过大影响；如果敌机携带核弹，导弹在摧毁敌机的同时，可以大幅破坏敌方核弹且不会有较大的二次危害。因此，随着远程地空导弹"奈基Ⅰ型"在1953年装备部队，陆军不断催促参联会考虑研制与之相配的小型核弹头以增强空防能力。[2] 军方甚至提出核弹头能在1956年装备陆军防空部队。

如前所述，NSC162/2号文件已经把核武器与其他武器等同看待，只要征得盟国的同意便可在海外基地使用。到了1957年6月，NSC5707/8号文件则明确表述为"向盟国输入新式武器，可以是包括少量核元件的核武器系统"。[3] 只不过要将文字上的军事构想转换为现实的威慑实力，中间还存在国际法、监管机制和盟国抵制等诸多难题需要逐一破解才能实现。

在"大规模报复"战略形成过程中，如何将核武器合法地部署到海外已经是高层在考虑的课题：虽然美国在亚太、西欧有多处军事基地，但能否部署核武器，既定的双边或多边协议并无文字保障。因此，"基地权益"是新国家安全战略确定前后美国与同盟国之间亟待解决的问题。

美国国家档案馆2018年底公开的国务卿原子能事务特别助理

---

1 Very Small Atomic Weapons, May 14, 1954, in RG218, Central Decimal File, 1954-1956, Box 133, NARA. 与此同时，军方还要求加速生产240毫米火炮核弹发射装置，以增强地对地的打击能力。Requirement for Development of a 240 mm Atomic Projectile, April 2, 1954, in RG218, Central Decimal File, 1954-1956, Box 133, NARA.

2 Requirement for the Development of an Atomic Warhead for NIKE I Missile, December 1, 1954, in RG218, Central Decimal File, 1954-1956, Box 133, NARA.

3 Paul Kesaris (ed.), *Documents of the National Security Council, 1947-1977* (Microfilm: University Publications of America, 1980), Reel 4.

系列档案显示，为应对基地权益问题，1953 年 8 月国务院就已向国防部提出，现有集体安全协议并没有赋予美国“自动进入交战状态或无须授权”（automatic co-belligerency or an unqualified right）就可以使用基地的权益，因此要逐一分析情况，获得盟国的授权或许可。根据海外军事基地不同的战略地位，国务院对需要获得基地权益的相关国家和地区进行了排序，同时针对不同情况分别指出下一步工作的重点，其中“应协商以允许部署和使用核武器”的地区有英国、加拿大、法国和摩洛哥；“已经获得总统授权且不必与相关国家协商”的地区包括亚速尔群岛和格陵兰。[1] 对此，国务院建议国安会进行讨论，最终提请总统批准。

在这个问题上，国务院和国防部的意见也不一致。1953 年 9 月 24 日，副国务卿在给国防部的信中强调：第一，基地使用要征得所在主权国的同意；第二，现有的集体防务条约并不能保证在紧急状态下当即获得使用权。这与 NSC162/2 号文件第 39 段 b 款的规定是一致的。12 月 22 日，艾森豪威尔批准对该条款的解释，确认由总统根据实际情况决定是否对使用核武器预授权。不过，解释还是没有对与盟国的协商程序做出清晰的安排。[2] 国务院认为盟国绝对不会同意“事先授权”——那意味着把宣战权交给了美国。因情况极为复杂，且两部门长期争执不下，直至 1955 年 6 月，艾森豪威尔

---

1 “Walter Smith to Secretary Wilson” and attachment “Establishments of War-book Procedures for Use of Foreign Bases in Time of Emergency”, August 24, 1953, in RG59, Special Assistant for Atomic Energy Country and Subject Files Relating to Atomic Energy Matters, 1950 - 1962, Box 3, NARA.

2 Use of Foreign Bases, February 2, 1954, in RG59, Special Assistant for Atomic Energy Country and Subject Files Relating to Atomic Energy Matters, 1950-1962, Box 3, NARA. 负责原子能事务的国务卿特别助理杰拉德·史密斯（Gerard Smith）提出，应建立同盟国协商的程序，以便在冲突爆发后立即动用海外基地，而且国务院应该在此项事务中占据主导地位。Special Assistant of the Secretary of State (S/AE) to the Secretary, March 5, 1954, in RG59, Special Assistant for Atomic Energy Country and Subject Files Relating to Atomic Energy Matters, 1950-1962, Box 3, NARA.

下达关于基地权益的指令，指示国务院按照四类情况[1]进行外交准备，才使基地权益问题暂时得到了解决。

国务院、国防部以及原子能委员会围绕核武器使用和海外基地权益的争论实际上已经触及核武器监管的问题。军方在规划向海外部署核武器时，越来越感觉到来自原子能委员会的阻力，关键就在于后者掌握了核监管权力。根据 1946 年《原子能法》，核武器的监管权属于原子能委员会，但随着朝鲜战争的爆发、美国开始向亚太部署小型的核元件，参联会感觉必须尽快扫除这个机制上的障碍。

1953 年 5 月初，国防部通过核能事务委员会向总统提交了一份报告，提出原子能在监管、存储和安保方面“权分两家”的状况应尽快改变，建议在合适的时机、采取合适的方式将核武器的监管权交给国防部。国务院这次站在了军方一边，认为核监管权应保留在“使用者”手中，向国防部转交监管权可以使核武器成为一般意义上的武器装备，军队在操作上更能有所准备，最终有利于支撑美国的外交政策。原子能委员会自然不希望权力流失，坚称“核武”本质上也是“核能”的一部分。作为“自然资源”的核能，委托管理人是原子能委员会。[2] 面对两边都不肯放手，在对 NSC162/2 号文件第 39 段 b 款进行解释时，艾森豪威尔“顺便”批准军方可以根据所监管的核武器制订计划，并要求原子能委员会将大部分监管

1　第一类，英国、加拿大和法国，总统将在第一时间取得三国政府首脑的允许，获得进一步行动的授权；第二类，其他北约盟国的美军基地，国务院必须事先与相关国家协商，携带核弹的美国空军战机飞越加拿大必须获得其同意；第三类，在联邦德国、西班牙、百慕大、利比亚、冲绳和沙特的基地不必获得事先同意；第四类，日本和菲律宾的基地，在远东安全遭到威胁时，需采取一定策略与两国政府协商。Authorization for Nuclear Strikes from Foreign Air Bases, June 1, 1955, in RG59, Special Assistant for Atomic Energy Country and Subject Files Relating to Atomic Energy Matters, 1950–1962, Box 3, NARA.

2　文件还提出，在正式启动权力转移前，可以事先请国务院知会英国和加拿大等盟国，以“减少这种调整在国内外带来的心理影响”。James Lay to DDE, re Atomic Weapons (TS), May 4, 1953, in White House Office, Office of the Special Assistant for National Security Affairs: Records, 1952–1961, NSC Series, Subject Subseries, Box 1, DDEL.

权转交给国防部。[1] 即便总统已经表态，原子能委员会还是极不情愿放权。

直到 1954 年 12 月，海外核存储为军方提供了充分的借口。月初，国防部批准了参联会向海外分散存储核武器的建议，理由是“要充分备战”，原子能委员会对此不得不做出妥协。[2] 于是在总统的支持和部长威尔逊（Charles Wilson）的主导下，国防部加快侵夺原子能委员会的监管权。1956 年 10 月，国防部与原子能委员会组成“联合委员会”取代了原来的军事协调委员会，其中参联会负责核武器的部署规划，并决定核武库在国内存储地和战地存储地的数量分配。[3] 据美国解密档案披露，国防部监管的核武器数量从 1953 年的 9 枚逐年增长，最终在 1958 年超过原子能委员会的监管数量。[4] 随着核决策的重心一步步从民事部门转向国防部，核部署的机制障碍也被排除了。

扫除了与盟国之间的法律障碍，破除了民事部门在体制上的阻滞，美国还面临国内外的舆论压力。一些亚欧盟国担心在一场核大战中沦为炮灰，特别是美国对广岛、长崎核轰炸所产生的后遗症不

1 Memorandum Regarding U. S. Policy for the Use of Nuclear Weapons in the Event of a Hostile Attack Against the U. S. ; U. S. Policy Regarding Use of Nuclear Weapons, January 4, 1954, in USDDO, Gale, 2019, CK2349473594; CK2349255811.

2 Dispersal of Weapons to Overseas Bases and Operational Bases; Dispersal of Weapons to Sites Throughout the US and to Foreign Bases, December 1, 1954, in USDDO, Gale, 2019, CK2349436867; CK2349429521.

3 Directive for the Joint Board on Future Storage of Atomic Weapons, October 29, 1956, in RG218, Central Decimal File, 1954-1956, Box 138, NARA.

4 我们根据两个部门在 1949—1959 年这 10 年对核武库监管数量的变化可知，艾森豪威尔时期是国防部核监管权逐步上升乃至取得主导地位的重要时期，恰恰与美国的海外核部署（1957 年为界）同步。朝鲜战争前，国防部监管数量一直为零，朝鲜战争期间的 3 年内也只有 9 枚。原子能委员会和国防部在 1954 年的监管数量分别是 1163 枚和 167 枚，到 1958 年时则分别为 3385 枚和 4017 枚。Robert Standish Norris, “United States Nuclear Weapons Deployment Abroad, 1950-1977,” in Natural Resources Defense Council: History of the Nuclear Age Dinner Series, November 1999, accessed December 4, 2019, https://www.archives.gov/files/declassification/pidb/meetings/norris-addendum.pdf。

断被报道出来之后，国际反核声音不断高涨。为此，美国新闻署（USIA）、驻地使馆等机构进行了一系列宣传工作，为新的安全战略和核武器输出营造有利的舆论环境。

1954 年 3 月福龙丸事件的发生，特别是媒体事后的追踪报道，让各国上下对美国核武器辐射的影响、内华达核试验的放射性尘埃等心存“忧虑”。1955 年 3 月，面对各地使领馆陆续反馈的上述情况，行动协调委员会要求核能工作小组[1]制订宣传计划，让“民众对不同型号和威力的核武器的特点有所了解”。委员会给“国务院—国防部—新闻署”下一步的联合工作拟定了方针，建议对外定期发布空防信息以及在国内外播放有关内华达核试验的纪录片。[2] 在具体的宣传手段上，新闻署考虑到地区差异，在不同地区实施“因地制宜”的方式。加上前一年苏联在波匈事件中的表现，特别是苏伊士运河危机中苏联威胁对英、法使用核武器，起到了反向作用，部分西方国家民众的态度逐渐发生改变。到大规模核部署展开之前，根据新闻署评估，伊朗、土耳其、联邦德国、意大利、日本和法国的舆论环境总体处于有利情形。[3] 以此为契机，美国加快了大

---

1 即“Working Group on Nuclear Energy”，1954 年 4 月成立，是 1953 年成立的核能事务委员会的延续，设置在行动协调委员会之下，定期召集小组会议协调原子能事务。参与的部门包含但不限于白宫办公厅、国务院（原子能事务特别助理及后来的军控与裁军署）、国防部（含参谋长联席会议）、原子能委员会、中央情报局、新闻署、联邦民防局。

2 Course of Action to Achieve Better Public Understanding of the Varying Effects of Sizes and Types of Nuclear Weapons, April 1, 1957, in RG59, Executive Secretariat, Subject and Special Files, 1953-1961, Box 34, NARA. 在远东地区，菲律宾和日本是抵制美国核政策的两个重要国家。1955 年 6 月 10 日，第 251 次国安会会议上专门讨论了远东的军事部署，其中谈到日本驻军问题，艾森豪威尔赞同减少驻日美军，因为“跟日本这样有外国驻军的国家打交道困难重重”。251st Minutes of Meeting, June 10, 1955, in Eisenhower, Dwight D.: Papers as President of the United States, 1953-1961 (Ann Whiteman File), NSC Series, Box 6, DDEL.

3 OCB Working Group on Nuclear Energy Projects and Related Information Programs, March 6, 1957, in RG59, General Records Relating to Atomic Matters, 1948-1962, Box 433, NARA; White House Office, National Security Council Staff: Papers, 1948-1961, OCB Central Files Series, Box 10, DDEL. 艾森豪威尔总统图书馆的版本部分未解密。

规模向海外地区部署核武器的步伐。

第四节　1957：大规模海外核部署的启动

虽然在 1957 年之前，美国已经开始向海外，如意大利、联邦德国以及格陵兰等美军基地输送核武器装备和元件进行“核存储”，但是基本上处于零散状态。随着高层对核武器的使用与监管形成一致看法，管理权向军方转移的完成，特别是舆论环境向好与信息公开政策的完善，大规模向海外部署核武器的时机日臻成熟。

应该说，1954—1955 年美国争取的海外军事基地权益实际上是“核存储”的权利。最初，国防部提出的存储地点是联邦德国和日本，并要求国务院就存储以及必要时使用问题与两国进行沟通。国务院经过慎重考虑，认为在日本存储核武器不合时宜。[1] 最终，国防部授权参联会向联邦德国部署了核武器，而日本只部署了准核武器装备。如前所述，1954 年 12 月初，国防部批准了参联会向海外分散存储核武器的建议，目的是对战争有更充分的准备，同时避免核储备过于集中而存在被敌人整体摧毁的风险。文件实际上表明，基于海外基地的核存储既是一种军事部署，也是一种储备方式，对此国防部与原子能委员会形成了一致的看法。

随着部署步伐日益接近，1955 年制定的有关核武器信息公开的 NSC5507/2 号文件和国家安全第 1360 号行动指针并不涉及核部署问题，政策的重审变得十分紧迫。按照计划，美国在 1957 年上半年将陆续对外公布在北约、中国台湾和菲律宾的部署。但是，苏联

1　Letter to Secretary of Defense Acknowledging His Letter of June 23 Concerning Deployment of Atomic Weapons, July 6, 1954, in RG59, Special Assistant for Atomic Energy Country and Subject Files Relating to Atomic Energy Matters, 1950-1962, Box 3, NARA.

《真理报》和塔斯社突然在1月23日和24日分别发表声明，对美国向西欧和阿拉斯加等地进行核存储的行动表示谴责，并号召相关国家“坚决予以抵制”。[1] 赫鲁晓夫甚至在一次外交场合威胁挪威驻苏大使：“我们知道挪威有多少个（美国）空军基地，两颗原子弹就能毁灭挪威。”[2] 苏联提前做出反应一下子打乱了美国的既定步骤，迫使它要尽快对公开事宜做出安排。在行动协调委员会的组织下，海外核部署公开事务临时委员会[3]成立了。

4月5日，在临时委员会第一次会议上，与外交事务有关的重要部门悉数派员参加，虽然大部分讨论内容并未解密，但可以看出他们达成的5项原则：（1）声明要简短而符合事实；（2）强调部署的防御性质；（3）强调核武器为美军所掌握；（4）声明由民事部门发布，军方尽量避免直接公开表态；（5）强调在共同防御条约的法律范围内，部署得到了相关国家的允许。[4] 4月9日召开的第二次会议确认了对台部署声明的基本指针，同时也确定将针对此后海外核部署发表一次总的声明而不再一一进行。[5] 5月6日，国安会通过国家安全行动第1706号指令，确认将上述原则作为宣传工

1　From Moscow to Secretary of State, January 23 and 24, 1957, in RG59, Central Decimal File, 1955-1959, Box 2877, NARA.

2　From Paris to Secretary of State, January 29, 1957, in RG59, Central Decimal File, 1955-1959, Box 2877, NARA.

3　即“Ad Hoc Committee on Pudicity Concerning Overseas Development of Nuclear-capable Weapons”，成员包括来自国务院、国防部、中情局、新闻署、原子能委员会和白宫办公厅的代表。

4　Ad Hoc Committee on Publicity Concerning Overseas Deployment of Nuclear-capable Weapons, 1st Meeting, April 5, 1957, in RG306, Office of Plans, Coordinator for NSC and OCB Affairs, Subject and Policy Paper Files, 1953-1961, Box 23, NARA; White House Office, National Security Council Staff: Papers, 1948-1961, OCB Central Files Series, Box 11, DDEL.

5　Ad Hoc Committee on Publicity Concerning Overseas Deployment of Nuclear-capable Weapons, 2nd Meeting, April 5, 1957, in RG306, Office of Plans, Coordinator for NSC and OCB Affairs, Subject and Policy Paper Files, 1953-1961, Box 23, NARA.

作方针，以保证部署前获得良好的舆论氛围。[1] 在这些原则的指导下，美国在4月12日和5月7日，分别宣布向北约和中国台湾部署可携带核弹的导弹部队。

在加强宣传、舆论造势的同时，国防部已经着手进行军事准备。1957年1月，威尔逊向艾森豪威尔报告，国内第一批空防核武器已经部署到密歇根州的沃特史密斯空军基地和加州的汉密尔顿空军基地。[2] 2月，美国正式宣布上述布防信息，[3] 目的就是防止国内谣言散布，同时试探国际上的反应。4月，国防部敦促国务院进一步做好加拿大的工作，以便在1959—1960年部署8个中队的洲际弹道导弹部队。[4] 5月22日，国防部还批准了海外部署核武器的工作手册，对各种情况以及启动程序作了严格界定。[5] 为配合核部署的进程，原子能委员会建议加快辐射危害更小、放射性尘埃更少的"清洁核武器"的生产。[6]

在艾森豪威尔政府向海外大规模部署核武器的过程中，1957年6月13日召开的第326次国安会会议有着非常重要的地位。会议的核心议题本来是韩国军队裁减，一直坚持不向韩国部署核武器的杜

1 Terms of Reference for OCB Working Group on Nuclear Energy and Related Matters, May 24, 1957, in RG59, Executive Secretariat, Subject and Special Files, 1953-1961, Box 34, NARA.

2 Covering Brief from C. E. Wilson to DDE re Nuclear Weapons, in Dwight D. Eisenhower: Records as President (White House Central Files), 1953-61, Confidential File, Subject Series, Box 7, DDEL.

3 Circular Priority USITO, Joint State-USIA, February 18, 1957, in RG59, Central Decimal File, 1955-1959, Box 2877, NARA.

4 Deployment of Intercontinental Ballistic Missiles, April 22, 1957, in RG59, Central Decimal File, 1955-1959, Box 2877, NARA. 军方经过研究，综合射程、基建成本、气候条件、通信设施、敌方预警等因素，认为首批最理想的部署地点包括阿拉斯加、加拿大北部、马里亚纳群岛和美国本土。美国本土首选地点为怀俄明州的夏延。

5 这一手册为1958年6月杜勒斯给艾森豪威尔的一份备忘录所披露。From John Foster Dulles for the President, June 28, 1958, in Eisenhower, Dwight D.: Papers as President of the United States, 1953-1961 (Ann Whiteman File), Administration Series, Box 29, DDEL.

6 Atomic Energy Commission Meeting No. 1294, July 17, 1957, in RG326, Office of the Secretary: Minutes of the Meetings of the AEC, Box 10, NARA.

勒斯，被众人以“部署核武器就可以换取李承晚接受裁军”所说服，最终同意军方对韩进行核部署的意见。这同时引发了美国决策高层对“如何强化‘新面貌’战略”的思考，问题起于韩国却不限于韩国。正像参联会主席雷福德所言，“我们在韩国面临的问题并不仅仅局限于该国，在德国和苏联周围其他国家也同样如此。因此，在任何地方，我们都面临着这样一个问题，即说服我们的盟友，我们确实拥有必要的核威慑力量，而且一旦盟国遭到攻击，我们准备使用这种威慑”。[1] 显然，对韩政策再次提示美国需要下定决心破除“思想障碍”、采取“切实行动”来减少海外防务支出，国安会对韩国案例的讨论结果，说明武器装备的“升级”可以有效地做到这一点。

会后，根据这次会议的精神，卡特勒向艾森豪威尔提交了两份备忘录，建议“美国海外防务进一步实施‘新面貌’战略”，包括海外驻军的调整、裁减美国支持的当地武装、劝说盟国更多依靠美国的报复能力等。[2] 考虑到联邦德国大选将至，向北约的部署需在大选之后，不过可以优先考虑在亚太地区实施。而且，美国准备把亚太作为考察核部署政策影响的试验田，国安会将根据实施结果总结若干原则，为未来在北约和中东地区开展部署提供参考。

至此，美国完成了核部署的公开、军事准备和政府内部最后的思想统一。1957 年 7 月 17 日，在一次新闻发布会上，艾森豪威尔对美国一边与苏联进行裁军谈判，一边向海外部署核武器做出“解释”：所有人都应该有抵御核攻击的权力、机会和能力，核部署是

1 326th Minutes of Meeting, June 13, 1957, in Eisenhower, Dwight D.: Papers as President of the United States, 1953-1961 (Ann Whiteman File), NSC Series, Box 9, DDEL; Discussion at the 6-13-57 NSC Meeting, June 13, 1957, in USDDO, Gale, 2019, CK3100047614.

2 New Look to U. S. Defense Effort Overseas Discussed, June 19, 1957; Further Application of New Look to U. S. Defense Effort Overseas, July 1, 1957, in USDDO, Gale, 2019, CK3100322636; CK3100238780.

为了让无核国家消除必须拥有核武器的想法，因为一旦他们独立行动反而更加危险。[1] 然而，核部署实际上是一种“抱薪救火”的方式，不仅无法扑灭其他国家发展核武器的渴望，[2] 还会使美苏之间的核军备竞赛愈演愈烈。根据美国的情报，苏联在 1958 年底至 1960 年秋共向东德部署了中程弹道导弹（MRBM）200 枚，分别在埃尔福特（Erfurt）、多林-福格申（Dolin-Vogelsang）和朱特堡（Juterborg）等 8 个地点建设了发射装置。苏联还在拉脱维亚、乌克兰和亚太地区部署了射程为 700—1100 英里的导弹。[3] 美国不断向欧亚地区部署、更新核武器装备，迫使苏联也走上核部署竞赛之路，最终导致双方 1962 年在加勒比海的严重对抗，险些引发第三次世界大战。

---

1 Presidential Statements on United States Reliance on Nuclear Weapons, September 5, 1958, in RG59, Central Decimal File, 1955-1959, Box 2879, NARA. 该文件梳理了 1955—1958 年艾森豪威尔有关核武器的言论。

2 从现有的解密档案可知，冷战时期除英国和法国外，部署有美国核武器的韩国、中国台湾都曾经秘密进行过核开发。两个前法西斯国家联邦德国和日本也试图打破“不拥核”的承诺，在核不扩散问题上挑战美国的政策限度。

3 Intelligence Note: Deployment of Soviet Medium Range Missiles in East Germany, January 5, 1961, in RG59, Special Assistant for Atomic Energy Country and Subject Files Relating to Atomic Energy Matters, 1950-1962, Box 5, NARA.

第二章
朝鲜战争后美国在韩国的核部署

2017年，当“萨德”部署问题再次成为朝鲜半岛乃至西太平洋地区的重要国际政治话题时，“核武器重返韩国”的叫嚣也随风而动，韩国和美国的鹰派分子鼓噪重新在韩国部署战术核武器——又被称作战地（battlefield或theater）核武器。毫无疑问的是，“重返”一定会使本已积重难返的朝核危机更加难以解决，同时加剧地区安全困境，被中国和俄罗斯看作严重的安全威胁。同时，“重返”意味着美国在历史上曾经在韩国部署过核武器。面对朝核危机不断升级，我们不禁要问：这段历史究竟如何？是否对当前朝鲜半岛的困难局面产生了影响？

根据学者们的研究成果，我们知道美国在韩部署核武器长达33年，从1958年一直到1991年。美国在韩国的核武库于1967年达到峰值，共计950枚，而种类最多时达8种。冷战时期，美国在韩国的核武器主要部署在埃姆斯军营、群山空军基地和乌山空军基地。20世纪80年代部署的数量逐步减少，一度下降到200—300枚。到冷战结束的 1991 年时，美国在朝鲜半岛的核武器只有 100 枚左右。[1] 核武撤出后，对于日本、韩国的核保护，美国主要是以核武装的战略空军、潜艇和航母来提供的。

第一节　朝鲜战争后美国对韩国的政策

1953 年 10 月，美国与韩国在华盛顿签署《共同防御条约》，两国正式建立军事同盟。1954—1960 年，特别是艾森豪威尔第二届任期内，美国对国家安全政策做出局部调整。至于美国在韩军事部署，这一时期最重要的两项事务是驻韩美军装备“现代化”与韩军裁减。所谓的“现代化”是指更新驻韩美军的武器装备，包括秘密

1　Hans M. Kristensen and Robert S. Norris, “A History of US Nuclear Weapons in South Korea,” *Bulletin of the Atomic Scientists* 73, no. 6 (2017): 349-357.

引入可携带核弹头的双用武器。[1] 但是在这个问题上，五角大楼与国务院的意见并不一致。依军方看来，向驻韩美军提供核装备可以提高对“亚洲共产主义”的威慑力；而国务院则忧虑这样做会遭到西方盟国的反对，并担心被时常威胁“武力北进”的李承晚拖入一场“核大战”。

从国安会第 301 次到第 334 次会议，双方展开了近十个月的争论。就在两个部门争执不下之时，同步进行的韩军裁减事务因李承晚的顽固抵制而毫无进展。这便推动了国务院将部署核武器与韩军裁减两项政策结合起来：一心想推动裁军的杜勒斯最终同意核部署，一方面是为了换取李承晚的同意，从而维护缔结不久的美韩军

1　就 20 世纪 50 年代美国在韩部署核武器的决策过程而言，现有研究散见于两类著述。第一类是美韩关系史专著或论文集，详于美国军事部署调整的描述，而略于核部署的交代，尤其没有将核部署从所谓的驻韩美军“现代化”问题中分离出来，如 Stephen Jin-Woo Kim, *Master of Manipulation: Syngman Rhee and the Seoul-Washington Alliance, 1953–1960* (Seoul: Yonsei University Press, 2001); Yong-Pyo Hong, *State Security and Regime Security: President Syngman Rhee and the Insecurity Dilemma in South Korea, 1953–60* (New York: St. Martin's Press Inc., 2000); Doug Bandow, *Tripwire: Korea and U. S. Foreign Policy in a Changed World* (Washington: Cato Institute, 1996)。另一类研究则多于核危机现实困境的呼应，而少于对核部署史，特别是美国高层决策过程的分析，如 Peter Hayes, “American Nuclear Hegemony in Korea,” *Journal of Peace Research* 25, no. 4 (1988): 351–364; Lee Jae-Bong, “U. S. Deployment of Nuclear Weapons in 1950s South Korea and North Korea's Nuclear Development: Toward Denuclearization of the Korean Peninsula,” *The Asia-Pacific Journal: Japan Focus* 8–3–09 (2009), http://www.japanfocus.org/-Lee-Jae_Bong/3053; Cheon Seongwhun, *Toward Greater Transparency of Non-nuclear Policy: A Case Study of South Korea* (Seoul: The Korean Institute for National Unification, 2005); Peter Hayes, *Pacific Powderkeg: American Nuclear Dilemmas in Korea* (Lanham: Lexington Books, 1991); Hans M. Kristensen and Robert S. Norris, “A History of US Nuclear Weapons in South Korea,” *Bulletin of The Atomic Scientists* 73, no. 6 (2017): 349–357 等。美国相关档案的部分解密使探求美国高层决策过程成为可能：除《美国对外关系文件集》（*Foreign Relations of the United States, FRUS*）之外，1999 年公开的国防部文件《核武器监管与部署史：1945 年 7 月至 1977 年 9 月》[*History of the Custody and Deployment of Nuclear Weapons* (*U*): *July1945 Trough September 1977*]，尽管隐去了很多信息，但仍然是了解冷战时期美国核部署历史的重要文献；《国家安全委员会记录系列文件》（*Minutes of Meeting of the National Security Council*）有关部分披露了决策高层讨论在韩核部署的决策过程；《国务院有关韩国内部事务的文献》（*Records of the U. S. Department of State Relating to the Internal Affairs of Korea*）则提供了韩国政府对裁军及核部署的反应等内容。

事同盟关系；另一方面，部署核装备可以节约海外军事开支，从而贯彻艾森豪威尔政府关于国家安全与经济发展“大平衡”的战略构想。

作为NSC162/2号文件的延续，1955年1月出台的NSC5501号文件，在“形势评估”中对苏联军事实力的提升有了清醒的认识，认为苏联发射核武器的能力正在增强，“在未来的五年中，将具备摧毁美国的打击力量以及洲际导弹的生产能力”，美苏双方会形成相互威慑的局面。但这并不意味着战争不会爆发，因此，增强盟国的常规力量仍有必要。对于中国的判断，文件特别强调中国领先于其他亚洲国家的工业化速度，“将对无法保持经济进步的自由亚洲产生很大的影响力”。美国决策者还意识到西方盟国由于核战争、对华政策和苏联的和平攻势而产生了分离倾向。[1]

次年2月制定的NSC5602号文件基本继承了NSC5501号文件的精神。1957年6月初的NSC5707/8号文件则表明美国的军事战略将坚持以核报复能力作为战略重心，认为可以同其他武器一样使用，但不完全倚仗核武器。文件还一如既往地强调盟国对于美国安全的重要性——他们可以提供一定数量的军队和军事基地。对于向盟国输入新式武器，NSC5602号文件规定的是“准核武器”，而NSC5707/8号文件则突破了核限制，指明可以“包括少量核元件的核武器系统”。此外，在军事援助政策方面，除了继续按照军事力量贡献比例提供军援，对欧洲以外的盟国，美国将通过以下措施减少他们的援助需求：（1）根据经济能力和外部威胁程度，减少当地军队的数量；（2）强化警察作为保障国内安全的力量。[2]

---

1 “Basic National Security Policy: NSC5501,” in Paul Kesaris (ed.), *Documents of the National Security Council, 1947-1977* (Microfilm: University Publications of America, 1980), Reel 4.

2 “Basic National Security Policy: NSC5602,” in Paul Kesaris (ed.), *Documents of the National Security Council, 1947-1977* (Microfilm: University Publications of America, 1980), Reel 4.

1958 年 5 月 5 日制定的 NSC5810/1 号文件再次体现了美国决策高层对"大规模报复"战略适用性的争论，即"对美国大规模核能力能否保障自由世界安全利益的怀疑有所增长"。在军事战略方面，新文件提出增加核武库中"清洁核武器"的比重，其实就是增加战术核武器的储备，以在局部战争中更加灵活地做出反应，而且，"经总统批准可以使用生化武器"。[1]

艾森豪威尔政府对国家安全政策的局部调整自然会渗透到美国对韩军事战略和军援政策的制定过程之中。1955 年 2 月制定的 NSC5514 号对韩政策文件在军事援助[2]方面设定的前提是：韩国系美国的军事同盟。为了提高韩国的实力和地位，除了加强韩国现役军队的战斗力，美国还应增加预备役军队的援助数额，从而适时裁减现役军队规模；推动相关国家在韩利益，维护联合政策声明的有效性。[3]

NSC5514 号文件在 1956 年没有重新修订，不过有 2 次重要的重审。随着改善驻韩美军及韩军装备被提上议事日程，国务院与军方就这一问题的分歧也浮出水面。行动协调委员会[4] 7 月 18 日的进

1　"Basic National Security Policy: NSC5810/1," in Paul Kesaris (ed.), *Documents of the National Security Council, 1947–1977, the Second Supplement* (Microfilm: University Publications of America, 1983), Reel 2.

2　根据 1954 年 11 月 17 日签署的美韩《共同谅解备忘录》，1955 年度对韩军援数额将达到 4.2 亿美元（援助总额为 7 亿美元），从此开启了美国大规模对韩军事援助计划。The Commander in Chief, Far East (Hull) to the Chief of Staff, United States Army (Ridgway), September 7, 1954, in *Foreign Relations of United States* (*FRUS*), 1952–54, Vol. XV, part 2 (Washington, D. C.: U. S. Government Printing Office, 1984), pp. 1872–1882.

3　National Security Council Report: NSC5514, February 25, 1955, in *FRUS*, 1955–57, Vol. XXIII (Washington, D. C.: U. S. Government Printing Office, 1993), pp. 42–48. "联合政策声明"是指《朝鲜停战协定》签署后，参与联合国行动的西方国家发表声明，宣称若中朝再次发动战争将采取"扩大制裁"措施。相关文本参见 Memorandum of Conversation, by the Assistant Secretary of State for Far Eastern Affairs (Robertson), July 11, 1953, in *FRUS*, 1952–54, Vol. XV, part 2, pp. 1173–1174。

4　行动协调委员会是艾森豪威尔总统 1953 年创立的、负责协调联邦政府各部门并执行国家安全委员会政策文件的机构。

展报告认为，在军事方面，美国通过灵活解释停战协定来更新装备的想法可能会遇到西方盟国的不良反应。[1] 10月11日，参联会则向国防部递交了1份备忘录，提出了未来2年内韩国的军事部署：美军由2个步兵师，1个轰炸机编队组成；韩国陆军减少为16个步兵师，14个预备役师，辅以一定数量的海、空军和海军陆战队。备忘录认为，上述军事调整的前提是提高美军的装备标准。[2] 行动协调委员会和参联会的这2份文件奠定了1956—1957年美国对韩政策的主要议题是在韩军事部署：驻韩美军装备更新和韩军裁减。

为使上述文件更为具体，1957年1月中出台的NSC5702号文件根据韩国的经济、政治和军事状况，提出了4种选择方案。方案A主张继续当前的部署方案，韩军包括20个现役师和10个预备役师、3个战斗机—轰炸机编队以及3个在训战斗机编队、1个海军师和海军陆战队；美军包括2个陆军师和3个战斗机—轰炸机编队。方案B提出向驻韩美军提供双用武器，[3] 将韩军20个现役师中的4个转入预备役，将3个战斗机编队转换成喷气式飞机编队。方案C将20个现役师中的10个分3年期转入预备役，并向韩军及美军提供双用武器，将3个战斗机编队转换成喷气式飞机编队。方案D包括分3年期将10个现役师转入预备役，增强韩国空军力量，只向美军提供双用武器。[4]

---

1 Progress Report Prepared by the Operations Coordinating Board, July 18, 1956, in *FRUS*, 1955-57, Vol. XXIII, pp. 292-297.

2 Memorandum from the Joint Chiefs of Staff to the Secretary of Defense (Wilson), October 11, 1956, in *FRUS*, 1955-57, Vol. XXIII, pp. 322-325.

3 根据美国国防部的界定，双用武器（dual capable weapons）有两种解释，一是“能够选择安装不同型号元件的武器（系统）或运载工具”；二是“有时仅指能够携带常规或核装置的武器系统”。参见U. S. Joint Chiefs of Staff, *Department of Defense Dictionary of Military and Associated Terms* (Washington, D. C.: U. S. Government Printing Office, March 23, 1994), amended through April 15, 1998, p. 139。

4 National Security Council Report: NSC5702, January 14, 1957, in *FRUS*, 1955-57, Vol. XXIII, pp. 374-384.

除在韩部署两个师的美军和少量空军之外，经修订的 NSC5702/2 号文件主张进一步改善韩军装备。对于 1958 年度的军援规模，文件表示要继续同韩国政府谈判，争取裁减四个师的韩军，作为美国援助喷气式战机和新式交通及通信装备的交换条件，并考虑驻韩美军的“现代化”问题。由于国务院和军方对在韩部署双用武器存在分歧，所以文件规定该问题须在国务卿和国防部协商之后由总统决定。[1]

韩国案例的特殊性在于，美国决策高层对于减少在韩投入的讨论，引发了进一步向海外进行核部署的可行性论证。1957 年 6 月 13 日国安会第 326 次会议，根据 5 月份艾森豪威尔对美国当前核武器状况进行说明的要求，原子能委员会主席斯特劳斯（Lewis Strauss）将军报告了战术核武器及其使用问题。他强调，国际舆论倾向于认为核武器具有极大破坏性，会导致世界大战，苏联也希望利用这一心理遏制美国核力量，这样它在常规力量上的优势就会显现出来。美国应该使公众理解，战术核武器不会导致无差别的打击。会议还集中讨论了在韩国部署双用武器的问题，并由韩国个案为美国省下 1.27 亿美元，延伸到考虑向其他地区实施“新面貌”的可能性。[2] 会后，卡特勒专门向艾森豪威尔提交了一份题为“在海外防务中进一步实施‘新面貌’措施”的备忘录。文件指出，对韩政策表明美国急需降低海外防务开支，而大幅增加现代化武器装备是可行的方案，总统在会议上提出的海外防务计划的“新面

1　National Security Council Report: NSC5702/2, August 9, 1957, in *FRUS*, 1955–57, Vol. XXIII, pp. 489–498. 该文件有一个附件 F，涉及如果李承晚单方面行动美国将采取的公开或隐蔽措施。Memorandum from the Executive Secretary of the National Security Council (Lay) to the Secretary of State, March 18, 1957, in *FRUS*, 1955–57, Vol. XXIII, pp. 412–413.

2　Discussion at the 6–13–57 NSC Meeting, June 13, 1957, in USDDO, Gale, 2019, CK3100047614; Eisenhower, Dwight D.: Papers as President of the United States, 1953–1961 (Ann Whiteman File), NSC Series, Box 9, DDEL.

貌”得到了关注，具体措施包括以下内容：（1）调整美国海外驻军；（2）降低美国军事援助下的海外当地军队规模；（3）劝说盟国接受以“核报复能力”来提供防护能力。这些措施在欧洲和亚太地区都具有一定的适用性。[1]

总体而言，艾森豪威尔政府力图贯彻其上台伊始制定的国家安全与经济发展“大平衡”的方针。在不减少对中国和朝鲜军事威慑力的前提下，美国希望逐步削减对韩援助规模，并敦促韩国将有限的援助资源投入到经济重建上来。[2] 最初的“大规模报复”战略在应付全面战争和有限的局部战争两重威胁方面存在操作上的困难，[3] 主要原因是：高层内部的争论从未休止；盟国对使用核武器始终抱有怀疑甚至抵触情绪；苏联核力量的稳步增长。而发展小型的战术核武器并部署到盟国不失为一种替代选择，这样做不仅可以增强美国在地区层面的威慑力，还可以相应减少对该地区的军事援助，从而节省防务支出。美国向海外军事基地部署核武器正是这一系列政策调整、变化的产物。

1 Further Application of New Look to U. S. Defense Effort Overseas, July 1, 1957, in USDDO, Gale, 2019, CK3100238780.

2 具体而言，美国期望政策调整能及时因应苏联军事力量的变化，通过强化在地区层面部署和发射核武器的能力来保持自身的核优势；同时，美国欲借助驻韩美军装备的更新继续保持军事压力，遏制中国和朝鲜等所谓“亚洲共产主义的蔓延”，维护韩国作为盟国的独立、完整。

3 艾森豪威尔政府在第一次印支战争（1954 年）、第一次和第二次台海危机（1954 年和 1958 年）期间，都曾考虑使用核武器来应对局部危机。但是“大规模报复”的“可信性”（credibility）一直是颇具争论的问题，因为在实际操作上，决策者不得不在“无所作为”和全球范围的“核总体战”之间选择。显然，做出后者这样的决定并不现实。参见 David Holloway, “Nuclear Weapons and the Escalation of the Cold War, 1945－1962,” in Melvyn P. Leffler and Odd Arne Westad (eds.), *The Cambridge History of the Cold War, Vol. Ⅰ, Origins* (London: The Cambridge University Press, 2010), p. 386。

第二节　美国政府围绕在韩核部署的争论

朝鲜战争期间，驻韩美军一度增至 360 000 人。停战协定签署后，美国陆续撤出在韩驻军，至 1955 年 5 月，美军降至两个师约 60 000 人。[1] 然而，驻军规模的减少意味着对朝鲜威慑力的降低，因此，美国军方试图寻求替代方案——加快驻韩美军和韩军装备的更新。根据《纽约时报》1955 年 1 月 9 日的报道，韩军参谋长透露美方已经“承诺在必要的时候使用核武器”。[2]

就这个问题，美国首先要考虑“朝鲜停战协定”13d 条款[3]对更新装备的限制。美军远东司令部司令官（以下简称“远东司令官”）莱姆尼策（Lyman L. Lemnitzer）曾抱怨过时的武器让他捉襟见肘。[4] 若是突破限制，国务院又不得不顾及盟国的感受。1956 年 7 月，代理东北亚事务科科长帕森斯（Howard Parsons）会见英国使馆官员，后者尽管对美国立场表示同情，但是担心更新装备会有消极后果。特别是考虑到中立国监察委员会撤出韩国所带来的影响，英国担心目前引入新装备会有消极的影响。如果已有此方面的行动，英方建议采取秘密的方式或者缓期实行。英国官员专门询问

1　Doug Bandow, *Tripwire: Korea and U. S. Foreign Policy in a Changed World* (Washington: Cato Institute, 1996), p. 85.

2　Telegram from Seoul to the State, January 17, 1955, in Deputy Assistant Secretary for Politico-Military Affairs, Subject Files of the Special Assistant for Atomic Energy and Aerospace Affairs, 1950-1966, Box 5, NARA.

3　根据朝鲜停战协定有关“对停火和停战的安排”的 3c 和 13d 条款规定，交战双方不得增派军事人员，只得以“一对一”的方式轮换；不得输入新装备，只可用同样制式和型号替换报废武器。Se-Jin Kim (ed.), *Documents on Korean-American Relations: 1943-1976* (Seoul: Research Center for Peace and Unification, 1976), pp. 154-179.

4　Memorandum of a Conversation, Department of State, June 26, 1956, in *FRUS*, 1955-57, Vol. XXIII, pp. 285-286.

了引入新装备是否会助长李承晚武力统一的野心，以及美国能否控制他。帕森斯回答，从过去三四年的记录可以看出李承晚不会贸然行动，引进新装备不会破坏现状。[1] 其实，暂缓更新也是国务院的基本想法，他们希望合理解释13d条款，按照制式和性能一对一地更换装备。因此，他们对陆军部8月底提供的清单中包括核武器着实吃惊。国务院认为从政策大环境上，这些武器装备到其他地区的美国军队问题不大，但是只要共产党方面没有向朝鲜半岛引入这些武器，美国这样做就会显得非常引人注目，况且目前尚有在法律上是否合理的疑问。[2]

9月11日，美国负责远东事务的助理国务卿罗伯逊（Walter Robertson）[3] 与参联会主席雷福德等人就装备更新和引入核武器进行了讨论。军方主张立即着手引入包括核武器在内的装备，并且没有必要报告中立国监察委员会。罗伯逊认为这与NSC5514号文件并不相悖，还可以降低美国对韩援助的成本。当然，装备更新只适用于美军而不包括韩军。罗伯逊则坚持军事政策应建立在遵守停战协定的基础上，更新装备不能突破13d条款的限制，否则会在盟国当中引起不良反应，且给共产党增加了宣传口实。[4] 参加会议的法律顾问也赞同这一点，特别是引入“忠实约翰”导弹、280毫米火炮和奈基导弹问题则更大。20日，在国安会第297次会议上，决策高

---

1 Memorandum of a Conversation between the Counselor of the British Embassy (de la Mare) and the Acting Director of the Office of Northeast Asian Affairs (Parsons), July 3, 1956, in *FRUS*, 1955-57, Vol. XXIII, pp. 289-290.

2 Memorandum from the Assistant Secretary of State for Far Eastern Affairs (Robertson) to the Deputy Under Secretary of State for Political Affairs (Murphy), August 22, 1956, in *FRUS*, 1955-57, Vol. XXIII, pp. 300-301.

3 旧译饶伯森，1945年9月至1946年7月曾任驻华公使。

4 Memorandum from the Director of the Office of Northeast Asian Affairs (Hemmendinger) to the Assistant Secretary of State for Far Eastern Affairs (Robertson); Memorandum for the Record of a Meeting, September 11, 1956, in *FRUS*, 1955-57, Vol. XXIII, pp. 303-305; pp. 305-309.

层集中讨论了美国全球战略与局部利益的冲突。话题是由对外援助规模给美国经济带来的压力引出的。艾森豪威尔抱怨每年在韩国近10亿美元的花费太多了，并说“国家越穷越是穷兵黩武”。军方却一再强调北方军备建设的速度，希望加大对韩国的投入。其他官员有的表示韩国的政治经济状况堪忧，有的认为军方不应在真空中思考这个问题，还有人则干脆说：“对于韩国这个例子，美国正在支持一个失败者。”国防部长威尔逊说不能把所有的账都记在国防部头上，有人则反击说国防部占了整个开支的四分之三。[1]

与此相一致的是，随着美国对自身财政和韩国经济状况的关注不断增加，裁减韩军的计划被提上了日程。于是，军方要求加快装备更新的理由更加充分。10月11日，参联会一致认为如果驻韩美军实现“现代化”甚至引入核装备，就可以考虑韩国军队裁减问题。[2] 但是处于美韩关系第一线的驻韩使馆认为此时裁减美、韩两国军队仍有诸多不利。首先，减少美军数量会激起韩国社会的被遗弃情绪，没有美军在前线驻扎，共同政策声明和共同防御条约无法使韩国民众和政府信服美国对韩国的承诺。“这种安全感对我们在韩国政治—经济—军事计划的成功是必需的。”而且，减少美军数量无疑会降低我们对韩国军队的控制能力。其次，准备不充分和韩国反对的裁减又会影响政治稳定，因为韩国经济尚不能消化大量的复员军人；韩国军队的社会稳定作用遭到削弱；公众对美国支持李

1　Memorandum of Discussion at the 297th Meeting of the National Security Council, September 20, 1956, in Paul Kesaris (ed.), *Minutes of Meetings of the National Security Council, the Second Supplement* (Microfilm: University Publications of America, 1989), Reel 2; Eisenhower, Dwight D.: Papers as President of the United States, 1953 - 1961 (Ann Whiteman File), NSC Series, Box 8, DDEL.

2　Memorandum from the Assistant Secretary of State for Far Eastern Affairs (Robertson) to the Director of the Policy Planning Staff (Bowie), October 18, 1956, in *FRUS*, 1955-57, Vol.XIII, pp. 329-330.

承晚的信心减弱，引起政治乃至社会动荡。[1]

在10月26日召开的国安会第301次会议上，与会者着重讨论了“普罗克诺报告”[2] 与美国对外援助政策。负责经济事务的副国务卿帮办普罗克诺（Herbert Prochnow）将报告归纳为五个结论：对所调研的六个国家和地区的援助成本很大；它们无法支撑现有的军事规模；即使包括现有的美国军援，它们的防务与苏联集团相比仍算不上有优势；即使在美国的经济援助下，它们的经济增长仍十分缓慢；美国在援外问题上将会遇到很大困难。艾森豪威尔总统说，在座各位都相信美国的军事援助过于庞大，但问题是“如何削减它而不会引发政治震动”。财政部长汉弗莱（George Humphrey）则警告，“援外开销是本届政府面对的最紧要问题”，并建议在大选后修订援助政策。杜勒斯以韩国为例说，人人都清楚韩国不需要20个师的兵力，但是“想出削减韩军的办法何其困难”。此时，国防部副部长罗伯逊（Reuben Robertson）提醒道，在他访问意大利时，该国防长曾表示意大利人民对驻意美军拥有核武器反应良好，因此他建议可以将上述问题与之联系起来，“如果美国保证驻韩美军装备核武器，李承晚总统也许会同意裁减韩军”。面对会议上的悲观

1 Telegram from the Ambassador in Korea to the Department of State, October 12, 1956, in *FRUS*, 1955-57, Vol. XXIII, pp. 325-329.

2 普罗克诺委员会（Prochnow Committee）又称美国援助计划部际委员会，1955年12月8日按照国安会建议成立，提供在土耳其、伊朗、巴基斯坦、越南、中国台湾和韩国六个国家和地区经济与军事援助计划的调查报告，作为政府调整对外援助政策的参考。

情绪，雷福德认为提供防御性的核武器不会遭到反对。[1] 这次会议的重要性在于，美国决策高层在反思对部分国家的援助政策未达到预期效果时，部署核武器成了摆脱困境的一种选择。

其实还在当月初，朝鲜事务科科长尼斯（David Nes）就曾向帕森斯递交了一份长篇备忘录，从军事、政治和经济三个方面指出韩军保持一定规模的重要性。尼斯认为作为一个新兴国家，韩国面临着政局不稳和被共产党颠覆的危险，这两者都被李承晚控制的威权或说"半警察"式的政权阻遏了，其基石就是韩国军队。同时，军队也是韩国经济的刺激因素之一，裁军无疑会加剧失业。但是，备忘录认为，如果美国能够引入新装备，所有的消极影响都会降到最低。"因此，美国和韩国军队的规模都与'现代化'问题密不可分。除非我们准备引入包括核武器在内的新装备，否则对美军或韩军的裁减都将削弱美国在韩国的目标和远东的地位。"[2] 一个月后，预算局国际处处长梅西（Robert Macy）提交访韩报告，全面分析了韩国的经济和安全形势。报告认为，韩国的经济状况不佳，军队防御能力尚可。"与其他地方相比，共产党再次入侵的可能性并不大"，若不削减军队规模，韩国政府的防务支出将会增加。报告最

1　Memorandum of Discussion at the 301st Meeting of the National Security Council, in Paul Kesaris (ed.), *Minutes of Meetings of the National Security Council, the Third Supplement* (Microfilm: University Publications of America, 1995), Reel 3; Eisenhower, Dwight D.: Papers as President of the United States, 1953-1961 (Ann Whiteman File), NSC Series, Box 8, DDEL. 根据普罗克诺委员会提供的报告，每年对韩援助支出是6.5亿—8.5亿美元。报告认为韩国最主要的军事和经济问题分别是装备老化和发展动力不足，美国增加援助的可能性不大，减少援助又存在军事、经济和政治风险。关于韩国问题，普罗克诺委员会另有一份独立的报告。"Overall Sub-group to Committee on Certain U.S. Aid Programs: Korea: Findings and Recommendations," June 7, 1956, in *Records of the U.S. Department of State Relating to the Internal Affairs of Korea (1955-1959)* (Microfilm: Scholarly Resources, 1991), Reel 9.

2　Memorandum from the Officer in Charge of Korean Affairs (Nes) to the Director of the Office of Northeast Asian Affairs (Parsons), October 1, 1956, in *FRUS*, 1955-57, Vol. XXIII, pp. 315-320.

后提出建议，“应将我们集中于防御的计划转向更多地强调国内形势”。[1] 梅西报告从韩国经济状况出发，强调了裁军的必要性。而尼斯备忘录则提出了一种既不损害美国在韩利益，又可节省海外支出的方案。以国安会第 301 次会议和这两份文件为标志，驻韩美军“现代化”问题与韩军裁减正式结合起来。

不过，国务院对这个问题的态度还是很谨慎。11 月 7 日，帕森斯致驻韩使馆电分析了军方的强硬态度，他们坚持如果不引入核武器，裁军是不可能的。帕森斯说明了国务院的立场：“只可有确切证据表明中朝违反了停战协定之后再引入……［引者注：约一行文本未解密］武器，因为这一在韩国的‘新面貌’将会导致国家安全委员会文件的修订，长、短期目标都要修改。”[2] 11 月底，国务院和国防部在部署双用武器 280 毫米火炮和“忠实约翰”火箭问题上的分歧依然存在。军方坚持认为双用武器在加载核弹头之前不能算核武器。东北亚事务科反对部署的理由是担心引起盟国，特别是日本和澳大利亚的不良反应。而且，引入新式武器显然破坏了停战协定。[3] 驻韩使馆的看法则居于二者之间，倾向于部署双用武器但不携带核弹头。[4] 12 月 18 日，美国总统批准了将海外驻军由 19 个

1 Memorandum from the Director of the Office of Northeast Asian Affairs (Parsons) to the Assistant Secretary of State for Far Eastern Affairs (Robertson), November 1, 1956, in *FRUS*, 1955–57, Vol. XXIII, pp. 340–341. 11 月 20 日，罗伯逊向代理国务卿提交的“美国对韩政策回顾（NSC5514）”，探讨了当前政策的执行状况及对策。Memorandum from the Assistant Secretary of State for Far Eastern Affairs (Robertson) to the Acting Secretary of State, November 20, 1956, in *FRUS*, 1955–57, Vol. XXIII, pp. 351–354.

2 Letter from the Director of the Office of Northeast Asian Affairs (Parsons) to the Ambassador in Korea (Dowling), November 7, 1956, in *FRUS*, 1955–57, Vol. XXIII, pp. 342–344. 沃尔特·道林（Walter Dowling）于 1956 年 5 月出任驻韩大使，1959 年 10 月离任。

3 Memorandum of a Conversation, November 28; Memorandum from the Deputy Assistant Secretary of State for Far Eastern Affairs (Sebald) to the Deputy Under Secretary of State for Political Affairs (Murphy), December 5, 1956, in *FRUS*, 1955–57, Vol. XXIII, pp. 356–358; pp. 359–360.

4 Letter from the Ambassador in Korea (Dowling) to the Director of the Office of Northeast Asian Affairs (Parsons), December 6, 1956, in *FRUS*, 1955–57, Vol. XXIII, pp. 363–366.

师减少到 17 个，“并装备…… ［引者注：约一行文本未解密］”，驻韩国的两个师被暂时排除在外。[1]

在 1957 年 1 月 31 日召开的国安会第 311 次会议上，与会者再次讨论了对韩援助与军事部署问题，并就 NSC5702 号文件提出的四种方案进行分析。杜勒斯认为对韩国的军事安排需要考虑两个因素：一是韩国的国内形势；一是遵守停战协定问题。当然对共产党再次侵略的有效威慑是美国的核武器及其摧毁能力。然而韩国国内的形势是，如果美国准备裁减军队的话，那么韩国政府很可能不是因为外部侵略而是内部崩溃最终损害美国在朝鲜半岛的利益。韩国人希望存在看得见的军事力量，而美国的“大规模报复”能力并非直接可见的，存在一定程度的不确定性。“无论如何，大幅度削减韩国可见的军事力量将导致严重的国内反应。最能够消除韩国人疑虑的行动莫过于引入原子武器，尽管这一行动在很大程度上是象征性的。”如果按此行事，韩国人也许同意减小其军队的规模。然而，杜勒斯说这就意味着同停战协定分道扬镳了——可能会给共产党宣传的口实，也会令盟国责难。最终，国务卿支持方案 B，即向驻韩美军提供“常规—核武器双用装备”，将 20 个现役师中的 4 个转入预备役，以及 3 个战斗机编队转换成喷气式飞机编队。[2]

但时隔数月，一度赞成向韩国引入双用武器的杜勒斯又退回到原来的立场，认为“现代化”应该得到盟国的支持。他担心过快地

1　Memorandum from the Director of the Office of Northeast Asian Affairs (Parsons) to the Acting Assistant Secretary of State for Far Eastern Affairs (Sebald), December 18, 1956; Record of a Meeting, Department of State, January 18, 1957, in *FRUS*, 1955–57, Vol. XXIII, pp. 366–367; pp. 387–389.

2　“Memorandum of Discussion at the 311th Meeting of the National Security Council,” January 31, 1957, in Paul Kesaris (ed.), *Minutes of Meetings of the National Security Council, the Second Supplement* (Microfilm: University Publications of America, 1983), Reel 2; *FRUS*, 1955–57, Vol. XXIII, pp. 420–427; pp. 392–402; Eisenhower, Dwight D.: Papers as President of the United States, 1953–1961 (Ann Whiteman File), NSC Series, Box 8, DDEL.

在远东部署核武器会在日本民众中产生不良反应而损害美日关系，同时李承晚可能以美方违反停战协定为理由武力北进。因此，杜勒斯坚持，“如果引入计划不是为了裁减韩军和削减预算的目的，本人是不会批准的”。[1] 军方一直力推的驻韩美军“现代化”方案再次受挫，同步进行的韩军裁减谈判也遭到了韩国政府的顽固抵制而毫无进展。李承晚对裁军的态度成为美国在韩部署核武器的重要推动力，国务院不得不以装备核武器作为交换条件，获取韩国政府同意裁军。

第三节　韩军裁减与华盛顿的核部署决策

对于朝鲜停战后韩军的规模，1953 年上半年制定的 NSC147 号文件规定为 20 个现役师和一定数量的海军和空军。[2] 同年的 NSC157 和 170/1 号均继承了这一规定。尽管在 1953 年 10 月和 1954 年 3 月，韩国政府两度要求美国援建韩军到 35—40 个师，但均没有得逞。[3] 1954 年 7 月底，美韩首脑会晤就军队规模达成一

1　Memorandum of Discussion at the 318th Meeting of the National Security Council, April 4; Record of a Meeting, Department of State, May 16, 1957, in *FRUS*, 1955-57, Vol. XXIII, pp. 420-427; pp. 433-437; Eisenhower, Dwight D.: Papers as President of the United States, 1953-1961 (Ann Whiteman File), NSC Series, Box 8, DDEL. 但是在公开场合，美国官员却显示出态度一致的姿态。例如，在 5 月 14 日的记者招待会上，杜勒斯暗示美国准备向驻韩美军引入“更现代、更有效”的武器。同日，国防部长威尔逊进一步表示美国可能引入“双重功能”（duel capability）的武器。参见 Editorial Note，in *FRUS*，1955-57，Vol. XXIII，pp. 432-433.

2　“Note by the Executive Secretary (Lay) to the National Security Council,” April 2, 1953, in Edward C. Keefer (ed.), *FRUS*, 1952-54, Vol. XV, part 1 (Washington, D. C.: U. S. Government Printing Office, 1984), pp. 838-857.

3　美国政府认为韩国的要求超出了韩国经济的承受力，与既定的对韩安全政策不符，同时还会过多消耗援助资源。Memorandum from the Executive Secretary of the National Security Council (Lay) to the National Security Council, April 7, 1954, in *FRUS*, 1952-54, Vol. XV, part 2, pp. 1777-1785.

致：保持韩军总人数 71.5 万人，其中陆军 65.5 万人，并开始筹建预备役部队。[1] 在会晤期间召开的国安会第 208 次会议上，杜勒斯对改善韩国空军装备的建议持保留意见："当美国给蒋介石这些装备的时候，我们有言在先，未经允许不得用于中国大陆……如果我们给韩国人飞机，他们会去轰炸鸭绿江。我们不应把飞机给那些目标与我们不同、以邻为壑甚至能从发动第三次世界大战而渔利的国家。"[2] 1955 年的韩军规模最终以 11 月修订《共同谅解备忘录》的形式确定下来。[3]

NSC5514 号对韩政策文件表示要继续促进韩国作为军事盟国的发展，将强化韩军现役部队战斗力、增加预备役部队与适时裁军结合起来。[4] 裁减现役军队成为美国对韩军事政策的重要组成部分。1955 年 5 月底，在致罗伯逊的电报中，驻韩大使莱西（William Lacy）分析了裁减韩军的内外影响："在韩国的军事部署无疑是朝鲜半岛最强大的、唯一的稳定力量。同时，它也是远东地区总体局势的重要政治因素……因此，减少韩军规模在整个远东地区都会产生震动。"而对美韩同盟内部关系来说，裁军"会使我们同韩国政府的关系变得更加困难。美国对其事务的影响力也将大幅降低，包

1　United States Summary Minutes of the Second Meeting of United States-Republic of Korea Talks, July 28, 1954, in *FRUS*, 1952-54, Vol. XV, part 2, pp. 1847-1848.

2　Memorandum of Discussion at the 208th Meeting of the National Security Council, July 29, 1954, in *FRUS*, 1952-54, Vol. XV, part 2, pp. 1850-1856; Eisenhower, Dwight D.: Papers as President of the United States, 1953-1961 (Ann Whiteman File), NSC Series, Box 5, DDEL.

3　The Ambassador in Korea (Briggs) to the Department of State, October 22, 1954, in *FRUS*, 1952-54, Vol. XV, part 2, pp. 1900-1901. 原文件含有附件 B，但未解密。根据后来裁军谈判中的文件推测，美国援建韩军的规模应为 20 个师 72 万人，其中陆军 65 万人。Telegram from the Acting Assistant Secretary of Defense for International Security Affairs (Irwin) to the Commander in Chief, United Nations Command (Decker), December 24, 1957, in *FRUS*, 1955-57, Vol. XXIII, pp. 531-532.

4　National Security Council Report: NSC5514, February 25, 1955, in *FRUS*, 1955-57, Vol. XXIII, pp. 42-48. 美国坚持韩军裁减，主要是希望韩国减少国防支出，更多地将有限的援助资源和劳动力投入到经济重建上来；同时，裁军还能抑制李承晚"加强军备、北进统一"的冲动。

括对其武力统一目标所能施加的限制……这一限制的主要方面就是美国民事和军事官员同韩国军方领导人建立的关系”。裁军还会对韩国社会稳定造成冲击，“因为能够获得美国军事援助一直是李承晚维持强大政治力量的源泉之一”。考虑到1956年韩国大选在即，大使馆对华盛顿设定的裁军时机表示怀疑。[1] 然而，军方裁减韩军的愿望是强烈的。9月6日，远东司令官莱姆尼策甚至向参联会提交了未来几年韩军裁减的步骤。[2] 1955年下半年，李承晚借中立国监察委员会问题发起反美运动。其间，美国通过韩国军方得到李承晚不会重新挑起战争的保证。这些状况使决策层认识到大使馆5月份报告的正确性：韩军裁减事务不宜操之过急。而且，对驻韩美军“现代化”问题各执一词的美国高官们也无暇顾及裁军一事。

1956年2月，国安会第276次会议讨论到韩国政策时，艾森豪威尔再次提出了美国的投入问题。他问及在韩军事、经济援助总和，得到的答案是每年将近10亿美元。艾森豪威尔指出问题的关键是中国，目前状况下减少韩国军队或者驻韩美军都会削弱美国在朝鲜半岛乃至远东的地位。杜勒斯则提到了李承晚个人的因素，说他总是希望在韩国能有“看得到的”军事存在。国务卿还指出如果他去世，美国至少可以与一位理智的领导人打交道，劝说韩国政府接受以美国的空军核战略力量保障其安全。[3]

1956年下半年波匈事件爆发，苏联对东欧盟国使用武力，而美国并没有实施“解放”战略瓦解社会主义阵营。李承晚在东欧危机

1 Telegram from the Embassy in Korea to the Department of State, May 30, 1955, in *FRUS*, 1955-57, Vol. XXIII, pp. 104-107.

2 Memorandum from the Deputy Director of the Office of Northeast Asian Affairs (Hemmendinger) to the Assistant Secretary of State for Far Eastern Affairs (Robertson), October 24, 1955, in *FRUS*, 1955-57, Vol. XXIII, pp. 177-178.

3 Discussion at the 276th Meeting of the National Security Council, February 9, 1956, in USDDO, Gale, 2019, CK3100152029; Eisenhower, Dwight D.: Papers as President of the United States, 1953-1961 (Ann Whiteman File), NSC Series, Box 7, DDEL.

期间，再次打出北进的旗号，动员民众示威游行，“声援匈牙利人民”，并号召“北朝鲜同胞起义”。[1] 11 月初，他向莱西透露“正在拟定行动计划”。[2] 对此，艾森豪威尔在国安会会议上表示，必须明确向李承晚表明美国人是不会受讹诈的，他已经厌烦了这些“下小注的独裁者”（penny ante dictators）。[3] 12 月，与来访的罗伯逊会晤时，李承晚再次提出废除停战协定，并谴责美国在匈牙利事件上袖手旁观。罗伯逊再次告诫他，如果韩国发动战争，是不会得到美国和其他国家支持的。[4] 韩国政府的动向直接导致美国军方放缓了军事部署的步伐。国防部在 11 月初给国安会的备忘录中也强调，到 12 月月中前，暂时不考虑将部署核武器与韩军裁减挂钩，且立即决定美军和韩军的规模装备问题并不明智。[5] 1957 年 1 月 4 日，参联会向威尔逊递交了一份备忘录，建议缓行美军重新部署计划，认为在现有的停战协定被永久性的安排取代之前，在韩国有一个有效的联合国司令部是必要的。另外，联合国司令部对韩国实施的行动上的（operational）控制既是对共方侵略也是对韩国单方面行动的威慑（deterrent）。如果联合国司令部失去了对韩国军队的控制，其对

1　Memorandum from Parsons to Robertson: Situation in Republic of Korea, November 20, 1956, in *Records of the U. S. Department of State Relating to the Internal Affairs of Korea (1955-1959)* (Microfilm: Scholarly Resources, 1991), Reel 10. 朝鲜停战后，李承晚多次以“北进”为要挟，试图榨取美国更多的援助或政策支持。参见 The Ambassador in Korea (Briggs) to the United States Delegation, May 19, 1954, in *FRUS*, 1952-54, Vol. XVI, The Geneva Conference, pp. 284-287; Syngman Rhee, *Korea Flaming High: Excerpts from Statement by President Syngman Rhee in 1954-55* (Seoul: Office of Public Information, 1956), p. 39。

2　Telegram from the Embassy in Korea to the Department of State, November 14, 1956, in *FRUS*, 1955-57, Vol. XXIII, pp. 346-348, footnote 5.

3　Memorandum of Discussion at the 304th Meeting of the National Security Council, November 15, 1956, in *FRUS*, 1955-57, Vol. XXIII, p. 348; Eisenhower, Dwight D.: Papers as President of the United States, 1953-1961 (Ann Whiteman File), NSC Series, Box 8, DDEL.

4　Memorandum of a Conversation, Seoul, December 18, 1956, in *FRUS*, 1955-57, Vol. XXIII, pp. 367-370.

5　Report by the Joint Strategic Plans Committee to the JSC on U. S. Objectives and Course of Action in Korea (U), December 26, 1957, in RG218, Geographic File, 1957, Box 11, NARA.

远东事务影响的作用将大为降低。保持联合国司令部的有效性，以及对韩国军队的控制都需要一定规模的军队驻留韩国。[1]

可就在此时，国务院与军方在美军装备更新问题上的分歧越来越明显，前者尤其反对参联会在“国际局势紧张的当下部署‘忠实约翰’和280毫米火炮”。[2] 从国务院已经解密的档案来看，军方至少在1956年8月就向国务院提出部署“核武”的要求，只不过一直被国务院抵制。国务院远东司认为有以下几点原因：其一，部署会严重违反停战协定；会激起苏联、中国甚至中立国家的反对；没有明显政局表明共产党国家向朝鲜部署了核武装备。而且，部署还会引起日本因近期“放射尘埃”问题而产生的反感，苏联甚至会向中国提供类似武器，最终加剧远东局势的恶化。[3] 在1月8日召开的国务院与国防部联席会议上，国防部首先就把未来裁减韩军规模和减少在韩支出作为装备核武器的理由提出来，雷福德则补充说朝鲜违反停战协定在先，部署是有充分理由的。助理国务卿罗伯逊坚持让军方收集确凿证据，以说服瑞士、瑞典等国家。[4] 然而直到3月底，国防部也没有向国务院通报有关证据。国务院远东司在杜勒斯应邀前往国防部专门讨论此事之前提醒，单方面破坏停战协定会

---

1 Memorandum from the Joint Chiefs of Staff to the Secretary of Defense (Wilson), January 4, 1957, in *FRUS*, 1955-57, Vol. XXIII, pp. 371-372.

2 Disagreement with Defense on Action with Respect to Paragraph 13 (d) of the Korean Armistice Agreement, December 5, 1956, in RG59, Central Decimal File, 1955-1959, Box 2877, NARA; The First Nukes on the Korean Peninsula, National Security Archive (NSA), EBB690, Document 1.

3 FE-Mr. Robertson to the Secretary: Introduction of Atomic Weapons into Korea, January 17, 1957, in RG59, Central Decimal File, 1955-1959, Box 2877, NARA.

4 Records of Meeting: Introduction of Atomic Weapons into Korea, January 18, 1957, in RG59, Central Decimal File, 1955-1959, Box 2877, NARA.

危害美国同盟国及联合国的关系。[1] 可是，美国竟然在此时向瑞典报纸透露，说“远东的情报”消息表明“共产党国家在北朝鲜已经部署了核武器”，因此美国也正在考虑对应地在韩国部署。[2] 而且实际上，国务院已经计划同英国及英联邦国家协调，准备 7 月 1 日在联合国提出共产党一方违反停战协定，8 月 1 日正式向联合国提供证据。[3] 为此，4—6 月份国务院同 16 国代表等展开了一系列的通气与协商，包括在北约外长会议上准备同北约盟国进行交涉。[4] 5 月 14 日，国务卿杜勒斯和国防部长威尔逊分别在新闻发布会上表示美国正在考虑驻韩美军的现代化，后者直接透露是“可以携带核弹的双用武器”。韩国报纸一边倒地表示欢迎，希望能够尽快部署，

---

1 FE-Mr. Robertson to the Secretary: Introduction of Atomic Weapons into Korea, March 26, 1957, in RG59, Central Decimal File, 1955-1959, Box 2877, NARA; The First Nukes on the Korean Peninsula, NSA, EBB690, document 5. 在东北亚事务科给罗伯逊的备忘录中，指出韩军最近的一系列动向对韩国防务能力不利，其中包括：军队腐败日益严重；军人干政现象增加；派阀斗争激烈；等等。这也可能进入到美国考虑裁减韩国军队的范围内。NA-Mr. Parsons to FE-Mr. Robertson: Special Army Report on Trends in the ROK Army, in RG59, Central Decimal File, 1955-1959, Box 4009, NARA.

2 Stockholm Newspaper Publishers Report Concerning Introduction of New Weapons into North and South Korea, May 24, 1957, in RG59, Central Decimal File, 1955-1959, Box 2877, NARA. 各使馆很快反馈了当地媒体对美国官方声明的报道。参见 Canadian Press Comments on Reports Nuclear Weapons Will be Placed in Korea, May 16, 1957; Belgian Comment on Reports of Possibility that the United States May Furnish Nuclear Weapons to Forces in Korea, May 21, 1957; Telegram from Taipei to the Secretary of State, May 22, 1957, in RG59, Central Decimal File, 1955-1959, Box 2877, NARA。

3 Outgoing Telegram to Embassy London, Ottawa, Canberra, and Wellington, May 17, 1957, in RG59, Central Decimal File, 1955-1959, Box 2877, NARA.

4 NATO Ministerial Meeting Position Paper on Modernization of Equipment in Korea, April 24, 1957, in RG59, General Records Relating to Atomic Matters, 1948-1962, Box 464; Telegram to Embassy London, Ottawa, Canberra and Wellington, April 23, 1957; Modernization of U. S. Forces in Korea", May 15, 1957; "Review of Some Problems of Special Interest to Switzerland, May 21, 1957, in RG59, Central Decimal File, 1955-1959, Box 4009, NARA; Consultations with Allies on Modernization of United States Forces in Korea, June 10, 1957, in The First Nukes on the Korean Peninsula, NSA, EBB690, document 14.

甚至能部署给韩国军队。[1]

如前所述，1957 年春，杜勒斯在部署核武器的问题上回归保守。有鉴于此，在6月13日召开的国安会第326次会议上，军方和其他国务院官员都极力劝说国务卿。总统国家安全事务特别助理卡特勒（Robert Cutler）说装备计划将在4年内为美国节省1.27亿美元。杜勒斯表示可以同韩国谈判，以更新美军装备换取韩国裁减现役部队，但不能引入那两种“魔鬼武器”。[2] 雷福德说他访问亚洲的经历是，除日本之外其他国家的领导人对核武器均表示欢迎，他首先考虑的是韩国的安全，其次是李承晚反对裁军，而且裁减可能导致他们要求由韩国人担任总司令，而部署核武器就可使这些问题迎刃而解。杜勒斯强调，美国显然没有足够的钱来同时维持核威慑能力和大规模的军队，如果要部署这两种武器就必须大幅度减少韩国军队。财政部长汉弗莱也表示，在武器成本越来越高的情况下，同时保持欧洲和韩国的大规模军队是不可能的。美国必须将核威慑力量作为捍卫“自由世界”安全的选项，必要时考虑调整在海外的军事部署——盟国可能不喜欢这一点，但是它们不得不接受。艾森豪威尔并不主张公开美国在一些国家部署核武器的信息，但雷福德认为如不公开既达不到威慑的效果，也无法劝说它们裁减军队。最后在卡特勒的建议下，国安会做出行动指令，准备公开发表向韩国引入“新装备”的声明；同时指示驻韩大使道林和莱姆尼策同李承

1 Telegram from Seoul to the Secretary of State, May 17, 1957, in RG59, Central Decimal File, 1955-1959, Box 2877, NARA.

2 此处所指应为双用武器280毫米火炮和“忠实约翰”火箭。

晚谈判，以加强韩国空军和驻韩美军“现代化”作为裁军条件。[1]一周前，国务院还专门就部署计划征求联合国军涉及的几个盟国的意见，他们提供的建议包括公布共产党方面违反协定的证据；希望联合国军继续遵守停战协定和停火状态；任何具体行动宜在下届联大召开之前采取；如果美国要将核武器部署到韩国应同所有盟国商议。[2] 应该说，来自盟国和联合国军成员国的阻力并不大。

21 日，联合国军代表在军事停战委员会上宣布将不再遵守停战协定 13d 条款。[3] 当天，道林和莱姆尼策按照参联会和国防部的指示[4]会见李承晚。在顺序上，莱姆尼策先说美军将要实现装备更新，再提出韩军的改善计划，最后才说到裁军问题。道林顺势强调改善计划取决于韩军的裁减。李承晚虽对废除 13d 条款表示高兴，但是坚决抵制任何形式的裁军，“至少等到他看到关于‘现代化’数量和规模的具体信息，特别是针对韩国军队”。[5] 24 日，李承晚致信艾森豪威尔，将裁军问题同其北进统一的政治目标相联系，并

1　Memorandum of Discussion at the 326th Meeting of the National Security Council, June 13, 1957, in Paul Kesaris (ed.), *Minutes of Meetings of the National Security Council, the Second Supplement* (Microfilm: University Publications of America, 1983), Reel 2; Discussion at the 6-13-57 NSC Meeting, June 13, 1957, in USDDO, Gale, 2019, CK3100047614; Eisenhower, Dwight D. : Papers as President of the United States, 1953-1961 (Ann Whiteman File), NSC Series, Box 9, DDEL. 尽管双方分歧尚存，但五角大楼在调整驻日美军部署时，却特别强调保留陆军“忠实约翰”火箭营（远东第 100 营）以待“驻韩美军现代化计划获得批准”，及时调防韩国。参见石井修、植村秀樹監修『アメリカ合衆国対日政策文書集成：アメリカ統合参謀本部資料，1953—1961』第 3 巻、東京：柏書房、2000 年、100—108 頁；第 7 巻、72—75 頁、83 頁。

2　Memorandum from the Assistant Secretary for Far Eastern Affairs (Robertson) to the Secretary of State, June 5, 1957, in *FRUS*, 1955-57, Vol. XXIII, pp. 439-441.

3　朝鲜政府事后声明，联合国军应对破坏停战协定负责，并认定美国“向驻韩美军和韩军提供核装备，将韩国变成了美国的核基地”。From CINCUNC to Department, FE 805503, June 22, 1957, in USDDO, Gale, 2019, CK3100427570.

4　6 月 18 日，参联会与国防部联合致电道林和莱姆尼策，要求他们同李承晚谈判，促其在裁军问题上进行合作，并消除他对韩国安全的顾虑。Telegram from the Department of State to the Embassy in Korea, June 18, 1957, in *FRUS*, 1955-57, Vol. XXIII, pp. 457-459.

5　Telegram from the Embassy in Korea to the Department of State, June 2, 1957; Editorial Note, in *FRUS*, 1955-57, Vol. XXIII, pp. 459-460, footnote 2; pp. 461-462.

称在这一目标实现之前，韩国必须保持现有的军队规模。李承晚还借机在信中提出了“韩军的现代化”问题。[1] 显然，他希望核武器能够装备韩军。

意识到国务院在部署双用武器问题上顾虑重重，莱姆尼策在月底致电陆军部时强调，“李承晚和韩国政府看到美国在‘现代化’问题上有所保留，这将增加我们劝说韩国裁军的难度”。[2] 7 月 17 日，参联会根据莱姆尼策的看法，敦促国防部长会同国务卿争取总统授权引入上述两种武器，并将李承晚因素放在了首位。[3] 与此同时，国会正在审议行政部门提交的年度预算，随时可能削减援外拨款。27 日，韩国驻美大使杨幼善就此拜会罗伯逊。后者借机说，最好的办法就是减少现役军队，节省下来的援助可用于韩国经济建设。“为了达到减员但不减实力的目的，可以考虑（部署）核武器。”同时，罗伯逊强调“有核”不等于“用核”，“如果第三次世界大战用核武器来打，就会引发大规模破坏，出现核冬天”。杨幼善转达了李承晚的要求：如果剩余的韩军能够装备与美军同等的武器，他可以接受裁减。罗伯逊立即回答说，美国政府是不会接受韩

1 Letter from President Rhee to President Eisenhower, June 24, 1957, in *FRUS*, 1955-57, Vol. XXIII, pp. 463-464. 艾森豪威尔在复信中强调了裁军对解决美国预算吃紧的重要性，并认为美军的现代化、韩军装备的改善，加上美国的报复能力、《共同防御条约》和联合政策声明足以弥补韩军规模的缩减。Letter from President Eisenhower to President Rhee, July 19, 1957, in *FRUS*, 1955-57, Vol. XXIII, pp. 468-469.

2 Telegram from the Commander in Chief, United Nations Command (Lemnitzer) to the Department of the Army, June 30, 1957, in *FRUS*, 1955-57, Vol. XXIII, pp. 465-466.

3 Memorandum from the Joint Chiefs of Staff to the Secretary of Defense (Wilson), July 17, 1957, in *FRUS*, 1955-57, Vol. XXIII, pp. 467-468.

军装备核武器的。[1] 美国不仅坚决反对韩军拥有核武器，还担心韩国重新挑起战争引发核大战。因此，美军装备核武器意味着华盛顿将更严格地控制李承晚的行为，罗伯逊“用核”的谈话是在给韩国“打预防针”。根据驻韩国使馆的报告，韩国国内媒体在7月份的主要立场是反对裁减韩军，到8月份则坚持以韩军的“现代化”换取裁军。[2]

8月8日，美国国安会第334次会议对NSC5702/2号文件进行了讨论。为了结束国务院同军方在部署核武器上的争吵，文件规定，在韩核部署问题将由国务卿会同国防部长提出，最终交由总统定夺。杜勒斯表示，国会削减了对外援助拨款，如果韩军维持现有规模，美国则必须减少其他地方的援助份额。“如果李承晚不同意裁军，美国就不能在目前引入…… ［引者注：约一行文本未解密］”。未来引入的时机由总统决定，具体“将取决于李对裁军的态度”。莱姆尼策认为，如果不引入双用武器，美军就无法真正实现装备“现代化”。艾森豪威尔总统总结道，杜勒斯和莱姆尼策的区别其实就是，如果李承晚接受裁军，美国就同意部署那两种武器。卡特勒说这正是文件的主旨所在。艾森豪威尔说参联会多年以前做出的结论现在仍然正确：朝鲜半岛在军事上对我们的总体战不具有重要性，但是在心理上和政治上很重要，失去它就意味着失去

---

1 Memorandum of a Conversation between the Korean Ambassador (Yang) and the Assistant Secretary of State for Far Eastern Affairs (Robertson), Department of State, July 26, 1957, in *FRUS*, 1955-57, Vol. XXIII, pp. 475-477; Aid Level and Reduction ROK Army, July 26, 1957, in RG59, Central Decimal File, 1955-1959, Box 4009, NARA. 国会最终还是削减了对韩援助规模的20%。Memorandum of a Conversation, Department of State, September 21, 1957, in *FRUS*, 1955-57, Vol. XXIII, pp. 513-515.

2 Official and Press Reaction to Proposed Reduction of the Korean Armed Forces, September 9, 1957, in RG59, Central Decimal File, 1955-1959, Box 4009, NARA.

在亚太地区的地位。[1] 从这次会议我们可以看出美国在韩部署核武器的决策逻辑：军方主要以美国安全利益为由，希望借“现代化”保持对朝鲜的均势甚至优势；而以杜勒斯为代表的国务院则从美国财政预算、韩国的经济状况以及李承晚反对裁军的态度出发，认为部署核武器是换取韩军裁减、改善韩国经济状况的一种手段。按照该文件的规定，在韩国部署核武器的时间表将与美韩裁军谈判进程挂钩。

经过双方近三年的谈判，韩国终于在1958年2月底原则上同意了美国的裁军建议。[2] 于是，NSC5702/2号文件中有关核部署的决议生效。当然，“美国官员清楚在韩国部署核武器（即使不掌握在韩国人手中）是把双刃剑。一方面，美国官员不会让韩国人实际控制它们；另一方面，双用武器可以起到双重作用：阻止共产主义的扩张和制约李承晚的单方面行动”。[3]

至于在韩核武器的实际部署，则主要由国防部执行。6月13日国安会之后，参联会即开始启动制定政策指导方针并重新组织了驻韩国的两个师。太平洋司令部也不断催促华盛顿尽快授权，因为限制核武器部署“在军事和政治上都不明智”，还会增加韩国接受裁

---

1 Memorandum of Discussion at the 334th Meeting of the National Security Council, August 8, 1957, in Paul Kesaris (ed.), *Minutes of Meetings of the National Security Council, the Second Supplement* (Microfilm: University Publications of America, 1983), Reel 2; *FRUS*, 1958-60, Vol. XVIII, pp. 480-489. 关于此次重要的会议，1997年9月5日解密的档案版本并没有增加新的内容。参见USDDO, Gale, 2019, CK3100139927; CK2349232166。艾森豪威尔总统图书馆馆藏该份档案至今仍是部分公开。参见Eisenhower, Dwight D.: Papers as President of the United States, 1953-1961 (Ann Whiteman File), NSC Series, Box 8, DDEL。

2 Telegram from the Commander in Chief, United Nations Command (Decker) to the Department of Defense, February 12, 1958, in *FRUS*, 1958-60, Vol. XVIII, pp. 438-439, footnote 3.

3 Stephen Jin-Woo Kim, *Master of Manipulation: Syngman Rhee and the Seoul-Washington Alliance* (Seoul: Yonsei University Press, 2001), p. 261.

军的难度。作为过渡，参联会安排装备有双用武器的空军到韩国轮防。[1] 7月18日，参联会正式要求国防部获得总统授权，以便立即向韩国部署两种武器。但在停战协定13d条款问题没有解决之前，两种武器的部署暂时“不包括核弹头”。[2]

以现在可见的档案来看，尚存1957年底和1958年初两种说法。但是可以肯定的是，1958年2月驻韩美军已经开始对280毫米火炮和“忠实约翰”地地火箭进行试射了。[3] 3月，核炸弹和轰炸机载炸弹部署到韩国。1960年1月，美军部署了“奈基-大力神”防空导弹。[4] 至1964年10月，在韩国部署口径155毫米的榴弹炮。[5] 而且有意思的是，在1964年8月中国成功核爆之前，国务院远东司制定了一个名为“俄勒冈小道5”（Oregon Trail 5）的“军事推演”，设想在中国没有核武器，而美国拥有一支装备了“潘兴”“忠实约翰”和“民兵”等火箭或导弹的战术核部队的前提下，如何应对半岛发生危机、步步推进并最终“避免战争升级”。[6]

在韩国部署时间最长的核弹装置就是8英寸榴弹炮，一直贯穿了整个33年的历史时期。应该说，由于射程的原因，在韩国的核部署的威慑作用是地区性的。这些武器最大射程1000千米，覆盖

1　Note by the Secretary to the Holders of JCS 1776/579: U. S. Policy toward Korea (U), August 20, 1957, in RG218, Geographic File, 1957, Box 13, NARA.

2　Introduction of 280mm Gun and Honest John into Korea (U), July 18, 1957; Memorandum for the Commander in Chief, PACIFIC: Introduction of 280mm Gun and Honest John into Korea, July 25, 1957, in RG218, Geographic File, 1957, Box 13, NARA.

3　Telegram from Seoul to the Secretary of State, January 30, 1958, in RG59, Central Decimal File, 1955-1959, Box 2880, NARA.

4　Telegram to Embassy Seoul, January 14, 1960, in RG59, Central Decimal File, 1960-1963. Box 1494, NARA.

5　Hans M. Kristensen and Robert S. Norris, “A History of US Nuclear Weapons in South Korea,” *Bulletin of The Atomic Scientists* 73, no. 6 (2017): 350.

6　Tactical Nuclear Weapons Briefing at the Research Analysis Corporation, in RG59, Bureau of Far Eastern Affairs, Office of Eastern Asian Affairs, Central Files, 1947-1964, Box 12, NARA.

中国的北京和上海、苏联的符拉迪沃斯托克（海参崴）。除韩国部署的核武器之外，美军战略核力量也扮演了重要角色。20 世纪 70 和 80 年代，美国海军的战略导弹核潜艇偶尔会停靠韩国军港，其中 1979—1980 两年就靠港 10 多次。核潜艇上一般都载有 16 枚导弹 48 枚核弹头。限于档案未解密，这些靠港行为原因不详，但和美国裁减非战略核力量部署基本同步，也可能与韩国当时的政治变动有关。[1]

按照解密档案所示，美国在 1991 年开始撤出朝鲜半岛部署的核武器。

但实际上，这一进程一直延续到 1998 年。起初，撤出核武器的决定是与乔治·布什总统在 1991 年发起的单方面裁军动议相一致的，即将战术核武器从北约六个国家以外的国家或地区撤回。尽管做出了这一决定，美国军方并没有立即执行。根据太平洋司令部史披露，最终完成是在 1998 年。该文件还透露，布什总统根据 1991 年 11 月 5 日以国家安全指令第 64 号文件 NSD-64，批准了 1991 财年和 1992 财年的核部署授权（Nuclear Weapons Deployment Authorization，NWDA），决定逐步将海外陆基和海基战术核武器撤回美国本土。该文件要求在韩国的核部署具体在 11 月 20—22 日的韩美军事和安全委员会联席会议上商议。在韩国，最先撤出的是 60 枚核炸弹，B61 型战术核弹是随后撤出的。[2] 1998 年 12 月 18 日，韩国总统卢泰愚宣布："我现在声明，在韩国任何地方没有任何核武器。"当被问及如何回应卢泰愚的声明，布什总统说："已经听说，我不打算否认这一点。"

---

1 Hans M. Kristensen and Robert S. Norris, "A History of US Nuclear Weapons in South Korea," *Bulletin of the Atomic Scientists* 73, no. 6 (2017): 352.

2 "The Withdrawal of U. S. Nuclear Weapons From South Korea," access December 10, 2019, http://www.nukestrat.com/korea/withdrawal.htm.

艾森豪威尔政府在韩国部署核武器的决策史昭示出冷战时期美国政府高层核决策的复杂性。核决策不仅涉及在危机事件中是否使用核武器，还包括在海外部署核装备的决策过程。该过程体现了核武器作为一种遏制手段，其部署如同使用一样，在决策过程中存在军事和政治两个方面的争议。[1] 这些争议往往是华盛顿使用或部署核武器存在“禁忌”的主要顾虑。在韩核部署的决策过程——如同朝鲜战争、台湾海峡危机中的核决策一样，反映出美国向海外部署核武器存在着“威慑”与“禁忌”的两重性。华盛顿一方面希望通过核部署来真正实现核武器的“威慑”作用，而另一方面又不得不应付决策高层的内部分歧、西方盟友的反对以及某些“小伙伴”的自利行为。

值得注意的是，李承晚政权在美国核部署决策中扮演了重要角色。[2] 在决定部署之前，韩国政府可能借核武器武力北进是杜勒斯的顾虑之一，而在决策过程中，华盛顿不得不将李承晚强烈抵制韩

1　美国《数字化国家安全档案》（Digital National Security Archive）解密的有关文件显示，国务院与军方在日（冲绳）部署核武器的争论至少从1954年年中就已开始。当然，在日部署的政治问题主要涉及日本政局的稳定以及民众对核武器的态度。参见 *Digital National Security Archive* (DNSA), ProQuest, 2019, JU00001-00010。

2　在国际关系研究领域，“尾巴摇狗”（The tail wags the dog）常常被用来描述弱势盟国与大国关系的一些现象。至于冷战国际史，随着研究视野更多地转向美苏之外的国家和地区，对两大阵营内部关系的个案研究越来越清晰地表明，这些“第三方”在冷战起源、发展乃至结束过程中扮演着重要角色。对此，加迪斯认为，在美苏构筑各自同盟体系的过程中，“边缘”国家并非消极依从，“他们通过自我为中心的行为，将大国卷入无意的冲突中”。参见 John L. Gaddis, *We Now Know: Rethinking Cold War History* (New York: Oxford University Press, 1997), p. 70。关于这个问题，近些年比较有代表性的研究有 Hope M. Harrison, *Driving the Soviets Up the Wall: Soviet-East German Relations, 1953-1961* (Princeton: Princeton University Press, 2003); Balázs Szalontai, *Kim Il Sung in the Khrushchev Era: Soviet-DPRK Relations and the Roots of North Korean Despotism, 1953-1964* (Chicago: Stanford University Press, 2005); Elena Agarossi and Victor Zaslavsky, *Stalin and Togliatti: Italy and the Origins of the Cold War* (Chicago: Stanford University Press, 2010)。

军裁减的行为考虑在内，最终决定以“现代化”换取其同意裁军。[1] 在核部署之后，美国对韩国政府的军事动向更加敏感，控制也日趋严格，以避免陷入与中苏之间的核大战。美国在韩国部署核武器，在某种程度上使朝鲜半岛的冷战格局进一步固定化。

1　最新出版的《美国对外关系文件集》表明，尼克松政府在20世纪70年代初裁减驻韩美军时亦遭到韩国总统朴正熙的反对。为安抚韩国，华盛顿提供了大批军事援助以提高韩军的装备水平。而且，这一时期的军事部署调整更加复杂，驻越韩军的撤出、驻韩美军的裁减与韩军“现代化”等问题交织在一起。参见 Daniel J. Lawler and Erin R. Mahan (eds.), *FRUS*, 1969-1972, Vol. XIX, part 1 (Washington, D. C.: U. S. Government Printing Office, 2010)。

第三章
冲绳问题与美国在日本的核部署

1967年12月，时任日本首相的佐藤荣作在国会讲话中正式提出了“无核三原则”。[1] 在翌年1月的施政演说中，佐藤进一步阐明了包括“三原则”在内的核政策的“四个支柱”，即“无核三原则”、核弃绝核裁军、对美核威慑的依存及核能的和平利用。自1994年之后，除安倍晋三外的日本历任首相在广岛和长崎的纪念仪式讲话中都提到“无核三原则”。长期以来，国际政治和日本国内政治研究并未打破日本政府的这一声明，或者说日本“无核”并未成为学术界质疑、研究的话题。

2008年12月22日，日本各大媒体纷纷报道了一条消息：外务省新近解密的外交档案表明，前首相佐藤荣作于1965年1月访美之际，曾向时任美国国防部长的麦克纳马拉（Robert McNamara）请求，若日中两国爆发战争，美国将实施包括先发制人式攻击在内的对华核报复。同时，佐藤在谈话中还表达了在引入核武器问题上的默认态度。日本和国际舆论一片哗然。2009年9月，鸠山民主党政府上台。新的民主党政府表示要解密一些自民党执政时期的秘密

1　即日本“不拥有”“不制造”和“不运进”核武器三个原则。

协议，其中就包括20世纪60年代末佐藤荣作首相与尼克松总统达成的核武器密约。[1]《读卖新闻》和《朝日新闻》两大日媒积极回应，提前在12月公布了美日核关系上最重要的“尼克松—佐藤秘密协议”。[2] 对于日本政府的主动表态，美国也有所动作，2009年10月由乔治·华盛顿大学“国家安全档案”项目公布了美日核密约等若干档案。这组与先前解密的另外两组美日核关系文献构成了解冷战时期美国以日本为中心的亚太地区核部署的重要参考资料。[3] 一时间，日本“无核”的神话灰飞烟灭。

2010年3月9日，受鸠山由纪夫首相委托，日本外务省公布了对“美日核密约”的调查结果。[4] 是时，核武器及其在美日同盟关系历史中的地位及作用再次成为美日媒体和民众关注的焦点：战后的日本，究竟是否一直如其政府所承诺，没有在日本本土和其附属岛屿“运进”过核武器？对核武器这样一个在日本社会极其敏感的话题，日本政府是如何小心谨慎地同美国周旋，既积极主动地借

---

1 日本民主党上台、“五五年体制”被彻底打破，本身就使美国奥巴马政府面临一个挑战。加上民主党要追究1960年和1967年美日之间存在的核武器秘密协议，美日同盟关系更是变得微妙。其实，日本有核一直就是一个争议颇多、从未间断的话题。自民党政府长期否认有过这样的协议，而美国政府则采取了“既不承认也不否认”（NSND）的做法。但是，美国解密档案、对前驻日大使赖肖尔以及日本外交官的采访和口述史都证实有这样的协议。对于美国在日核部署，主要涉及两个方面：一是美军携带核武器的舰船停靠日本军港（如横须贺美军基地），二是冲绳返还后美国核武可在紧急事态下重返冲绳的核密约。

2 2009年12月23日，日本《读卖新闻》披露了密约文本，主旨如下：美国将在冲绳返还时撤出核武器；为履行亚洲防务责任，在紧急事态并与日本事前协商的情况下，美国将享有向冲绳重新引入核武器和核武器过境的权利。参见 http://www.yomiuri.co.jp/dy/national/20091223TDY01301.htm；《朝日新闻》次日也予以公布，参见 http://www.asahi.com/english/Herald-asahi/TKY200912240069.html。

3 乔治·华盛顿大学“国家安全档案”项目先后分三次公布了有关美日核关系的档案，分别为“美国在父岛与硫磺岛的核部署”“美国的核武器与冲绳”以及“核‘能剧’：东京、华盛顿与遗失的核密约”。参见 http://www.gwu.edu/~nsarchiv/NSAEBB/index.html#Nuclear History。

4 2010年3月9日，日本外务省公布了三方调查委员会的调查结果，参考了日本外务省、驻美大使馆、美国国家档案馆以及日本相关部门档案共4423册，同时解密了涉及美日核关系的关联文书若干。参见 http://www.mofa.go.jp/mofaj/gaiko/mitsuyaku.html。

“核保护伞”强化自身安全，同时维护和调整日美同盟关系？本章主要围绕美国在日本本土及冲绳的核部署，通过回顾二战以来美日围绕核武器问题的协调和冲绳施政权争夺，展示美日同盟由“不对等”向“对等”发展的一个重要侧面。

第一节　冷战初期美国在日本及琉球的核活动

冷战初期，美苏对抗在远东地区的逐步兴起，特别是新中国的成立、朝鲜战争的爆发以及印支局势的变化，促使美国不断调整其亚洲战略，对日政策自然是最重要的组成部分。这种调整的结果就是，美国在二战期间的政策设计——对日实施联合占领与改造，逐步被“单独对日实施占领与媾和”所取代。

1947 年，远东局势的发展以及中国内战形势的变化迫使美国不得不重新评价包括对日政策在内的整个远东战略。对此，遏制战略的策划者凯南（George Kennan）的建议美国应放弃援助中国国民政府，扶持日本成为抵制苏联共产主义、维护亚太地区安全的重要力量。[1] 1948 年 2 月，凯南访日，就对日政策调整征求盟军总司令麦克阿瑟（Douglas MacArthur）的意见。麦克阿瑟向凯南提出了“U”形防御线理论，并指出琉球在这个防线上处于中心地带。[2] 根据凯南访日报告制定的对日政策以国安会第 13/2 号文件的形式出现，杜鲁门总统于 10 月签署了该文件，从而确立了重新武装、复兴日本的政策，使其成为支撑起远东安全结构的新支柱和美国亚洲政策

1　George F. Kennan, *Memoirs: 1925–1950* (Boston: Little, Brown and Co., 1967), p. 381.

2　Report by the Director of the Policy Planning Staff (Kennan), Annex [II], March 25, 1948, in *FRUS*, 1948, Vol.Ⅵ (Washington, D. C.: U. S. Government Printing Office, 1974), pp. 691–719.

的中心。该文件还确定了在日本周边琉球群岛长期驻军的政策。[1]

1951年，旧金山对日和约的签署，在国际法的层面确保了美国对北纬29度以南地区实施“国际托管”的权利。和约第三款规定，“美国将有权对此等岛屿之领土及其居民，包括其领海，行使一切及任何行政、立法与司法权力”。[2] 同年，《美日安全保障条约》签订。其中，条约第一条第二句“远东条款”界定了驻日美军的责任：不仅可在日本政府要求下镇压国内的动乱，还可以负责维护远东地区的安全。条约签署后，更多美军分批进驻日本本土和琉球群岛，其中后者集中在琉球的冲绳。《美日安全保障条约》与旧金山对日和约一起构成了战后美国长期驻军日本及周边岛屿的法律基础，并为在这些地区部署核武器提供了前提条件。

20世纪50年代中期，对日政策调整暂告一段落，这给美国在日部署核武器提供了一个相对宽松的政策环境——军方与国务院就这一问题的争论亦浮出水面。早在1954年6月，参谋长联席会议就有过一份备忘录，认为“美国在任何有美军基地的地方都可以部署和使用核武器”[3]，这其中自然包括日本。此前的5月3日，国防部长威尔逊便敦促国务院采取行动，尽早扫除在联邦德国和日本存储核元件的政治障碍，并协商获得紧急情况下使用原子弹的预授权。但是考虑到日本国内的形势，杜勒斯在6月11日回复，美军第一步可以部署“不携带核武器的装备”，也不必获得日本政府的允许。同时，驻日大使建议这一行动不便告知日本首相和外相。参

---

1 Paul Kesaris (ed.), *Documents of the National Security Council, 1947–1977* (Microfilm: University Publications of America, 1980), Reel 1.

2 《国际条约集（1950—1952）》，世界知识出版社，1959，第333—350页。

3 Secretary John Dulles to Secretary of Defense Charles Wilson, March 11, 1955, in DNSA, 2019, JU00001.

联会很快获得了国防部的授权并进行了部署。[1]

1955 年 3 月，当五角大楼再次提出这一动议时，国务院则主动向驻日使馆和远东司令部征求意见。驻日大使艾利森（John Allison）认为在当时部署是很不明智的，远东司令官赫尔（John Hull）也认为向驻日美军基地部署核武器有政治风险。[2] 而国务卿杜勒斯本人的看法是"只有万不得已、必需的情况下才考虑部署"，实施一定是秘密的，且只包括战术核武器。[3] 核部署一事又一次被束之高阁。但是当年 7 月，因为陆军部公开声称"在远东进行军事部署调整，给美军装备核武器"，一下子激起了日本政坛的不满，政府也要求美方做出澄清。驻日大使艾利森不得不向日本高官做出"一定在部署前与日本协商"，并质疑军方"公开宣布"这一做法的目的。[4] 新闻署也紧急做出指示，要求美国官员尽量少对部署两个炮兵营的情况做出评论，如必须评论，也限于以下几个方面：美国并未与日本政府达成密约；部署的两种武器主要用来发射火炮而不装备核弹头；与部署在日本的轰炸机一样，虽然能携带核弹，但现在没有实际装备。[5] 其实，美国为减少日本国民、舆论对核武器

1　Letter to Secretary of Defense Acknowledging His Letter of June 23 Concerning Deployment of Atomic Weapons, July 4, 1954, in RG59, Special Assistant for Atomic Energy Country and Subject Files Relating to Atomic Energy Matters, 1950–1962, Box 3; Memorandum for the Files: Introduction of Weapons into Germany and Japan, June 18, 1954, in RG59, Special Assistant for Atomic Energy Country and Subject Files Relating to Atomic Energy Matters, 1950–1962, Box 6, NARA; Reply to Secretary of Defense's Letter of January 28, 1955, Concerning the Deployment of Nuclear Weapons to Japan, March 11, 1955, in DNSA, ProQuest, 2019, JU00002.

2　Deployment of Atomic Weapons to Japan, June 1, 1955, in DNSA, ProQuest, 2019, JU00004.

3　Special Assistant to the Secretary Gerard C. Smith to Ambassador John M. Allison, March 22, 1955, in DNSA, ProQuest, 2019, JU00003.

4　此阶段驻日大使馆同国务院的来往函电可见 RG59, Central Decimal File, 1955–1959, Box 2876, NARA。

5　Movement of Weapons with Atomic Capability to Okinawa and Japan, August 4, 1955, in RG306, Office of Plans, Coordinator for NSC and OCB Affairs, Subject and Policy Paper Files, 1953–1961, Box 7, NARA.

的抵制已做过很多“预防性”工作，尝试从长远改变他们对核能的看法。比如，日本是第一个在美国支持下建立核能图书馆的国家，日本学生参加了第一期的“核能科学与技术”培训班，七位日本医生应邀参观了美国的癌症研究机构，日本从美国进口X光机的数量仅次于加拿大。1955年11月，日美又签署了援助反应堆和核燃料等合作协议。当时，美国正在日本开办原子能展览，日本外相花了两个小时在开幕式上为展览“站台”。[1]

次年8月，驻日大使与远东司令官莱姆尼策协商如何进一步扫除部署的政治障碍。艾利森认为，首先应确保核武器的使用权严格掌握在美军手中，其次部署时机应该选择其他方面均有良好态势、美日友好关系更为牢固之时。而且，美国应择机向日本政界人士灌输“单凭常规力量保障安全”的时代已经过去了。国务院对此均表示赞同。[2] 9月，国防部第三次向国务院提出部署建议，并向远东司令部发出指示，调研如何改变日本政府的态度。[3] 这一次，国务院似乎已没有托词予以拒绝了。

1957年1月，双方官员就此专门召开了一次联席会议，论题已非“是否部署”核武器，而是讨论“如何说服日本政府”了。考虑到日本国内的舆论压力，美国决策者认识到必须小心谨慎地处理这个问题。虽然国务院倾向于通过驻日使馆公开与日本政府协商，

1 Letter from Gerard Smith to Deputy Secretary of Defense Reuben Robertson, November 16, 1955, in Special Assistant for Atomic Energy, Country and Subject Files Relating to Atomic Energy Matters, 1950-1962, Box 2, NARA. 关于此次为期一年的巡展，具体信息可参考 REpublic 7-8340: Advance Release: For Monday Morning Papers, October 10, 1955, October 10, 1955, in RG306, Office of Plans, Coordinator for NSC and OCB Affairs, Subject and Policy Paper Files, 1953-1961, Box 7, NARA。

2 Special Assistant to the Secretary Gerard C. Smith to Assistant Secretary of Defense Gordon Gray, December 3, 1956, in DNSA, ProQuest, 2019, JU00007.

3 Special Assistant to the Secretary Gerard C. Smith to Ambassador John M. Allison, September 12, 1956, in DNSA, ProQuest, 2019, JU00006.

因为这样会给日本以一种“平等伙伴”之感而有助于达成一致，但是最终还是军方的意见占据了上风：根据美国在北约国家部署核武器的经验，通过驻军司令部与日本政府秘密协商更为妥善。事实上，参联会此前已指示莱姆尼策同日方接触了。[1]

1 月 14 日，国务院、国防部中层官员再次讨论了这个问题。国防部直接提出希望国务院能采取些类似在北约的措施，使日本舆论能够接受核能及核武器。负责原子能事务的国务卿特别助理史密斯还提到日本希望获得反应堆，为此曾与英国联系购买核原料。驻日大使麦克阿瑟二世（Douglas MacArthur Ⅱ）认为日本人对核武器和核能的态度不一样，对后者容易接受，当时因日本政府还很脆弱，部署核武并不适宜。国防部坚持说，现在只是获得“核存储”的权利，这一点在 1957 年的共同防御援助协议中是包括的。国防部长威尔逊不否认应该给日本政府支持，但也要通过跟日本大使和领导人的秘密谈话促进日本人改变想法，就像北约盟军司令诺斯塔德（Lauris Norstad）对北约盟国所做的一样。麦克阿瑟二世指出，谈话应该包括美国的战略思考，最终使日本能比较积极地接受核武器。[2] 当月，有媒体报道美国准备在台湾部署“屠牛士”导弹以及“可能在日本部署核武”的消息，这在日本政坛掀起轩然大波，左翼力量在国会向政府发难，代首相岸信介一度表示将拒绝美国这种做法。美国高层甚至感到“在日本的政策目标”都受到影响。[3] 日本国内政治的压力也体现在 2 月份麦克阿瑟二世回国述职的会谈记录中。但是杜勒斯对此不以为然，他援引西欧的例子，坚持认为日

1　Memorandum of Conversation: Introduction of Nuclear Weapons to Japan, January 14, 1957, in DNSA, ProQuest, 2019, JU00008.

2　Introduction of Nuclear Weapons to Japan, January 14, 1957, in RG59, Central Decimal File, 1955-1959, Box 2877, NARA.

3　Department of Defense Publicity regarding Introduction of Atomic Weapons into Japan, undated, 1957, in RG59, General Records Relating to Atomic Matters, 1948-1962, Box 508, NARA.

本人会慢慢接受核武器与常规武器没有什么差别的观念。[1]

1957年4月国务院的情报报告“日本之于核武器和战争的关系”，分“当前舆见”“政府公开信息”“对日本政府政策之影响”和“未来趋势”四个部分，详细分析了日本民间对核武器的情绪及其对日本政府的影响。报告充分认识到历史记忆、福龙丸事件等使日本民众对核武器和核战争有着天然的抵触，在日本政治话题中排序也比较靠前，体现在国家政策上就是极力避免卷入核战争，最好的方式就是“避免与核武器有任何瓜葛”，即便是双用武器。由于担心苏联的核报复，民众尤其反对美军将日本变为储存甚至部署核武器的基地。日本政府并不敢挑衅这种压力，1955年鸠山一郎首相收回了“如果为了和平需要可以接受核武器”的言论，1957年岸信介首相表态，决不允许在日本部署核武器。报告认为，日本在相当长的时间里不会接受引入核武器的做法，除非在某种非常紧急的事态下。[2]

5月8日，岸信介突然一改前面的说法，在国会作证时表示日本宪法并没有限制获得“防御目的”的核武器，以应对现代战争来“自卫”，虽然他承认并没有改变反对日本核武装和美国部署核武器的立场。[3] 尽管岸信介随后几天反复强调“防御性核武器”，此番谈话还是遭到了左翼的指责，说他随意解释宪法，目的是为访美做准备。[4] 在当年6月日本首相岸信介访美之前，参联会对可能谈到

1 Various Matters Relating to Japan, February 4, 1957, in RG59, General Records Relating to Atomic Matters, 1948-1962, Box 508, NARA.

2 The Relationship of Japan to Nuclear Weapons and Warfare April 12, 1957, in USDDO, Gale, 2019, CK2349408092.

3 Telegram from Tokyo to the Secretary of Defense, May 8, 1957, in RG59, Central Decimal File, 1955-1959, Box 2877, NARA.

4 Telegram from Tokyo to the Secretary of Defense, May 16, 1957, in RG59, Central Decimal File, 1955-1959, Box 2877, NARA.

的核武器部署问题做了准备，解密文件显示军方极力强调在日部署核武器的意义：只有核武器的保障，美军才能有效防卫日本，这是现代战争的特点。日本自身的利益也决定它希望获得更为先进的武器保护。[1] 军方要求驻日机构尽力排除民众的反感——他们开出的药方就是加强对“共产主义威胁”的宣传。

同期，参联会下设的联合战略规划委员会（Joint Strategic Plans Committee，JSPC）给参联会拟定的有关美日关系文件，从军事角度提出了对日政策的规划，指出随着日本实力的提升，美国应该更多地从平等互利的角度思考问题，包括从长远看，驻日美军将不断裁减和撤出。当前，在日本的军事部署应该能够遏制世界大战、防止地区性战争、迅速结束地区冲突并获胜，如果世界大战爆发，也能够成功完成初级阶段的任务。驻日美军同时还肩负捍卫日本安全的责任。文件再次强调了冲绳等群岛对亚太防务的重要性。[2] 月底，委员会向国防部长提出了裁减驻日美军的建议，两年内将驻军规模从 27 500 人减少到 11 500 人，同时进行部队的部署调整，“除了‘忠实约翰’火箭中队”，该中队暂时驻扎日本直至调防韩国。这个中队有 1100 人，“确保从地面向朝鲜半岛或远东其他地区发射核武器的能力”。[3]

日本民众对核武器的认识及态度是美国国防部、国务院关注的状况，更是宣传部门不断跟踪的问题。美国新闻署不仅负责对日本的宣传政策和行动，也要通过数据调查和分析反映日本国民如何看待驻日美军、基地和核武器。在行动协调委员会的支持下，新闻署

1　Talking Paper for Kish's Visit US Requirements for Availability of Nuclear Weapons in Japan, 1957, in USDDO, Gale, 2019, CK2349422008.

2　Future U. S. -Japanese Relations (U), June 7. 1957, in RG218, Geographic File, 1957, Box 11, NARA.

3　Reduction of U. S. Army Forces in Japan (U), July 3, 1957, in RG218, Geographic File, 1957, Box 11, NARA.

将对日宣传经费从3.1万美元提高至4万美元，制作广播节目、播放电影，秋天启动“和平利用原子能”巡回展。当年5月还举办了工业博览会。[1] 10月17日，新闻署的报告称：自哲拉德事件[2]后，日本人对驻军及基地的态度越来越负面。反对美军装备核武的声音更是占据主导，甚至一些知识分子认为美军已经这么做了，一旦发生战争日本必将卷入其中。通过对1 700多人抽样调查，四分之一的人认为或者“怀疑”美军装备了核武，而受过高等教育的人则达到将近一半（45%）。[3] 这无疑成为反美情绪的一个重要组成因素。

当年12月“关于海外军事基地”的“纳什报告”，对日本民众的反核情绪也有清醒认知，同时还透露日本政府在部署核武器问题上“态度灵活”，随着驻日美军的减员和移防，美国可以通过部署像奈基导弹这样的双用武器来应对日本民间和官方存在的“两重态度”，同时要不断强调小笠原群岛基地使用权对美军的重要性。[4] 次年3月，日本外相藤山爱一郎在日本国会接受质询，表示“按照《日美安全保障条约》，美国是有权在日本部署核武的，但相信美国政府不会这么做”。[5] 这些一方面指出在日部署核武器的难度，另一方面也说明了为何此后美国的部署均需秘密进行。

1957年8月，驻日美军司令部和国防部再次向国务院和驻日使

---

1 Outline Plan of Operations for Japan (NSC5516/1), February 26, 1957, in RG306, Office of Plans, Coordinator for NSC and OCB Affairs, Subject and Policy Paper Files, 1953-1961, Box 7, NARA.

2 关于哲拉德事件可参考孔晨旭：《哲拉德事件与驻日美军司法管辖权处理》，《世界历史》2015年第3期。

3 Report #14: Trends in Japanese Attitudes toward U. S. Troops, Bases, and the Role of Atomic Weapons, October 17, 1957, in RG306, Attitude and Opinion Reports Relating to Latin America and the Far East, 1955-1964, Container 1; Public Opinion Barometer Reports, 1955-1962, Box 1, NARA.

4 Report to President Eisenhower by Frank C. Nash entitled “United States Overseas Military Bases”, December, 1957, in USDDO, Gale, 2019, CK2349144180.

5 U. S. Treaty Rights to Bring Nuclear Weapons into Japan, March 29, 1958, in RG59, General Records Relating to Atomic Matters, 1948-1962, Box 508, NARA.

馆征求“部署核武”的意见，最后麦克阿瑟二世向前者重申，“美国必须竭力避免承诺（commitment）部署”，否则日本政府将来一定会拿“事先协商”来说事，进而危及美日关系和日本政治。[1] 1958年2月11日，因有媒体报道驻冲绳的美军飞机携带核弹头飞越日本国境，国会中的共产党议员再次要求岸信介政府做出解释，媒体也出现强烈的批评声音。岸首相随即表示，现有安全保障条约没有对此做出限制，日本政府将尽快修订安全保障条约与行政协定，以阻止核武装飞机进入日本领空。[2] 事后，驻日大使馆专门就国会对安全保障条约相关条款的解释进行了仔细研究和翻译，还是发现美国没有做出任何的承诺“不向日本引入核武器”，只有“美方完全理解日本对核武器的感受”这种表述。[3] 3月11日，美国空军携带核弹的战机在南加州居民区发生事故，虽未酿成大祸，但成为各路报纸的头条。日本媒体也抓住时机，借此强烈反对美国在日部署核武，呼吁政府尽快修订安全保障条约。[4] 可就在政府否认的同时，一些企业家通过关系见到访日的格兰特（Etheridge Grant）海军上将，希望通过他向美国高层传递信息，既然公开部署“忠实约翰”火箭或反潜导弹面临阻力较大，那么能否由日本的相关企业出面，或直接购买，或购买零部件和技术专利。这一信息很快就由驻日使馆报送国务院。[5]

1　COMUS Japan Message re Introduction of Nuclear Weapons into Japan, August 28, 1957, in RG59, Central Decimal File, 1955-1959, Box 2877, NARA.

2　Telegram from Tokyo to the Secretary of Defense, February 13, 1958; Telegram from Tokyo to the Secretary of Defense, February 14, 1958, in RG59, Central Decimal File, 1955-1959, Box 2878, NARA.

3　Telegram from Tokyo to the Secretary of Defense, March 3, 1958, in RG59, Central Decimal File, 1955-1959, Box 2878, NARA.

4　Accidents Involving Nuclear-Armed Planes Arouse Japanese Concern, April 15, in RG59, Central Decimal File, 1955-1959, Box 2878, NARA.

5　Memorandum of Conversation, March 11, 1958; Telegram from Tokyo to the Department of State, March 14, 1958, in RG59, Central Decimal File, 1955-1959, Box 3974, NARA.

日本处于国会选举关键时期，各政党都加紧对选民施加影响。5月15日，苏联外交部向外务省提交照会说，美国已经向日本部署了核武器，这无疑是对岸信介政府此前所做努力的否定。日本政府立即予以回击，指出苏联试图影响正在进行的选举，是干涉日本内政的行为。[1] 国际媒体的关注也引起其他国家的关注，澳大利亚驻美官员专门就此询问国务院东北亚事务科，然而美方官员当面否认，说美国没有“逼迫日本同意部署核武器”。[2] 6月底，日本共产党在国会提出核武器决议案，反对日本拥有核武器，反对装备核弹头以及类似武器引入日本。[3] 8月，一批从荷兰运来的、装备美军的地对空导弹准备在横滨入境，遭到了横滨港口工会组织的抵制，他们发起示威活动，不允许导弹卸载入库。[4]

由此看来，美国决策层是在1957年确定了在日部署核武器的政策。不过，军方绕过国务院的秘密行动远早于这些争论。根据笔者所见档案，参联会最早在1955年1月开始在日本部署“没有装备核弹”的准核武器，并请国务院告知驻日大使。[5] 而在冲绳部署核装备可追溯到当年2月，首次引入的是核炸弹，当年年底又引入

1 Soviet Note on Introduction of Nuclear Weapons into Japan, May 21, 1958, in RG59, Central Decimal File, 1955-1959, Box 2879, NARA.

2 Press Reports of United States Plans to Provide Nuclear Weapons to Japan, April 21, 1958, in RG59, Central Decimal File, 1955-1959, Box 3974, NARA.

3 Telegram from Tokyo to the Secretary of Defense, July 1, 1958, in RG59, Central Decimal File, 1955-1959, Box 3974, NARA. 与此同时，日共还提出了与中国改善关系的决议案。1959年2—3月，日共继续加强政治攻势，在国会提出“日本无核化”决议案，争论的焦点在于日本和平宪法第九条，“日本军队”和“驻日美军”在核武装上的区别。岸信介坚持认为，根据宪法日本政府无权控制驻日美军的装备。Telegram from Tokyo to the Secretary of Defense, February 7, 1959; From Amembassy Tokyo to the Secretary of State, March 20, 1959, in RG59, Central Decimal File, 1955-1959, Box 3974, NARA。

4 Labor Unions Prevent Offloading Missiles at Yokohama, August 20, 1958, in RG59, Central Decimal File, 1955-1959, Box 3974, NARA.

5 Assistant Secretary of Defense to Gerard Smith, February 14, 1955, in Special Assistant for Atomic Energy, Country and Subject Files Relating to Atomic Energy Matters, 1950-1962, Box 2, NARA.

了 280 毫米火炮。当年底就在富士山附近进行了“忠实约翰”火箭的发射试验。[1]

此外，1956 年 11 月的一份远东司令部“战地操作程序”附件也披露了冲绳核武器部署的状况，其中包括见泽、小牧、嘉手纳、楚边和板付等基地的情报。[2] 到艾森豪威尔政府末期，美国在西太平洋——冲绳、关岛、菲律宾、韩国和中国台湾——部署了总计大约 1 700 枚核武器。其中大约 24 枚在中国台湾、60 枚在菲律宾、225 枚在关岛、600 枚在韩国。而将近 800 枚在冲绳的嘉手纳空军基地，因为那里部署了空军的战略轰炸机。[3] 冲绳在美国整个西太平洋的战略地位可见一斑。20 世纪 60 年代初，美国向冲绳部署核武器的公开性问题还一度成为美日关系的一个话题。1961 年 11 月 4 日，日本外相小坂善太郎在箱根会见访日的美国国务卿腊斯克，其间提出鉴于民众及国会的压力，希望美国在冲绳的马斯导弹[4]尽量秘密部署，腊斯克表示将考虑这一点。小坂提出这一问题的背景是，日本国内对先进导弹特别是能够携带核弹的武器的反对情绪越来越重。12 月 28 日，国务院远东司根据驻日大使的建议向国务卿提交回应方案：对冲绳部署马斯导弹“少言为上”，不做事先的公

---

1 这次试验实际上是在富士山地区的第二次、日本境内的第三次试射。The Second Firing of “Honest John” Near Mount Fuji, December 21, 1955, December 30, 1955, in RG59, Central Decimal File, 1955-1959, Box 2879, NARA. 根据新闻署保存的档案，虽然具体部署时间不清楚，但部署信息却很详细：派驻冲绳的第 663 炮兵营装备了 6 门 280 毫米火炮；派驻日本本土的第 5 炮兵营装备了“忠实约翰”火箭。两支部队都由怀特（I. D. White）将军指挥，且能够装备和发射高能火炮和核弹。Movement of Weapons with Atomic Capability to Okinawa and Japan, August 4, 1955, in RG306, Office of Plans, Coordinator for NSC and OCB Affairs, Subject and Policy Paper Files, 1953-1961, Box 7, NARA.

2 U. S. Plan for Nuclear Weapons Operations in and Around Japan during the Cold War, http://www.nautilus.org/archives/library/security/foia/japanindex.html.

3 Robert S. Norris, William M. Arkin & William Burr, “Where They Were,” *The Bulletin of the Atomic Scientists*, November/December 1999, p. 30.

4 马斯导弹（Mace，武器编号 TM-76）是美国洛克希德·马丁公司以“屠牛士”导弹（武器编号 TM-61A）为基础加以改进和发展的一种中程地地巡航导弹。

开声明，一则向日本官方表明美日同盟的紧密关系，二则保证部署前的基础设施建设秘密进行。[1]

除冲绳外，硫磺岛和父岛也是美军核部署的重要据点。[2] 1951年，时任太平洋舰队司令的雷福德曾到父岛视察，看到岛上地库和洞穴满布，称之为“太平洋上的直布罗陀”。美国核战争策划者们认为，一旦战争爆发，日本本土和冲绳的核武器将首先被摧毁，在父岛和硫磺岛的部署可作为后备“报复力量”。20世纪50年代中期，艾森豪威尔政府在海外大规模部署核武器，这两个岛屿成为西太平洋首选。参联会档案显示，第一枚带有核弹头的武器在1956年2月，“未及告知国务院”的情形下运送到父岛储存。[3] 接着，核弹头源源不断地被运到岛上的兵库中。尽管美日双方一直否认在日本本土部署过核武器，但军方档案显示，美军曾在富士兵营驻扎有核攻击能力的“忠实约翰”火箭营。在1958年驻日美军防务调整时，该营被一分为二，一支调防韩国，一支转往冲绳。[4] 20世纪60年代，迫于日本政府屡次提出、不得不考虑返还琉球诸岛行政权

---

1 From FE-W. Averell Harriman to the Secretary: Publicity on Deployment of Modern Weapons into Okinawa, December 28, 1961, in RG59, Central Decimal File, 1960-1963, Box 1499, NARA; DNSA, ProQuest, 2019, JU00130, JU00135, JU00142.

2 根据1999年“部分解密”的国防部文件，学者们准确地猜出了美国海外核部署27个国家和地区中的25个，尽管有些被涂黑，但是尚有两个以字母“I”和“C”开头的地点难以确定，有人猜测“I”就是冰岛。当年10月26日，美国政府一改往常的“既不承认也不否认”的态度，公开说那个国家不是冰岛。一位社会语言学家丹尼尔·朗认为这个“C”字头的地区是Chichi Jima（父岛），一个在1945—1968年由美国占领的日本岛屿。Robert S. Norris, William M. Arkin & William Burr, “Where They Were: How Much Did Japan Know,” *The Bulletin of the Atomic Scientists*, January/February 2000, pp. 11-13。

3 Dispersal of Atomic Weapons in the Bonin and Volcano Islands, June 4, 1957, in U. S. Nuclear Weapons on Chichi Jima and Iwo Jima, NSA, EBB23, Document 3.

4 石井修、植村秀樹監修『アメリカ合衆国対日政策文書集成：アメリカ統合参謀本部資料，1953—1961』第3巻、東京：柏書房、2000年、100—108頁；第7巻、72—75頁、83頁。

时，美国十分担心这两个岛上的核武库受到牵连。[1] 譬如，1967 年 11 月，约翰逊政府与佐藤政府协商小笠原群岛返还的问题，军方就曾提醒国务院要考虑美军在这些岛屿上的核武库。此次双方谈判协议有一个附件，至今尚未解密。从后来一些可见的档案猜测，这份协议可能是 1960 年达成的核密约。[2]

美国在日本的核活动并不限于周边岛屿，携带有核武器的舰船飞机多次利用《美日安全保障条约》有关规定“过境”甚至“驻扎”美军基地，实际上既属于美日核密约的重要组成部分，也是美国在日核部署的重要形式。冷战期间，为了应对可能发生的美苏核大战，搭载了核武器的美国舰船在太平洋例行巡航。[3] 1960 年 1 月，美日利用安全保障条约修约之机第一次签署核密约，规定了美国核武器船只过境日本的方式，并确定了“事前协商”制度。[4] 事后，双方还就此多次交涉。1963 年 4 月 4 日，美国驻日大使赖肖尔（Edwin O. Reischauer）会见时任外相的大平正芳，就“引入”

1　Memorandum of conversation between Prime Minister Sato and Secretary of State Rusk, November 15, 1967, in U. S. Nuclear Weapons on Chichi Jima and Iwo Jima, NSA, EBB23, document 11.

2　Robert S. Norris, William M. Arkin & William Burr, “Where They Were: How Much Did Japan Know,” *The Bulletin of the Atomic Scientists*, January/February 2000, pp. 78–79.

3　另一与原子能有关但不属于核武器部署范畴的重要问题是，1964 年以后美国核动力潜艇和航母多次停靠日本军港。譬如，1968 年初，美军第七舰队“企业号”核动力航母拟停靠佐世保港，约翰逊总统对此有疑虑，特向白宫和国务院垂询。两机构给出的答复是，这一安排的短期目标是军事上的，是海军后勤补给的需要；而长期来看，在政治上可以使日本更多地参与美国的亚洲防务事务，同时也可作为美日安全合作的象征。国务院表示已同佐藤政府进行了磋商，包括选择的进出港时间、锚地，日本方面未对此提出异议。DOS Outlines Reasons for Sending the Nuclear-Powered Surface Ship the Enterprise on a Visit to Sasebo, Japan, January 24, 1968, in USDDO, Gale, 2019, CK2349046583; Walt Rostow Discusses Visits of U. S. Nuclear Ships to Japan, January 26, 1968, in USDDO, Gale, 2019, CK2349081054. 有关美日就核动力船只停靠日本港口的谈判，可参见臧扬勤：《同盟的深化——美日核潜艇靠港谈判（1963—1964）》，《冷战国际史研究》2013 年第 16 辑，世界知识出版社，2013，第 61—83 页。

4　Department of State Cable, Tokyo 2335, April 4, 1963, in Nuclear Noh Drama: Tokyo, Washington and the Case of the Missing Nuclear Agreements, NSA, EBB291, document 3. 有关第一次核密约达成过程，参见尹晓亮、文阡萧：《日本在无核三原则下的隐蔽诉求——基于日美核密约的解读》，《东北亚学刊》2015 年第 5 期，第 33—38 页。

（introduce）核武器的问题传递美方的意见。他从维护美日防务关系的高度，从对抗苏联压力的角度强调美军利用现有在日基地，停靠载有核武器的舰船进行“补给、休整”的重要意义。对于这种敏感问题，从文件透露出来的会谈过程中看得出赖肖尔是精心准备、极为谨慎（文件显示为单独会谈）地向日方提出。似乎出乎赖肖尔的意料，大平的反应是积极的：一方面说日美双方的信任对两国关系来说很重要，另一方面也领会了“引入”的含义，并以日文“持ち込む”（带入）与英文相对应。在会谈中，大平表示日本政府将对美国违反日本无核政策的行为“视而不见”。[1] 此后，“中途岛”号、“小鹰”号利用横须贺港时，美日双方对携带核武器进港达成了“默契”。比如，美军“太平洋司令部史”显示，考虑到与日本达成了“密约”，1972 年国务院建议海军“中途岛”号（舰载机可携带核弹）在进入横须贺母港时卸载核装备，太平洋司令部的回复是“操作上无可能性”。[2] “小鹰”号日志也表明，在 1979 年该航母访问横须贺港后驶入中国东海海域进行针对朝鲜的军事演习，其间使用了核导弹反潜与空袭演练，这表明“小鹰”号是装载了核弹靠港日本的。[3]

进入 20 世纪 60 年代，美日同盟不断朝着“对等”方向发展，特别是日本国内“安保斗争”的兴起，促使美国决策者考虑日本被托管领土的归属问题。“冲绳返还”最终推动华盛顿调整了在日核部署政策。

---

1 “Embassy of Japan to the Sectary of State,” April 4, 1963, access February 19, 2019, http://www.nautilus.org/archives/library/security/foia/japanindex.html.

2 “CINCPAC Command History for 1972,” access February 19, 2019, http://www.nautilus.org/archives/library/security/foia/japanindex.html.

3 “USS Kitty Hawk (CV-63) Western Pacific-Indian Ocean Deployment Report, 1979-1980,” access February 19, 2019, http://www.nautilus.org/archives/library/security/foia/japanindex.html.

第二节 冲绳问题的由来及战后美国对冲绳的政策

1941年12月，日本偷袭珍珠港，以微小的代价夺取了太平洋的制海权，也打开了潘多拉的盒子，美日交恶。冲绳岛是琉球群岛中最大的一个岛，对日本来说战略位置极其重要，它与硫磺岛共同组成了日本本土南面海域上的门户，素有日本"国门"之称。但是，处于西太平洋要冲的冲绳并非一开始就进入到美国决策高层的战略视野。1942年12月，罗斯福指示以李海将军（William Leahy）为首的参谋计划室（Joint Staff Planners）制定了JSC183号系列文件，对战后美国在太平洋地区的战略布局进行研究。在这份文件中，军方对战后全球的空军战略据点进行了分析，就太平洋地区而言，美国需要考虑的是夏威夷、马绍尔群岛、菲律宾和中国台湾等地，冲绳并未列入其中。[1]

但是随着战事的推进，特别是美军与日本在太平洋战场上的逐岛争夺改变了军方的认识。1943年11月，参谋长联席会议制定的JSC570/40文件重估了冲绳的战略地位，称它对于赢得战争胜利、战后控制日本、捍卫美国安全利益以及维护该地区的稳定是非常"关键的"。[2] 冲绳地处西太平洋的中枢要害，美军要实现对日本本土的进攻，对冲绳的控制是军事战略之必须。

1945年，太平洋战争接近尾声，日美两军的争夺也趋于白热

---

1 Robert D. Eldridge, *The Origin of the Bilateral Okinawa Problem: Okinawa in Postwar U. S. -Japan Relations, 1945–1952* (New York: Garland Publishing House, 2001), pp. 13–17.

2 Eldridge, *The Origin of the Bilateral Okinawa Problem: Okinawa in Postwar U. S. -Japan Relations, 1945–1952* (New York: Garland Publishing House, 2001), p. 19.

化。美军将冲绳战役命名为“冰山行动”，准备出动航空母舰 34 舰（总计舰载机 2 108 架）、战列舰 22 艘和其他作战舰艇 320 艘，参战舰船总数达到 1 457 艘。英国观察家称此役是“美国两栖兵力尚未担负过的最大胆、最复杂的计划”。1945 年 3 月 20 日，日本大本营发出训令：冲绳岛是“为了防守日本本土而进行决战的焦点”。为此，日军制定了代号为“菊水”的作战计划。一方面，组织一支庞大的“神风特攻队”，驾驶自杀飞机轮番攻击美国的舰队。日军预计出动多达 4 500 架海军和空军的自杀式飞机。另一方面，以战列舰“大和”号、巡洋舰“矢矧”号为首的 8 艘军舰作为辅助，在海上与美舰展开搏斗。在冲绳本岛，日本大本营将其精锐的第 32 军配置在冲绳岛，司令官是牛岛满中将。大战一触即发。

3 月 25 日，美军发起了冲绳战役。18 万地面部队加上海军部队和后勤补给部队，总兵力达到了 54 万。而日本守备部队只有 10 万。战事进行得异常惨烈。在读谷村和庆良间，发生了“为天皇效忠”“不投降于鬼畜英美”的集体自杀事件。4 月 4 日，美军陆战第 1 师和陆战第 6 师攻占中部地区、将日军分割为南北两部分后，美军就兵分两路。海军陆战队第 24 军向东北和北部推进，陆军第 3 军向南部推进。驻守冲绳的日本陆军中将牛岛满不顾日军大本营的命令，采取固守的战术方针，将主要的兵力用于工事防御，丧失了对美军进行反攻的机会。5 月 4 日，牛岛一反其一直以来所坚持的坚守防御方针，发动了孤注一掷的总反攻。由于得不到海空军的有力支援，日军登陆部队遭到驱逐舰和地面炮火的轰击，还未上岸就被消灭了。日军的正面主攻部队一离开坚固隐蔽的防御工事，立即遭到美军优势炮火的集中轰击，不到 24 小时，日军的反攻就被粉碎了。在海上的战斗同样是激烈的。海军上将尼米兹（Chester Nimitz）在战后回忆道：“战斗并非是两支军队的大规模角逐，而是一系列看似没有止境的小范围厮杀。”5 月 19 日，牛岛在第 89 号山洞坑道里向东京发出了最后的诀别电，然后指示部下做最后的决死进攻。22 日凌晨，牛岛剖腹自杀，冲绳战役结束。

在战争最后阶段和战后初期，冲绳问题在美国的政策设计中，实际上处于美国太平洋军事部署和对日政策的交叉点。前者更多地体现于军方对全球，特别是太平洋地区战略基地的评估与选择上，而后者则主要涉及国务院对日本乃至亚洲政策的考量。

1945 年 9 月，国务院向参联会提供的一份“战后美国基地区域与建设规划”文件中，将琉球群岛列入美国必须控制的太平洋地区“二类基地区域”。这当即引起了参联会的反对，文件最终将其地位提高为“一类基地区域”。1946 年 6 月出台的 SWNSCC59/1 实际上表明了国务院对冲绳的态度：琉球群岛应视为日本所属岛屿，归还后予以非军事化。[1] 1946 年 10 月，参联会向杜鲁门提交了一份关于琉球群岛战略价值的文件，指出冲绳是扼制西太平洋的咽喉要道，特别是能延伸空军的活动范围，因而建议美国政府有效控制该地。[2]

当然，随着美苏冷战对峙的气氛日渐加剧，国务院与军方的意见也在相互靠拢。1947 年春，法利（Robert Farley）作为日本问题专家提交了两份备忘录，要求国务院对琉球群岛的重要性予以重审。1948 年 2 月，凯南访日时，麦克阿瑟提出了“U”形防御线，并说如果美国得到冲绳，既可以保护日本，又可以遏制日本。[3] 当年晚些时候，中央情报局（以下简称“中情局”）向白宫提供的一份情报“琉球群岛及其重要性”也指出，控制冲绳对于美国战略

1　Robert D. Eldridge, *The Origin of the Bilateral Okinawa Problem: Okinawa in Postwar U. S. -Japan Relations, 1945-1952* (NY: Garland Publishing House, 2001), p. 54.

2　孔晨旭：《冷战时期驻日美军与美日同盟研究（1945—1972）》，博士学位论文，华东师范大学，2006，第 13—14 页。

3　Report by the Director of the Policy Planning Staff (Kennan), Annex [II], March 25, 1948, in *FRUS*, 1948, Vol. Ⅵ, pp. 691-719.

利益来说是一箭双雕：冲绳是建立军事基地的绝好选择，同时占领它还可以阻止日本军国主义的复兴。[1] 1948 年 10 月，根据凯南访日报告制定的 NSC13/2 号对日政策文件，特别强调要“从长远考虑上”获得对冲绳军事基地等设施的所有权。[2]

1950 年朝鲜战争的爆发无疑检验了冲绳在美国西太平洋战略布局中的地位：位于冲绳的嘉手纳空军基地成了 B-29 轰炸机的起降地，朝鲜半岛的若干军事设施因而遭到美国空军的打击。鉴于冲绳的作用，1951 年参联会考虑在朝战中使用核武器时曾建议将核武库建在冲绳。[3]

战后美国对冲绳的认知决定了它势必将努力争取对这个西太平洋咽喉的控制权。无论是在白宫决策者还是在驻日官员的眼中，冲绳都应视为美国的势力范围。正如麦克阿瑟所说，冲绳对日本不会有经济贡献，冲绳人不应为日本人，日本国民并不期待“冲绳返还”；对于美国来说，冲绳却拥有着战略上的必要性。而事实上，日本人从战争结束之日起，一直怀有对冲绳回归的渴望。

当然，战后日本政府也是很务实的，并不奢望联合国完全奉还主权。最初，日本希望能获得对冲绳当地居民的行政权，把处置基地的权利交给联合国，或者说是把土地租借给联合国。在这种处理办法中，冲绳基地主权与行政权是分离的。吉田茂以领土问题为中心的新闻发言曾说道：冲绳对于日本经济虽不重要，但从感情上，日本国民是希望将其归还给日本，外务省一直打算要确保冲绳群岛的归还。但是随着东西方冷战的深化，日本政府越发认识到，只依

1 Nicholas Evan Sarantakes, *The American Occupation of Okinawa and U. S-Japanese Relations* (College Station: Texas A&M University Press, 2000), p. 44.

2 Paul Kesaris (ed.), *Documents of the National Security Council, 1947-1977* (Microfilm: University Publications of America, 1980), Reel 1.

3 Nicholas Evan Sarantakes, *The American Occupation of Okinawa and U. S-Japanese Relations* (College Station: Texas A&M University Press, 2000), p. 67.

附于联合国的安全保障构想显然是不现实的。外务省重新研究出台的安全保障备忘录指出：美国要确保日本安全，日本向美国提供基地。据此，天皇的顾问寺崎英成拜访盟军司令部，以《天皇备忘录》形式转述了天皇的意向和要求："天皇希望美国继续对包括冲绳在内的群岛进行军事占领。天皇认为这样的占领对美国有利，亦能保卫日本。"[1]

在筹备对日和约相关文件时，冲绳所属问题也是美日争夺的焦点之一。外务省关于对日和约的研究项目多达30多项。日本政府希望这些努力能对签订和约起到作用，尤其希望在处理冲绳的问题上能有所影响。但事实上，条约的最终文本是有利于美国的。对日和约在国际法的层面确立了美国对北纬29度以南地区实施"国际托管"的权利。和约第三款规定，"美国将有权对此等岛屿之领土及其居民，包括其领海，行使一切及任何行政、立法与司法权力"。[2] 同年，美日安全保障条约签署。其中，第一条第二句"远东条款"界定了驻日美军的责任：不仅可在日本政府要求下镇压国内的动乱，还可以负责维护远东地区的安全。这样，驻日美军在功能上不限于日本安全防卫，而更多的是指向苏联和中国。美日安全保障条约与对日和约一起构成了战后美国长期驻军冲绳的法律基础。协定签署后，驻日美军分批进驻冲绳及本土的军事基地。

1　刘少东：《政府在最初处理冲绳问题上的努力》，《历史教学》2009年第6期，第44—47页。

2　《国际条约集（1950—1952）》，世界知识出版社，1959，第333—350页。

第三节 “冲绳返还”与美国在日本及琉球核部署的调整

处于琉球群岛中心的冲绳是美国在西太平洋的重要战略棋子。早在1946年10月，参联会曾向杜鲁门提交过一份关于琉球群岛战略价值的文件，指出冲绳是扼制西太平洋咽喉的核心区域，能延伸美国空军的活动范围，因而建议政府有效控制该地。[1] 1948年底，中情局向白宫提供的一份情报“琉球群岛及其重要性”也指出，冲绳对于美国战略利益来说是一箭双雕：该岛是美国建立军事基地的绝好选择，同时占领冲绳还可以阻止日本军国主义的复兴。[2]

美日同盟正式缔结后，更多美军兵种陆续进驻冲绳基地。陆军虽是第一批驻扎冲绳的，但主要以后勤和物资补给部队为主；1951年底，空军嘉手纳基地已经完成了重建计划，空军成为冲绳的主导兵种；直到1956年，根据美日双方约定，海军陆战队第三师才进入冲绳。其间，核武器也被引入冲绳的美军基地。这一切都增加了冲绳在美国远东地区战略布局的重要性。

美日关系中的冲绳问题往往被视为高层政治的议题，而忽视了日本民众及“返还”运动所扮演的角色。[3] 1953年底，美日签署了《美日关于奄美群岛的行政协定》，将奄美地区的行政权“返还”给日本政府。奄美“返还”成为其他被托管岛屿要求同等待遇的推

---

1 孔晨旭：《冷战时期驻日美军与美日同盟研究（1945—1972）》，博士学位论文，华东师范大学，2006，第13—14页。

2 Nicholas Evan Sarantakes, *The American Occupation of Okinawa and U. S-Japanese Relations* (College Station: Texas A&M University Press, 2000), p. 44.

3 Christopher Aldous, "Achieving Reversion: Protest and Authority in Okinawa, 1952-70," *Modern Asian Studies* 37, no. 2 (2003): 485-502.

动力，冲绳地区的基地“返还运动”蓬勃发展起来。

冲绳自1951年以来曾掀起过“返还”运动的浪潮，到了20世纪五六十年代，本土对冲绳问题的认识也开始渐渐深化，“冲绳返还”运动也越来越壮大。1955年10月，美国众议院军事委员会派遣以普莱斯为主席的特别调查团来到冲绳。所谓“普莱斯报告”便是该调查团向国会提出的报告书。报告强调冲绳基地作为处理亚洲地区战争的战略棋子和亲美政权倒台后的据点具有十分重要的意义，美军统治方式基本上是正确的。“普莱斯报告”在全岛掀起了一股民众运动的巨大浪潮。[1] 1957年发生的“相马原事件”也在冲绳和日本本土引起了大规模的游行示威活动。此后，以反美、回归为主题的罢工、集会活动从未间断。1968年2月5日起，美军B-52轰炸机开始从关岛常驻嘉手纳，从那里起飞进攻越南。冲绳人民再次掀起了要求撤走B-52轰炸机的斗争浪潮。

在日本高层，这一时期的自民党政府都十分重视琉球等岛屿的主权“返还”问题。1955年，日本外相重光葵向美国提出了关于“归还”琉球群岛和小笠原群岛的建议。1956年，鸠山一郎首相在访美时又向杜勒斯提出了小笠原前岛民返回的要求。1957年，岸信介再向美方提到上述问题。1961年6月，池田勇人访美期间向肯尼迪总统提出了在国定假期和新年允许在琉球群岛悬挂日本国旗的要求。1965年8月，战后第一个访问冲绳的首相佐藤荣更是表达了收回冲绳行政权的强烈愿望：“不实现冲绳回归祖国，对日本来说战争就不能算结束。”

面对日本国内反美情绪的不断增长，美国决策高层需要重新审视美日同盟关系。1962年6月，肯尼迪总统一改艾森豪威尔时期避而不谈“冲绳返还”的基调，承认日本对冲绳及小笠原群岛拥有

---

1 新崎盛晖：《现代日本与冲绳》，《开放时代》2009年第3期，第24—51页。

“潜在主权”，在“自由世界安全允许的情况下”“归还冲绳”。至约翰逊政府时，越战已由“特种战争”升级至“局部战争”，冲绳成为越战物资中转和后勤补给基地。冲绳重要性的提升促使约翰逊进一步向日本政府妥协，以维护美日同盟体制的稳定。美国不得不在维护美日同盟与保留冲绳基地行政权之间摇摆。军方反对“返还”，主要考虑美国在亚太地区的军事存在不能削弱。1967 年 7 月参联会给国防部长麦克纳马拉的备忘录认为：“冲绳返还将削弱美国在远东地区的战略态势和军事地位……在共产主义推进东南亚的情况下，讨论返还的时机尚不成熟。”[1] 但是国务院从政治的角度出发，认为冲绳“返还”已是不可逆转之事。一位国务院官员在访日之后报告，美国已经到了必须“返还”的地步，日本和冲绳的舆论都在敦促这件事，它不仅关系到美日同盟的健康程度，还涉及佐藤首相的声誉或者说日本政府的稳定。[2]

在整个 20 世纪 60 年代，“冲绳返还”一直是美日之间反复纠缠的问题。美国不得不在维护美日同盟与保留冲绳基地行政权之间摇摆。在双方就“冲绳返还”的交涉中，随着其他问题如行政权、驻军地位和财政补偿的解决，如何处理部署在那里的核武器就成为最终的瓶颈。1969 年初，理查德·尼克松正式就职，为美日关系的推进特别是冲绳问题的解决提供了机遇。考虑到“冲绳返还”不可避免，同时又要顾及日本政府的无核原则，[3] 新政府开始寻求新办法来解决冲绳核武器这个棘手问题：尽量争取紧急事态下在冲绳再

---

1 Memorandum JCSM-406-67, JCS Chairman Wheeler to Secretary of Defense McNamara, July 20, 1967, in Revelations in Newly Released Documents about U. S. Nuclear Weapons and Okinawa Fuel NHK Documentary, NSA, document 9.

2 Memorandum, Sneider to Bundy, December 24, 1968, in Revelations in Newly Released Documents about U. S. Nuclear Weapons and Okinawa Fuel NHK Documentary, NSA, document 12.

3 1967 年 12 月，佐藤荣作在国会发表了“无核三原则”的演说，即不制造、不拥有、不运进核武器。

次部署核武器的权利。[1]

事实上，“紧急事态下再次部署”的想法是由日本政府最先提出的。早在1967年佐藤荣作首相访美之前，日本大使就会见约翰逊政府国家安全顾问邦迪（McGeorge Bundy），说明日方希望早日解决冲绳问题，并提出东京正在研究一种方案：在安全保障条约之外做出安排，即经双方事先协商后，美国可自由使用冲绳的军事基地，包括引入核武器。[2] 对于日本的建议，邦迪以“美方需加以研究”为由暂时搁置，但是这个方案无疑给美方留下了深刻的印象。

1969年1月，尼克松政府制定了涉及“冲绳返还”谈判的“第5号国家安全研究备忘录”（NSSM5），该文件是尼克松政府对日政策的第一份重要文件，第一、第二部分涉及美日关系、安全保障条约和基地，第三部分就是“冲绳返还”问题。“冲绳返还”又分为三部分内容：“返还”时机、核武器储存和常规力量部署。认为冲绳有着美国在西太平洋最重要的军事基地系统，从而能够在这里储存核武器，并从这些基地向各处派遣军队。在冲绳的核武器，“不仅给美国未来部署双用武器，而且给军方和行政部门提供了更多的选择”，还对太平洋司令部的军事行动提供了支持。对此，参联会认为“冲绳返还”会降低美国的反应能力，增加核战反应时间，这样会误导亚洲共产主义国家，增加未来美国卷入战争的风险，将核战限制在地区级别的难度增加，因为美国将不得不更多地

1　国外就这一问题展开研究的代表作品有：Hans M. Kristensen, “Japan under the Nuclear Umbrella: U. S. Nuclear Weapons and Nuclear War Planning in Japan during the Cold War,” A Working Paper to The Nautilus Institute, 1999; Robert S. Norris, William M. Arkin & William Burr, “Where They Were: How Much Did Japan Know,” *The Bulletin of the Atomic Scientists* 56, no. 1 (2000): 11-57; Yukinori Komine, “Okinawa Confidential, 1969: Exploring the Linkage between the Nuclear Issue and the Base Issue,” *Diplomatic History* 37, no. 4 (2013): 807-840。

2　Memorandum of Conversation, William Bundy/Japanese Ambassador Shimoda, July 10, 1967, in Revelations in Newly Released Documents about U. S. Nuclear Weapons and Okinawa Fuel NHK Documentary, NSA, document 8.

依赖战略核武器。国务院的意见是，尽管“冲绳返还”会削弱美国在西太平洋地区的威慑力，特别是当与中国发生武装冲突的最初阶段，但是美国在其他地区如韩国以及第七舰队等部署会弥补这一缺陷。最后，文件提出三个选择：一是保持现状；二是暂时保留核武器自由行动权；三是紧急事态下引入核武器的权利。其中“紧急事态”系指朝鲜半岛或台海有事。[1]

当年4月底，国安会讨论对日政策，其中一个重要议题就是“冲绳返还”及其连带问题。会前准备的备忘录认为，接下来的几年将是考验美日关系的关键时期，主要涉及两个问题：冲绳未来地位和美日安全保障条约在20世纪70年代以后的命运。文件建议不仅要加以考虑，还要思考美日关系的“根本性质”及其他相关问题。其中，“冲绳返还”谈判中，又以核武器的部署为处理难点。“受返还影响的诸项军事权利当中，最重要者数核武器储存、自由进行核行动以及调遣常规战斗行动的权利……这其中，核武器问题最可能受到日本政府抵制。”日本政府不会同意在返还后核武器仍部署在冲绳，即使同意了，也难以获得国会和民众的支持。军方坚持部署权，因为撤出无疑会削弱美国在亚太的核威慑力。作为应对方案，文件按照实现难度顺序提出了六个选择，其中第三个就是“紧急事态下引入核武器”。[2]

---

1 NSSM 5-Japan, Table of Contents and Part Ⅲ: Okinawa Reversion (Secret), January 21, 1969, in Revelations in Newly Released Documents about U. S. Nuclear Weapons and Okinawa Fuel NHK Documentary, NSA, document 3. 据若泉敬回忆，尽管美方已做好“返还”的准备，但依然“十分不情愿”，理由有三：冲绳的核武器对北朝鲜南侵是一个威慑，这会使苏联和中国对北朝鲜严加控制；撤出会给北朝鲜和中国造成错觉，误认为美国正在亚洲和西太平洋撤退；五角大楼希望保留更多的装备选择。参见 Wakaizumi Kei, *The Best Course Available: A Personal Account of the Secret U. S. -Japan Okinawa Reversion Negotiation* (Honolulu: University of Hawaii Press, 2002), p. 46。

2 Memorandum of Ambassador Brown to Secretary Rogers; Memorandum, Davis to Office of the Vice President, etc. , April 29, 1969, in Revelations in Newly Released Documents about U. S. Nuclear Weapons and Okinawa Fuel NHK Documentary, NSA, document 1.

5 月，国安会又根据上述文件起草了“第 13 号国家安全决议备忘录”（NSDM13），对美日冲绳问题谈判做出估计和准备。文件做出的最坏打算是：如果形势所迫，在谈判的最后阶段美国可以同意撤出核武器，但要“保留紧急事态下的部署权和过境权”，同时日方需满足其他方面的要求。[1] 这份文件与 NSSM5 构成了美国同日本就冲绳问题谈判的基本依据。但这一决定该如何规避日本的“无核三原则”是华盛顿需要解决的问题。正像国务院官员提醒尼克松的那样，“需考虑以何种形式和如何将这种协议公布于众”。对于过境权，美国也要思考如何使这种权利得到掩饰。[2] 既不能公开，又要达成一个具有法律效力的协议，密约的形式就成了一种选择。

日本政府也是有备而来。据亲历“冲绳返还”谈判的佐藤特使若泉敬回忆，他曾在谈判前得到爱知外相的指示，规定了日方的谈判原则：（1）冲绳按照与日本其他领土的性质“返还”，且实现无核化；（2）积极利用已有且合适的谈判成果；（3）可以接受在紧急事态下在冲绳再次部署核武器；（4）尽量避免达成秘密协议。[3] 对比双方的谈判指针可见，美日两国的关键分歧是在协议形式上。

1969 年 11 月 17 日，佐藤首相访美，美日双方就“冲绳返还”等问题进行会商。其中，19 日的谈判最为重要。尼克松认为关键是在冲绳、日本和美国受到威胁时做出安排以应对紧急事态，或者说应遵循什么样的程序来实现在紧急事态下使用冲绳。他认为，一旦“返还”，冲绳将具备完全主权，他想要向参议院和陆军委员会交代

1　NSDM 13: Policy toward Japan, May 28, 1969, in Revelations in Newly Released Documents about U. S. Nuclear Weapons and Okinawa Fuel NHK Documentary, NSA, document 4. 这个“其他方面的要求”就是指日本对美国进行财政补偿。参见崔丕：《〈美日返还冲绳协定〉形成史论》，《历史研究》2008 年第 2 期，第 164—181 页。

2　Memorandum, Winthrop Brown to U. Alexis Johnson, October 28, 1969, in Nuclear Noh Drama: Tokyo, Washington and the Case of the Missing Nuclear Agreements, NSA, EBB291, document 6.

3　Wakaizumi Kei, *The Best Course Available: A Personal Account of the Secret U. S. -Japan Okinawa Reversion Negotiation* (Honolulu: University of Hawaii Press, 2002) , p. 98.

“如何在紧急事态下行事”。现代战争需要在两三天甚至两三个小时内做出决定，所以他想知道在访问后联合声明中如何处理这一问题。

佐藤表示他注意到总统将“返还”后的冲绳视为“母国地位”，日本政府无意修改安全保障条约的条款。他也注意到冲绳扮演了一个重要的军事角色，日本政府承认这一点。对于“重要的紧急事态”，日本政府也很为难，不希望在“冲绳返还”日本后令美国因此而尴尬。尼克松说联合声明的措辞最为重要，尽管他们双方对此相互理解，但是要考虑两国国民如何看待和解读声明。佐藤认为唯一自然的做法是，日本国民相信在冲绳有核武器，然后日本方面公开要求美国撤出。

双方谈到了“事前协商”这个问题，关键是双方如何反应、如何运作。佐藤说，美国坚持认为“冲绳返还”削弱了其军事能力，但日本不这么看。他建议华盛顿与东京之间开通热线，而且热线沟通不限于军事问题。尼克松表示同意（接下来二人进入尼克松的私人办公室，没有翻译随从）。[1] 在双方的共同声明中，美国充分对日本国民的反核情绪予以理解，而日方则表示将尊重和按照美国提出的协商方式进行。[2] 因密约为尼克松和佐藤二人单独密谈达成，所以在很长时间内无人知晓。

---

1 关于如何撤出冲绳核武器问题，佐藤建议按照民间相信在冲绳有核武器这一逻辑，美国公开声明撤出。而“事前协商”则可以通过开通首脑热线来实现。Memorandum of Conversation, Nixon/Sato, November 19, 1969, in Nuclear Noh Drama: Tokyo, Washington and the Case of the Missing Nuclear Agreements, NSA, EBB291, document 5。

2 「昭和44年11月24日付け東郷アメリカ局長作成のメモ：共同声明第8項に関する経緯」、『いわゆる“密約”問題に関する調査報告対象文書・1972年の沖縄返還時の有事の際の核持込みに関する“密約”問題関連』、3—3、http://www.mofa.go.jp/mofaj/gaiko/mitsuyaku.html。

美日第二次核武器密约[1]的达成为“冲绳返还”乃至美日同盟关系扫除了重要障碍，也保障了双方的利益。对美国来说，军方一直坚持的“远东军事力量不能削弱”获得了隐性保证，冲绳依旧是其远东核战略布局中的核心棋子。而日本政局也顺利通过国内舆论压力的考验——佐藤政府一直执政到1972年，成为日本历史上延续时间最长的自民党内阁。

日本前外务大臣冈田克也在美日核密约调查结果公布之日曾言：“遗憾的是，这些事实（核密约）这么长时间没有向公众公开……这是历代首相和外相等领导人的责任。”不过，当时的那场密约之争远比责任的推定更为复杂。鸠山内阁翻出这些陈年旧账，所针对的并非仅仅是签署密约这种外交行为，更是历任自民党政府“掩盖”甚至“矢口否认”而使民众“不知情”的做法，这是有违“民主”原则的。本质上，民主党政府试图借此批评自民党的“大党做派”，最终在民众当中搅起一股反自民党潮流。

从美国方面来看，华盛顿一直采取“既不承认也不否认”的政策，主要有三个方面的原因。(1）日本作为唯一受核武器袭击过的国家，其民众中有一种“恐核”的记忆，并由此生成了声势浩大、经久不绝的反核运动，对历届日本政府施加了一定的压力。(2）而日本政府，在国际政治层面不希望受到核大国的攻击而使日本成为核战场；在国内层面又需要顾及公众舆论和反对党的压力。“无核三原则”的出台正是这两个方面共同作用的结果。(3）上述因素通过“美日同盟体制”间接影响了美国的对日核政策：华盛顿考虑到公开在日本的核部署会毁掉一手扶植起来的自民党政权。为维护

1　关于密约达成的过程，崔丕教授充分利用美日两国解密档案，详细复原了尼克松与佐藤荣作之间进行的“秘密外交”，尤其关注到若泉敬和基辛格两人在其中的作用，是国内仅见的最为权威的研究成果。参见崔丕：《美日返还冲绳施政权谈判中的核密约问题考》，《上海交通大学学报（哲学社会科学版）》2014年第4期，第45—61页。

美日同盟的稳定，或者说作为一种妥协，秘密外交成为现实之选。诚如美国著名“知日派”学者、哈佛大学约瑟夫·奈（Joseph Nye, Jr.）教授所说：“民主主义体制下就政策自由地交换意见是理想的，但外交有时需要保密。密约问题与正在进行中的政治课题不同，是可供历史学家自由书写的好题材。”

随着两国政府档案的陆续解密，美国在亚太地区以“日本—琉球群岛”为中心的核部署面貌日渐清晰。在此之前，这种认识因“冲绳返还”并被排除出美国的核战略规划而发生断裂。美日之间两度签署核武器密约表明，美国在亚太的核部署依旧是围绕“韩国—冲绳—中国台湾—菲律宾”岛链展开布局的，冲绳仍然处于这个链条的中心。只不过由于冲绳的返还，美国在日本及琉球的核部署由“显性”调整为“隐性”罢了。

总之，冷战时期美国在亚太的核部署及活动再一次击破了日本“无核三原则”的神话。“毫无疑问，日本政府认为他们向华盛顿所做出的妥协，[1] 在最黑暗的那些冷战岁月里，对日本的安全是必要的。但无论如何，‘无核的日本’只是一种论调，而非事实。”[2]

1　表面上看，日本政府似乎在核部署问题上是“受压制”的一方，其实不然。美国在日部署核武器，与日本政界（非民间）长期存在的“拥核冲动”有很大的关系。在美日同盟的框架之下，日本政治家多次向美国表达拥有核武器“以获得安全”的愿望，甚至在卡特时期，美国不得不追踪和遏制日本进行核开发的行为。1957 年 8 月 2 日，国务院的情报分析显示，尽管民间反核情绪很重，但是保守的日本政界人士似乎对核武器有不同的看法，而且日本也具备这样的工业能力，如不予制止，东京可能会在 1967 年具备制造核武器的能力。1965 年 1 月佐藤访美期间，曾向约翰逊提出“日本没有核武器和日本安全”的忧虑，后者不得不表示“（在安全上）美国会尽力帮助，但不希望看到核扩散的结果”。The Outlook for Nuclear Weapons Production in Japan, August 2, 1957, in USDDO, Gale, 2019, CK2349408114; Memo between President Johnson, Japan's Prime Minister Sato, January 13, 1965, in USDDO, Gale, 2019, CK2349108998.

2　Robert S. Norris, William M. Arkin & William Burr, Where They Were: How Much Did Japan Know, *The Bulletin of the Atomic Scientists*, January/February 2000, pp. 11-13; 78-79.

第四章
美台同盟与美国在中国台湾地区的核部署

冷战时期的美台关系，在国内、国际学术界一直是个热门话题。究其原因，一则台湾问题是中美关系研究中最重要的议题，二则随着中国台湾地区“国史馆”、“中央研究院”、近代史研究所（近史所）和“外交部”档案的日益公开，包括蒋介石日记等重要文献的重现，为美台关系再研究提供了新的史料，也使学者们进行多维观察有了可能。但是，核武器在台湾的存在，却一直是美、台政界和学者们讳莫如深的话题。[1] 这其实包含了两个方面：一方面，美台共同防御条约签订之后，特别是在艾森豪威尔时期，美国是否像在其他地区（如韩国、日本、联邦德国等国家）一样在极为敏感

1　自 20 世纪 90 年代以来，海峡两岸和香港的媒体就比较关注中国台湾地区是否存有过核武器问题。对于台湾的核开发，最近几年的代表性报道包括《台湾核武器发展内幕》，《广角镜》2004 年 11 月 16 日；《台湾核武之路探秘》，《海峡评论》2008 年 1 月号；《以色列“核弹之父”助蒋介石发展核武内幕》，《亚洲周刊》2010 年 4 月 18 日；《台湾核武梦碎始末》，《先驱报》2011 年 10 月 25 日。除此之外，随着美国国防部档案的解密，一些媒体也报道了美军在台部署核武的消息，如《南台湾的核武器基地——冷战时期美军在台核武器部署揭秘》，《航空世界》2014 年第 4 期；《美军曾在台南机场部署核武》，《晚报文萃》2011 年第 5 期。但这些报道多是捕风捉影式的新闻，甚至对历史的真实性有所怀疑。

的台海地区部署过核武器？[1] 另一方面，在 1964 年大陆成功进行了核试验之后，台湾对此如何反应，是否进行过自主的核开发？[2] 这两个问题看似彼此分离，实则一体两面。

第一节　美台军事同盟关系的确立和矛盾

二战后期及至整个 20 世纪 50 年代，台湾在美国亚太战略位置究竟如何，美国以何种军事手段实现对台湾的“防卫”并实现其战略意图？解答这些问题是为观察 20 世纪 50 年代后期美国在台部署核武做必要的背景铺陈。

1　这方面，最新的研究包括梁志：《一段隐秘的历史：美国在台湾的核部署（1957—1960）》，《中共党史研究》2017 年第 11 期。

2　乔治·华盛顿大学美国国家安全档案在 2007 年解密了“20 世纪 70 年代美国反对台湾发展核武器”专题档案 63 件。参见 http://www.gwu.edu/~nsarchiv/nukevault/ebb221/index.htm。1999 年，该项目曾经解密过一批档案“台湾‘核野心’新证据（1966—1976）”，参见 http://www.gwu.edu/~nsarchiv/NSAEBB/NSAEBB20/，以这批档案为基本史料的成果有刘洪丰：《60 年代以来台湾核武器研制与美国对台政策》，《青岛师范学院学报》2002 年第 3 期；詹欣：《试析美国对台湾研制核武器的对策》，《冷战国际史研究》第 3 辑，世界知识出版社 2006 年；詹欣：《约束与局限：试述台湾核武器计划与美国的对策》，《台湾研究集刊》2014 年第 3 期。与前一批档案相比，2007 年新解密的文件集中于从中美缓和到建交的 20 世纪 70 年代，为从三方关系调整变化的视角观察这一问题提供了依据。2019 年 1 月，国家安全档案根据戴维·奥尔布莱特和安德拉·斯特里克两位学者新出的《台湾过往的核武计划》一书 [David Albright and Andrea Stricker, *Taiwan's Former Nuclear Weapons Program: Nuclear Weapons* (Washington, D. C.: Institute for Science and International Security Press, 2018)] 又进行了档案的增补，构成“台湾的核武器”共 38 件，参见 https://nsarchive.gwu.edu/briefing-book/nuclear-vault/2019-01-10/taiwans-bomb。应该说，这一课题的文献材料还相当有限，目前可见除了美国方面解密的部分档案，台湾方面所涉仅限于吴大猷、沈剑虹、郝柏村等人的回忆。另外值得关注的是台湾籍学者在此问题上的研究，例如，斯坦福大学胡佛研究所林孝庭 2012 年发表的《“中华民国”核武研发之探讨（1961—1980）》，利用美国国家档案馆、乔治·华盛顿大学美国国家安全档案以及斯坦福大学胡佛研究所的档案，特别是对蒋介石日记的使用，而不仅仅从美方文献分析台湾高层的反应与措施，不过作者认为叙事仍然偏重于美国视角。随着 2013 年卡特时期美国对华关系文件集和 2015 年《蒋中正先生年谱长编》的公开，研究者则可以从整个 20 世纪 70 年代美台关系变动的背景下探讨这一课题。

战后初期的美台关系，并不是以 1949 年为界，而是以 1950 年朝鲜战争爆发为分界线。1943 年，开罗会议召开。中美英三国当年 12 月发表的《开罗宣言》，实际上对台湾问题已经做了国际法意义上的确认：中、美、英三国对日作战的目的在于制止和惩罚日本的侵略；“剥夺日本从第一次世界大战爆发后，在太平洋上夺得或占领的一切岛屿”，使日本强占的中国领土，例如东北地区、台湾和澎湖群岛等“归还中国”。1945 年 7 月，美、英、中三国首脑和外长在柏林西南波茨坦举行会议，会后签署并发表了《波茨坦公告》，其中第八条即为“开罗宣言之条件必将实施，而日本之主权必将限于本州、北海道、九州、四国及吾人所决定其他小岛之内”。以《开罗宣言》和《波茨坦公告》为依据，国民政府于 1945 年 9 月 4 日宣告：中国按照相关国际协议，接收治理台湾和澎湖列岛。10 月 25 日，国民政府派军政人员到台湾接受日军投降。

然而，随着中国内战局势的变化，特别是 1948 年秋天，国民党在大陆的统治行将就木。对于即将取代国民党的中国共产党，美国国务院在其属性，特别是与苏联关系的判定上不甚清晰，不免有一番观察和争论。当年 10 月出台的国安会第 34 号文件则建议对华采取“观察”策略，认为在国民党处于内战失败边缘的时刻，继续通过军事手段进行干预是不明智的，反倒是应极力阻止中共成为苏联的“附庸”。[1] 此时，国务院逐渐形成了在中苏之间打进楔子的策略。1949 年 2 月，杜鲁门总统签署国安会第 41 号文件，希望通过加强西方同中国的经济联系使之与苏联保持一定的距离。6 月制定的国安会第 48 号“美国对亚洲的政策”文件，指出即将胜利的中国革命将给美国东亚安全带来冲击，因此建议在“更宽泛的框架

1　“US Policy toward China,” in Paul Kesaris (ed.), *Documents of the National Security Council, 1947–1977* (Microfilm: University Publications of America, 1980), Reel 4.

内重估现行亚洲政策，并使之支撑更广泛的目标”。[1] 以此文件为依据，美国在亚洲的政策支撑逐步由原来设想的中国转向日本。华盛顿并不希望与大势已去的蒋介石政权保持过近的距离。1950 年 1 月 5 日，美国总统杜鲁门发表声明，承认有关国际协议中台湾的地位，表明美国无意插手台湾问题，干涉中国内政——换句话说，如果台海地区爆发内战，美国未必会“打捞”蒋介石。

1950 年 6 月，朝鲜战争爆发，亚洲冷战气氛骤然加剧。虽然对战争背后中苏两国的意图、作用都不甚清晰，但美国迅速做出反应，第七舰队很快驶入台湾海峡，国务院对台“与沉船拉开距离”的政策也就结束了。朝鲜战争和第一次台海危机，特别是后者，是考察美国对台政策的重要窗口。1953 年上台的艾森豪威尔，因奉行财政大平衡理念，一方面希望尽快结束在朝鲜半岛的军事冲突而推动朝鲜停战，另一方面则推出了更为依仗战术核武器而减少常规力量投入的“大规模报复”战略。

1953 年 11 月国安会第 146/2 号文件（NSC146/2）获得总统批准，文件指出美国在台湾的目标是维护台湾的安全，免于共产主义染指，以使其成为美国亚太防御布局中的“重要棋子”。在政治上，美国希望国民党能在台湾建立起代议制政府，以吸引并获得“大陆和台湾”两边民众的支持。在军事上，除台湾国民党军队要提升自身实力之外，文件特别表明美国将把国民党的军事力量与美国国家安全政策结合起来。针对这样的目标，文件提出了应采取的相应行动。军事行动被排在了第一位，要把台湾的防务力量整合到美国的亚太防御部署中，采取必要措施，“甚至冒大战的危险”，防止共产主义对台湾岛的控制。对于外岛，只要台湾岛不受攻击，美国不会

1　“The Position of United States with Respect to Asia,” in Paul Kesaris (ed.), *Documents of the National Security Council, 1947–1977* (Microfilm: University Publications of America, 1980), Reel 5.

出动军事力量，主要通过鼓舞和支持国民党军队进行防御，甚至对大陆进行侵扰。公开表明对国民党军队提供军事物资和情报上的援助。[1] 从这份文件中我们不难看出，美国对外岛和台湾本岛的地位认知有所不同，防御责任的规划也是区别对待的。

同年年底，国安会制定了第 5407 号文件“美国对国家安全计划报告”，对美国国家安全的总体形势进行了全面回顾。报告分为“与自由世界的关系”“军事计划”“共同防御计划”“原子能计划”“军事动员计划”“民防计划”“新闻宣传”“海外情报与行动”和“国内安全”九个部分。由国防部整理的第一部分的远东形势部分，台湾甚至没有能与朝鲜、印度支那和日本等国家或地区并列，获得单独的总结和分析。[2]

1954 年 7 月，针对已经实施了半年多的 NSC146/2 文件，行动协调委员会专门对美国对台政策进行了跟踪报告。一方面肯定了文件仍然有效、适用，另一方面也指出新出现的一些问题值得关注。首先最大的问题就是，“当美国‘一定’的军事和经济援助实施过程中，美台双方的政策分歧越来越明显——美国的有限目标与蒋介石政权谋求的更大的目标（比如重返大陆）之间差距逐渐显现，显然后者的目标必定要依仗美国来实现”，“这显示出台湾当局对美国日益不满”。接下来，文件有两个整段将近一页篇幅都被涂黑，所涉具体内容不得而知。[3] 就在台海局势剑拔弩张之时，美台之间战略目标的差异也浮出水面，成为双方关系中一个重要方面。

1954 年 9 月，第一次台海危机爆发。无论对台湾这样的盟友还是对美国来说，这不啻为一个检验其“报复”是否会兑现——或者

1　NSC Report on U. S. Objectives and Courses of Action with Respect to Formosa, November 6, 1953, in USDDO, Gale, 2019, CK2349248632.

2　Status of U. S. Programs for National Security, December 31, 1953, in USDDO, Gale, 2019, CK2349003306, CK2349014321.

3　OCB Progress Report on NSC146/2, July 14, 1954, in USDDO, Gale, 2019, CK2349130230.

说是否会对大陆动用核武器的地区性危机。[1] 当然，欧洲盟国与日本、韩国、菲律宾等亚洲国家对危机的感受有所不同：英国并不希望这场危机打破了欧洲在美国战略部署中的优先地位，更不想这场亚洲危机导致苏联在欧洲的核报复；韩国则对危机“给予厚望”，意图升级乃至战争扩大化，借美国的军事投入甚至是对大陆的核打击来对共产主义进行有效的遏制。

中国人民解放军炮击金门之后，华盛顿需要再次确认的是，这些外岛在美国对台政策及其亚太战略布局中的意义。炮击后的9月10日，中情局提交了“特别国家情报评估”文件（SNIE-100-4/1-54），指出中共的意图就是希望攻占外岛继而解放整个台湾。对此，如果美国对这一行为采取不确定政策的话，大陆一定会继续进攻来试探，而那无疑会在心理上打击国民党当局，同时使美国在信誉上受损。但是，如果美国承担对台的防务责任，则需要考虑是否会引发同中国的全面战争，以及中苏同盟条约是否会生效。[2] 这一文件实际上已经表明了美国在台海地区的政策困境。

这种困境也投射到对危机的应对过程中美国决策高层的分歧、争论。强硬的军方对金门、马祖十分看重，认为它们在心理和战略上非常重要，不惜以美国出兵的方式保证不落入大陆手中。在给国防部长威尔逊的备忘录中，参联会主席雷福德将空军司令、海军陆战队、陆军几大兵种司令官和远东司令官赫尔的意见悉数列出，指出美军“毫无疑问”需要对大陆采取一些行动。这些行动中包括采

1　就连艾森豪威尔也在回忆录中坦言，第一次台海危机是他上任后面临的最严重的问题。参见德怀特·艾森豪威尔：《白宫岁月（上）：受命变革》，静海译，生活·读书·新知三联书店出版社，1978，第520页。

2　Special National Intelligence Estimate, September 10, 1954, in *FRUS*, 1952-1954, Vol.14, pp. 595-597.

取核武器来“敲山震虎”。[1] 国务卿杜勒斯也是如此，在炮击金门事件后第二天就表示要不惜一切代价保护这些岛屿，甚至进攻中国大陆。

12 日，国安会召开了第 214 次会议，专门讨论台海局势，包括原子能委员会主席在内的美国政府高官悉数出席。杜勒斯首先报告了访台时与蒋介石 5 个小时的会晤，归结于一句话就是：蒋希望早日缔结双边的共同防御条约。现在，危机的发生使美国陷入了进退维谷的境地。接下来，与会官员展开了对外岛重要性和外岛防御与台湾本岛防御之间关系的争论。艾森豪威尔总统表示首先要考虑的是，共产党军队能在任何地方拴住美军，他反对美国到处做出保护他人的承诺——在每次危机中，美国需要考虑我们的利益是什么。其次，如果打世界大战，他倾向于同苏联而不是同中国打。他认为，外岛只在心理上有意义，在军事上并无太大价值。对于军方鼓噪的出兵讨伐，他似乎有些不耐烦地说：“诸位脑子里要想清楚，我们是在讨论战争。美国不能像在朝鲜那样与中国对抗，况且也没有得到国会授权。”[2] 从会议的记录中，我们可以看出作为最高决策者的艾森豪威尔给美国的政策定下基调，那就是“节制”：他不希望危机最终成为第三次世界大战的导火索。尽管此后随着局势的紧张，华盛顿公开对中国进行核威慑，表示考虑一旦解放军攻占外岛，美国将使用战术核武器。但是，限于各种原因，包括中国在关键时刻采取的灵活的策略，台海地区最终没有成为检验“大规模报复”战略的试验场，危机在 1955 年 8 月平息下来。[3]

---

1 Memorandum by the Chairman of the JCS (Radford) to Secretary of Defense, September 11, 1954, in *FRUS*, 1952-1954, Vol.14, pp. 598-610.

2 Memorandum of Discussion at the 214th Meeting of the National Security Council, September 12, 1954, in *FRUS*, 1952-1954, Vol.14, pp. 614-624.

3 具体过程参见赵学功：《核武器与美国对第一次台海危机的政策》，《美国研究》2004 年第 2 期，第 100—115 页。

第一次台海危机的一个副产品就是1954年12月2日签署的《美台共同防御条约》。虽然条约是双方很早就不断讨论的动议，但因为各种原因美国迟迟不肯接受。危机的发生使华盛顿和台北，特别是蒋介石政权缔结这样一个条约的意愿更加强烈。而美国为了抚蒋，让其接受美国“有限”的应对政策，便作为交换条件同台湾结成了军事同盟。条约的签订为美国向台湾部署核武器提供了更为直接的法律依据，同时也被绑上了蒋介石的“反共”战车——美台战略之间的分歧在危机中被放大、延续下来。[1]

1954年12月底，国安会制定了新的对台政策NSC5441号文件。文件基本延续了既定的对台目标设计，第一条就强调了“捍卫台湾和澎湖岛屿安全作为太平洋岛链的一环，对美国安全来说是关键因素”，以此确认和澄清美国防务责任的范围，金门、马祖等外岛被划到线外。既然美台共同防御条约已经签署，在行动方案中，第九条也变为“按照条约规定采取有效措施，以一切可能之方式、手段‘防卫’台湾和澎湖列岛不受外部武力侵犯”。第十六条则根据条约赋予美国的权利，视美国的利益需要在合适的时机在台湾、澎湖列岛及其周围“部署陆海空军队”。[2] 对于美国在台部署核武来说，美台军事同盟的结成，特别是美台共同防御条约的缔结有着重要意义，它为最终部署的实现提供了国际法的依据，华盛顿在某种程度上不必担心法律程序，接下来就需要双方排除政治上的障碍，一步步接近这一目标。

1955年2月，行动协调委员会再次对美国的对台政策进行评估。美台缔约使台湾和澎湖列岛被整合进美国在西太平洋的防御体

1　关于美台同盟结成过程可参考李传利：《美台〈共同防御条约〉的缔结、运用及终止》，博士学位论文，南京大学，2011，第24—37页。

2　U. S. Policy toward Formosa and the Government of the Republic of China, December 28, 1954, in USDDO, Gale, 2019, CK2349213971.

系，保证了美国从日本北海道一直到菲律宾的防御线不会间断。在台海危机尚未解除的情况下，文件总结了美台之间尚且存在的几个问题：第一，美台同盟条约的签署对中共来说是一大挑战，势必会强化对外岛的争夺；第二，美国的有限目标与蒋介石之间的目标差距“继续成为一个长期的（long-range）问题”，特别是美国在NSC5429/5 号文件中确定了对台“有限防务”政策之后。[1]

显然，条约的签署以及外岛问题的存在，反而会愈加牵动美国敏感的神经，让美国陷入一种既想依照条约加强台湾防务，又担心被裹挟进一场意外冲突的尴尬境地，这构成了美国决心在台部署核武器的基本背景。或者说，核部署的法律障碍虽然不存在了，但对华盛顿来说，被蒋介石拖下水的可能性反而增加了，这种“制约”与“反制约”的博弈加大了美国的心理障碍。冲破这一障碍显然要取决于美国决策层内部是否有更强烈的声音，且强烈到能够压制反对的意见。同时，台湾当局会在其中扮演何种角色，则是更加令人感兴趣之处。

第二节　“屠牛士”入台及其公开事宜

美国向亚太地区部署核武，始于朝鲜战争的推动。1950 年 6 月初，在参联会的要求之下，原子能委员会同意向英国运送和部署小型的核元件（capsules），这是第一次在美国本土以外或者说海外部署核武器。6 月 11 日，国防部长和原子能委员会主席一起面见杜鲁门，总统最终批准了这一请求。朝鲜战争爆发后的 7 月 1 日，总统

1　OCB Progress Report on NSC146/2, February 16, 1955, in USDDO, Gale, 2019, CK2349130251.

授权将其余可携带核弹头的武器元件转移到关岛和空军。[1] 在朝鲜战争期间，美国也曾对中朝联军威胁使用核武器。

新的共和党政府上台后，美国向海外部署的核武器的脚步大大加快。除战术核武器技术的发展（同时又没有远程导弹技术的前提下）、新政府的“大规模报复”战略之外，另一个重要的背景是，在核武器监管权上，国防部逐步取代原子能委员会，占据了上风，成为向海外部署核武器的主要鼓噪者。[2] 1953 年 6 月，艾森豪威尔批准向包括英国、联邦德国在内的五个国家和地区部署大致等量的核武器元件。对此，参联会给出的理由如下：(1) 在战争或危机发生时，将核武器从储存地运送到发射场地，中间的运输、监管都存在隐患，而且还容易收到敌方的攻击，更重要的是会贻误战机；(2) 从安全上讲，无论在战时还是平时，美军在海外的军事基地已经能够提供足够的安全防护，保证核武器不受公开或隐蔽行动的威胁；(3) 海外核部署在政治上和心理上会遭到某些当地政府的阻碍，军方认为当时在某国[3]部署是不合时宜的，但在欧洲盟国中会有良好的反应，因为这是美国向盟国提供安全保证、抵抗苏联入侵意志的表现。[4]

---

1 History of the Custody and Deployment of Nuclear Weapons (U): July 1945 trough September 1977, p. 15.

2 1959 年 2 月 26 日，根据总统指示将部署的核武器监管权移交给国防部，而只保留给原子能委员会对在国家和作战储备地点（National and Operational Storage Sites）的核武器的监管权。以此指令的实施为标志，这样一个时代就结束了。在过去的十年当中，苏联拥核、朝鲜战争、台海危机等都成为国防部向原子能委员会要求转移的借口，最初是从未携带核弹头的武器开始，到完全的核武器，再到低性能核武器，最后是高性能核武器，一步步侵夺民事部门的监管权力。History of the Custody and Deployment of Nuclear Weapons (U): July 1945 trough September 1977, p. 54.

3 国名未解密，疑为日本。——作者注

4 这一时期向海外进行核部署的五国，只有德国和英国解密，其他三国未解密。History of the Custody and Deployment of Nuclear Weapons (U): July1945 Trough September 1977, pp. 28-29.

第一次台海危机爆发后，美国军方再次向总统和行政部门鼓噪，继续向海外部署核武器，以减少核武库的存量。在 1954 年 12 月 1 日，国防部长威尔逊致总统的备忘录中，提出了参联会提出的加大海外部署核武器力度的建议。参联会认为，部署可以使核武器与海外驻军更好地协同，同时减少从美国本土向外运输导致的风险和拖延，在海外军事基地部署也是为了快速地对危机做出反应。此外，分散部署也降低了美国本土核武库或核军事基地被对手整体摧毁的可能性。文件还提出，到 1956 年，美国在海外部署的核武器数量对核武库总量的占比将从 19. 2%提高一个百分点；不携带核元件的武器总量占比从 20%提高到 30. 9%。[1] 总统很快就批准了这一建议。

向台湾部署核武器的想法也正是产生于第一次台海危机期间。1955 年 4 月 17 日，杜勒斯与艾森豪威尔就金、马地位以及如何“防卫”台湾进行了一次长谈。在杜勒斯事先准备的一份备忘录中，美国正式提出“为了进一步对抗解放军在台湾的企图，除了防空、空军和海军陆战人员之外，美国将在台湾的美军部队中部署核武器”。[2] 艾森豪威尔总统对这一安排似乎并无异议，只有一个问题就是要不要公开声明。

1956 年 1 月 23 日，美国太平洋空军司令部致太平洋司令部的电报中，建议考虑在台湾部署一支“屠牛士”导弹小队（flight），这一计划已经列入了 1957 财年的预算。在回复中，太平洋司令部认为这一安排需先要经过参联会的批准，并提出了一系列的问题。以现在可见的档案，我们尚不知这些“需要考虑的问题”究竟包括

1　Dispersal of Weapons to Overseas Bases and Operational Bases, December 1, 1954, in USDDO, Gale, 2019, CK2349436867.

2　Memorandum of a Conversation between the President and the Secretary of State, April 17, 1955, in *FRUS*, 1955-57, Vol.2, pp. 491-495.

什么，但从军方来往电文中可略知一二。首先，这种部署当然对美国的防务能力来说是大有提升。其次，部署这样一支部队可能要大幅增加驻台美军及其家属的数量。而美军与当地人的生活水平相差较大，已经引发了台湾居民的不满，这一点虽然是“正常反应”，但值得关注。另外一个问题似乎更加麻烦：美军人员不断增加，而台军指挥部门又无权管辖，这种矛盾也在累积。[1] 由此可见，美国军方在这一阶段正在认真考虑在台部署核武器，并试图逐一排除可能存在的问题，以在正式提出时获得总统及其他行政部门的支持。

这一点在2月3日空军提交给参联会主席雷福德的备忘录中也可以看出。备忘录的主题即“在台部署‘屠牛士’部队”，开篇先介绍了“屠牛士”导弹的基本性能：射程大约220英里；可携带W5型、威力1.5万—10万吨当量的核弹头；制导使用肖兰导航系统；近期试验表明该导弹与战略轰炸机挂弹轰炸效果差不多，有些方面还略胜一筹。派往台湾的这支部队将携带近40枚导弹。文件还分析了在当时部署的有利之处：第一，此为全天候作战能力的核武装；第二，导弹可用于攻击大陆地区靠近台湾海峡的8个机场和若干后勤补给设施；第三，增加“防卫”台湾的火力；第四，对提升士气有心理上的帮助。对于上述太平洋司令部存在的疑虑，文件认为不足挂齿，因为部署不会额外增加太多美军人员和家属。[2] 文件还列表附上了在台各兵种的美军数量。

4月底，远东司令部和太平洋司令部之间的来往电函，让“驻台使馆”得知部署“屠牛士”小队计划，其中涉及20名军官和240名空军士兵。美国驻台“大使”蓝钦（Karl Rankin）于是致电国务

1 军方的具体计划是在日本部署一个中队（squadron），分一个小队到台湾。Telegram from the Commander in Chief, Pacific (Stump) to the Chief of Naval Operations (Carney), January 28, 1956, in *FRUS*, 1955-57, Vol.3, pp. 283-284.

2 Factors Favoring Deployment of Squadron of MATADOR Missiles to Taiwan Analyzed, February 3, 1956, in USDDO, Gale, 2019, CK2349169607.

院，说如果部署就要规划用地、建设一些基础设施，军方的提议也没说清谁出钱建设。他还指出，在日本部署中队的问题，军方已经和日本政府协调过，但还没和国务院商议。他对部署持积极态度，认为对"震慑"大陆来说，这一安排有其心理上的意义：一旦台湾遭到空袭，"屠牛士"导弹可以作为反击大陆机场之用，国民党当局对此一定持欢迎态度。当然，他也建议国务院在基建、用地等问题上早做计划，妥善安排，国防部也应对资金问题有所准备。[1]

6 月 12 日，在台部署"屠牛士"导弹的建议上行至参联会。在给国防部长威尔逊的备忘录中，雷福德对 1957 年三季度部署第 17 中队到日本的计划评价积极，认为这会增加远东司令部的防御能力，但是也应预计到日本民众对引入制导武器的敏感性，作为过渡措施，参联会计划先将此中队部署到冲绳。对于台湾的部署计划，他赞同现有的意见，同时补充说"屠牛士"导弹如果不携带核弹头，其战术价值是不大的；如果部署核弹头则需要征得台湾当局的同意。备忘录还详细分析了部署的利害关系。有利的方面包括：再次确认了美国"防卫"台湾的决心；保护国民党政府所控制区域不受大陆袭击；提供全天候的防御能力；再向台湾部署核武器空军中队的需求减小。不利的方面则是：要增加驻台人员会加剧台湾当地民众已有的不满；核武器在政治上可能会引起当地民众的反感；引起中共的强烈反应，可能会影响美国在远东乃至全球的政治地位。除此之外，雷福德反复强调如果不携带核弹头，"屠牛士"导弹中队在实战中可能会成为负担；而且，如果在战争或危机中美国不动用这些武器，无疑会危害美台关系。尽管参联会认为军事上部署核武器的好处大于不利，但雷福德还是建议国务院对政治因素加

1　Telegram from the Ambassador in the Republic of China (Rankin) to the Department of State, May 4, 1956, in *FRUS*, 1955–57, Vol.3, pp. 356–357.

以考虑。[1]

上述文件应该看作是军方比较正式的考虑和建议。对此，国务院是如何回应的呢？7月底，助理国务卿罗伯逊给国防部的信函说，虽然部署到日本的“屠牛士”导弹不携带核弹头，但也要考虑这种武器本身具有的敏感特征，势必会招致日本民众的反对，所以建议事先与日本政府协商。对于分出一支小队到台湾，罗伯逊认为政治上的有利因素很多。除了可以加强对台湾的防务，也可向其他国家表明美国决心站在台湾一边，使我们的亚洲盟国更加努力抵抗共产主义扩张，有助于实现美国在这一地区的目标。国务院可随时启动同台湾当局的谈判，而且他相信对台湾来说好处绝对会抵消增加几个美国大兵的怨言。国防部在次月中旬回复，赞同罗伯逊的观点。[2]

接下来最重要的，就是要看台北当局对部署一事如何反应了。8月30日，杜勒斯指示“驻台使馆”，告知蒋介石政府美国准备在台湾部署“屠牛士”小队，希望台方对此持合作态度。如果原则上同意，美台双方将就尽早部署进行谈判。9月2日，台北很快就复电，转告台“外交部”意见：同意且欢迎部署。[3] 11月21日的国安会行动协调委员会进展报告，就将部署“屠牛士”小队列入了军事方面应采取措施的“第一项”。[4] 12月，参联会主席雷福德与来访的台湾“国防部长”俞大维会谈期间，后者敦促美方尽早部署

1 Rotation of Tactical Missile MATADOR to Taiwan Considered, June 12, 1956, in USDDO, Gale, 2019, CK2349169613.

2 Letter from the Assistant Secretary of State for Far Eastern Affairs (Robertson) to the Assistant Secretary of Defense for International Security Affairs (Gray), July 23, 1956, in *FRUS*, 1955-57, Vol.3, pp. 406-407, footnote 3.

3 Telegram from the Secretary of State to the Embassy in the Republic of China, August 30, 1956, in *FRUS*, 1955-57, Vol.3, p. 425.

4 Operations Coordinating Board Progress Report on U. S. Policy toward Taiwan, November 21, 1956, in USDDO, Gale, 2019, CK2349114838.

“屠牛士”导弹，而且还希望“在台湾和外岛部署奈基和黄铜骑士这些更为先进的武器装备”。[1] 美国在台部署核武器的具体执行提上了日程。

一份 1957 年 3 月的参联会备忘录记录了上述决策进程。1956 年 6 月，美国军方批准了 1957 年三季度日本派驻“屠牛士”导弹第 17 中队、同时作为轮防部署一支小队到台湾的计划。建议提交给国务院考虑政治上的可行性。7 月 23 日，助理国务卿回复指出，日本国内的氛围对引入任何有核能力的武器都十分敏感，如果要部署“屠牛士”，就必须同日本政府协商，但是国务院“强烈赞同”部署到台湾的建议。国防部在回复中也说，在台部署“屠牛士”部队有助于日本政府中的“支持核武派”排除其他阻碍力量。而且，在台湾的小队不必隶属驻日中队，可从美国本土直接派遣。国务院复信表示赞同。9 月 26 日，国防部拟定了计划，作为先导，一支象征性的小股力量先行部署到新竹空军基地（Hsin-ChuAir Base）。1957 年 3 月 13 日，国务院向驻台北“大使”提交与台湾当局交换意见的备忘录。在台湾当局签署协议时，空军的战术空军司令部的第 588 战术导弹小组已准备完毕。[2] 这一备忘录基本理清了美国在台部署“屠牛士”导弹的决策过程。更重要的是，它表明了美国在

1　Memorandum of a Conversation, Washington, December 18, 1956, in *FRUS*, 1955–57, Vol. 3, pp. 456–459.

2　Deployment of a Tactical Missile Unit (MATADOR) to Taiwan, March 20, 1957, in RG218, Geographic File, 1957, Box 8, NARA; Deployment of MATADOR Tactical Missile Unit Taiwan Planned, March 20, 1957, in USDDO, Gale, 2019, CK2349169616. 参谋长联席会议解密档案还显示，在美国高层讨论在台部署“屠牛士”的同时，参联会否决了国防部提出的奈基导弹部署建议。主要的原因是，“奈基 I 型”导弹刚刚在美国大陆部署完毕，没有多余的部队可以拆解，像洛杉矶地区，奈基导弹部队构成了四分之一的防御力量，调防可能会打乱已有的军事部署。其实，国防部早在 1955 年 6 月就提出了这一建议，当时也被参联会否决。U. S. Support for the Air Defense of Taiwan (S), November19, 1956; U. S. Support for the Air Defense of Taiwan (S), March 28, 1957, in RG218, Geographic File, 1957, Box 8, NARA; NIKE Task Force to be Ready for Deployment to China be Dropped, April 28, 1957, in USDDO, Gale, 2019, CK2349424402.

日本、台湾部署核武器决策之间的内在关联。

1957年年初，美台双方正式启动具体的部署程序。3月6日，罗伯逊向杜勒斯请求授权，允许驻台“使馆”按照《美台共同防御条约》的条款与台湾当局就部署“屠牛士”小队事宜进行协商。[1] 罗伯逊在备忘录中再次申明，国防部和本部门都对部署持积极的态度，美台双方可以交换书面协议的方式确定此事。部署人员和设施将包含在军事顾问团（MAAG）的范围之内，与当时同台湾方面进行的驻军地位协定和军事设施谈判一揽子解决。因杜勒斯外出参加东南亚条约组织会议，代理国务卿墨菲（Robert Murphy）批准了这一请求。[2] 部署计划正式公开后，蒋介石在日记中一方面对部署感到高兴，认为“将对‘共匪’精神与实力上予以空前之威胁”；另一方面，对美国积极主动地操作此事又心存疑虑，猜测美国的意图可能有三：对共产党示威；可能对大陆发动核战；震慑台湾，[3] 以

---

1 美国向盟国部署核武器，一般要依据相关的军事协议和条约，包括事先需要就某些问题进行谈判。所依据的协议或条约大致分为如下几个类型：第一，安保协议或共同防御条约（mutual security arrangements）；第二，武装地位协议（status of forces arrangements）；第三，核武器存贮协定（storage arrangements）；第四，合作协议（arrangements for cooperation）；第五，与北约国家单独签署的核武库协议（NATO stockpile arrangements）。美国与每一个国家签署的涉及引入、存储和部署核武器以支持盟国武装的协议，具体涉及以下内容：（1）费用分担和设施建设；（2）武器的监管、安全和运输；（3）武器的保存和安置；（4）对美军的后勤支持；（5）技术服务。后三种情况要求事先商定。History of the Custody and Deployment of Nuclear Weapons (U): July 1945 Trough September 1977, pp. 84–85.

2 Memorandum from the Assistant Secretary of State for Far Eastern Affairs (Robertson) to the Secretary of State, March 6, 1957, in *FRUS*, 1955–57, Vol.3, pp. 493–495.

3 蒋介石的这一顾虑不无道理，美台共同防御条约既是针对中国大陆和苏联的，也有限制蒋介石行动的作用。“美国人之所以同意签订相互防御条约，不仅是为了阻止共产党进攻台湾，而且也是确保华盛顿控制蒋介石的一种手段。”参见孔华润主编《剑桥美国对外关系史・下》，新华出版社，2005，第318页；“然而，值得注意的是，条约绑上了一组绳子（strings），用以对蒋介石的实际控制”。Yi Sun, *John Foster Dulles and the China Dilemma in the United States Foreign Policy, 1953–1959* (PhD diss., Washington State University, 1994), p. 123.

防反美。[1]

3 月 14 日，蓝钦得到了国务院指示，向台湾当局告知有关信息：美国拟在台湾和澎湖部署“屠牛士”导弹，部署的法律依据是美台共同防御条约第七款之约定，部队及人员适用正在谈判中的驻军地位协定。电报强调，“屠牛士”计划和来往电文信息均属机密。[2] 正式公开部署信息将在双方协议达成之后。[3] 3 月 22 日，蓝钦和沈昌焕分别代表美台双方签订了部署协议，并将协议文本提交给国务院。[4] 月底，驻台“使馆”向国务院报告，台湾“外交部”希望“屠牛士”计划相关人员来台应提前 30 天告知。[5]

对于信息公开，国务院与新闻署进行了最后的协调。新闻署建议推迟声明直到北约部署的信息公开之后，国务院坚持已经和国防部达成了谅解，必须尽快发表声明。国防部已经准备在 30 天内到达台湾并安装导弹。新闻署提出单独强调导弹将掌握在美军手中，国务院认为不必多此一举，因为这是大家清楚的，如果说明这一点，反而会伤及台湾的“面子”，而且变成大陆宣传的工具：台湾

1　吕芳上主编《蒋中正先生年谱长编》第十册，“国史馆”，2015，第 699 页。此外，与美国在台部署核武几乎同步的是，岛内发生了“刘自然事件”。1957 年 3 月 20 日，美军顾问团士兵罗伯特·雷诺无故将任职于国民党革命实践研究院的少校军官刘自然开枪打死。由于享有治外法权，两个月后被告雷诺最终被判“误杀”。不公正的审判和结果引发了台湾民众反美浪潮，美国驻台多个机构被围，甚至遭到焚烧。

2　2 月 6 日，香港的一家英文报纸首度披露美国在台建设导弹基地的消息。Text of Proposed Joint Sino-US Announcement for Simultaneous Release at Taipei and Washington, April 1, 1957, in RG306, Office of Plans, Coordinator for NSC and OCB Affairs, Subject and Policy Paper Files, 1953-1961, Box 23, NARA.

3　Telegram from Department of State to Amembassy Taipei, March 14, 1957, in RG59, Central Decimal File, 1955-1959, Box 2880, NARA.

4　Texts of MATADOR Agreement, March 25, 1957, in RG59, Central Decimal File, 1955-1959, Box 2880, NARA.

5　From Taipei to Secretary of State, March 24, 1957, in RG59, Central Decimal File, 1955-1959, Box 2880, NARA.

不过是美国的反共基地，是美国的傀儡。[1]

4月5日，行动协调委员会召开有关信息公开的第一次专门会议，讨论的主题就是台湾部署的声明要点和今后海外核部署声明的指针。与会者多人认为原来只有两段的声明需要补充，强调要考虑苏联宣传对声明的影响，因为莫斯科必定把核部署看作是围剿苏联的举动，因此要将部署与针对中国大陆军事力量的增长联系起来，是一种防御性的措施。会议要求中情局收集相关的证据。[2]

4月8日，副国务卿赫脱（Christian Herter）、[3] 卡特勒和艾森豪威尔专门就“屠牛士”导弹部署公开问题进行讨论。[4] 在次日的第二次专门会议上，与会者确认了今后美国海外核部署的信息公开必须事先经过各部门官员对口头或文字稿进行协调。[5] 针对台湾问题，建议美台双方同时宣布，且因循此例，制定今后海外核部署的基本方针。[6] 5月1日，艾森豪威尔通过了行动协调委员会提交的有关公开在台部署“屠牛士”的正式公告，强调部署是依据共同防御协定，旨在强化对台湾和西太平洋的防御力量。这一行动，与在

---

1 Changes Proposed by USIA in Matador Announcement, April 3, 1957, in RG59, Executive Secretariat, Subject and Special Files, 1953-1961, Box 34, NARA.

2 Ad Hoc Committee on Publicity Concerning Overseas Deployment of Nuclear-capable Weapons, 1st Meeting, April 5, 1957, in RG306, Office of Plans, Coordinator for NSC and OCB Affairs, Subject and Policy Paper Files, 1953-1961, Box 23, NARA.

3 赫脱于1957年2月被任命为副国务卿，1959年4月杜勒斯病情严重时升任国务卿。一个月后，杜勒斯去世。

4 Proposed Announcement, April 8, 1957, in RG306, Office of Plans, Coordinator for NSC and OCB Affairs, Subject and Policy Paper Files, 1953-1961, Box 23, NARA.

5 至于协调的原因则在于，核问题在某些国家还是一个敏感的政治话题，“共产党国家”加强了宣传攻势反对美国海外核部署，因此相关部门必须给出自身的意见。Briefing Note: Annex B-Weekly Activity Report—Nuclear Weapons, etc., April 3, 1957, in RG306, Office of Plans, Coordinator for NSC and OCB Affairs, Subject and Policy Paper Files, 1953-1961, Box 23, NARA.

6 Ad Hoc Committee on Publicity Concerning Overseas Deployment of Nuclear-capable Weapons, 2nd Meeting, April 9, 1957, in RG306, Office of Plans, Coordinator for NSC and OCB Affairs, Subject and Policy Paper Files, 1953-1961, Box 23, NARA.

北约国家一样均是出于防御目的。声明还特别提到大陆军事力量的发展以及拒绝放弃使用武力。[1]

为了应对5月份即将召开的北约防长会议上，部分国家可能会对在台部署核武提出质疑，国务院专门准备了文件以统一口径。文件认为，他们可能有两点不同意见：一是部署可能会被中国大陆看作是挑衅行为，因此更有理由诉诸武力；二是担心导弹会落入台湾军方而不在美国手中掌握。文件给出的立场说明是，部署是与美台共同防御条约条款一致的，且双方签署了部署协议。导弹是用于防御目的，针对的是大陆的军事建设步伐。在公开声明之前，这些信息需严格保密。[2]

在起草声明文本的过程中，国防部给出的意见是，关于备忘录第二小段（b）中，国防部认为未来部署到非美国本土或非盟国的核武器会非常少。而草本最初并没有将“屠牛士”加入，国防部考虑到这一导弹有别于甚至比北约的更为先进，因此建议在最后段落中加入“屠牛士”一词。在公开时间上，国防部则建议应在5月1日，即第一支部队5月6日到达台湾之前。而公布方则应选择驻台美军司令，一方面是比国务院宣布更为低调，另一方面在面对媒体询问时也可以选择不回答。[3]

1　Approval by the President of Draft Press Release on Deployment of MATADOR to Taiwan, May 1, 1957, in RG59, Executive Secretariat, Subject and Special Files, 1953-1961, Box 34, NARA; RG306, Office of Plans, Coordinator for NSC and OCB Affairs, Subject and Policy Paper Files, 1953-1961, Box 23, NARA.

2　Position Paper on Stationing of U. S. Tactical Missile Unit on Taiwan, April 16, 1957, in RG59, General Records Relating to Atomic Matters, 1948-1962, NARA.

3　Defense Comments on “Publicity on Overseas Deployment of Nuclear and Nuclear Capable Weapons” Packet, April 18, 1957, in RG306, Office of Plans, Coordinator for NSC and OCB Affairs, Subject and Policy Paper Files, 1953-1961, Box 23, NARA. 公开的时间原定是6月1日，且由美国国务院和台湾当局同时公布。参见 Publicity on Overseas Deployment of Nuclear and Nuclear-capable Weapons, April 11, 1957, in RG306, Office of Plans, Coordinator for NSC and OCB Affairs, Subject and Policy Paper Files, 1953-1961, Box 23, NARA。

5月6日，第一支“屠牛士”导弹部队按照计划入驻台湾新竹机场，后勤及操作员共计35名官兵。[1] 台湾当局驻澳大利亚的官员居然先行透露了信息，[2] 致使公开声明不得不提前。美台在这一天同时发表联合声明。紧接着第二天的《纽约时报》予以报道。对此，中国政府严正抗议。在日内瓦与美方进行大使级会谈的王炳南，指出部署导弹即是部署核武器，是对中国领土的“侵略行为”“敌对行动和又一严重挑衅”，美方必须对一切后果负全部责任。对此，美方代表约翰逊（Alex Johnson）根据先前国务院的指示，表明部署“屠牛士”导弹在法律上是依据已经签订的《共同防御条约》进行防务安排，且武器属于防御性质。国务院还指示说，如王炳南谈及此事，须极力避免讨论这种武器本身。[3] 显然，美国对核部署的正当性是极不自信的。

美国向台湾部署“屠牛士”导弹的消息公开后，在世界范围内引起了不同反应。中情局对中苏的反应进行了分析，认为社会主义阵营推测美国已经将核武器装备到所有的海外驻军，只是不清楚具体的部署态势。他们预计在未来，美国还将继续增加海外核武器部署的范围及数量。因此，在军事上他们将加强国防建设和投入，包括对远程核投放能力的研发；在政治上将在核部署上做文章，加大反美宣传的力度。文件认为，部署将使苏联方面怀疑美国缓和东西

1　据可见档案，此批入驻台湾的可能是根据美台《共同防御条约》之规定部署的第一支部队。Letter from the Ambassador in the Republic of China (Rankin) to the President's Special Consultant (Nash), June 17, 1957, in *FRUS*, Vol.3, p. 543.

2　此事一度引起国家安全委员会的关注。Leak on “Matador to Taiwan”, May 15, 1957, in RG59, Executive Secretariat, Subject and Special Files, 1953-1961, Box 34, NARA.

3　Telegram from Ambassador U. Alexis Johnson to the Department of State, May 15, 1957, in *FRUS*, 1955-57, Vol.3, pp. 522-523, footnote 4, 5, 6. 1957年5月8日《人民日报》发表《原子威胁不能阻止台湾的解放》，向美国部署导弹提出严正抗议。

方关系的意愿，而且不会迫使他们在政治上做出妥协。[1]

在亚洲，西贡的报纸纷纷表示支持和欢迎，认为部署将极大改变远东的军事平衡。[2] 《印度时报》则批评部署将加剧亚洲的紧张局势，“美国在法律和道德上都没有权利向亚洲部署原子弹”。[3] 美国新闻署专门对“屠牛士”入台进行了舆情调查，认为日本和东南亚的报道整体上不多。只有韩国、菲律宾和南越持积极的支持态度，并希望核武器也能够部署到他们国家。印度尼西亚的报纸只是报道了部署消息和中共的强烈反应而没有过多评论。新加坡的报纸更多地认为美国意在鼓舞台湾的士气，“告诫”大陆使用武力并非易事，同时维护地区和平。[4] 除了中国、朝鲜和北越之外，亚洲国家普遍反映不激烈，更让美国有恃无恐，加快了在亚太地区部署核武的步伐。

1958 年 4 月，参联会联合战略规划委员会针对台湾当局要求加强台湾防务的要求，提出了相关的建议：对台湾当局的要求仅限于提供导弹即发射装置；应对台湾相关军事人员进行导弹方面的培训，对武器系统有基本的了解；在核武器方面对相关军事人员进行“有限的培训”，包括已经在东南亚条约组织国家开设过的核武初步课程。[5] 6 月，美国空军给太平洋司令部的备忘录显示，为了加强台湾防务，美国准备在军事援助计划之内向台湾提供低空轰炸机，

1　SNIE 100-7-57: Probable Reactions to US Deployment of Nuclear Weapons Systems, June 11, 1957, 263-a1-29-Box-3-SNIE-100-7-57, NARA.

2　From Saigon to United States Information Agency, May 18, 1957, in RG306, Office of Plans, Coordinator for NSC and OCB Affairs, Subject and Policy Paper Files, 1953-1961, Box 23, NARA.

3　From Bombay to United States Information Agency, May 21, 1957, in RG306, Office of Plans, Coordinator for NSC and OCB Affairs, Subject and Policy Paper Files, 1953 - 1961, Box 23, NARA.

4　Far East Reactions to Matador, May 24, 1957, in RG306, Research Reports, 1956 - 1959, Container 3, NARA.

5　GRC Proposals for Improvements to the Defense of Taiwan (U), April 21, 1958, in RG218, Geographic File, 1958, Box 5, NARA.

同时强调“此举并非表明美国准备向台军装备核武器，在当前乃至可预见的未来都不会”，需向台军方明确这一点。[1] 到了年底，参联会再次决定向台军提供 12 门 240 毫米火炮，并配发25 000发炮弹。[2]

解密档案显示，驻扎在台湾的“屠牛士”导弹部队于 1958 年 1 月开始配备核弹头。第一批次则是 1960 年初进驻。[3] 至此，美国实际完成了在台核武器的部署。1961 年 9 月，美国在冲绳的马斯（MACE）导弹部署完毕，亚太防务由此增强，故拟将“屠牛士”部队撤出。[4] 此后取代“屠牛士”导弹的是核炸弹，直至 1974 年撤出。

第三节 美台关系的调整与驻台核武撤出

自 1943 年《开罗宣言》从国际法层面再次确认了台湾归属中国之后，台湾在美国对华政策中便成为一个重要的因素。1948 年秋，随着国民党在内战中摇摇欲坠以及美苏关系在欧洲的恶化，华

1 Special Weapons Delivery Capability for Taiwan (U), June 26, 1958, in RG218, Geographic File, 1958, Box 5, NARA.

2 Provision of 240mm Howitzers to Taiwan under MAP (U), November 25, 1958, in RG218, Geographic File, 1958, Box 5, NARA.

3 Robert S. Norris, William M. Arkin & William Burr, “Where They Were,” *The Bulletin of the Atomic Scientists*, November/December 1999, p. 30; The Assistant to the Secretary of Defense (Atomic Energy), History of the Custody and Deployment of Nuclear Weapons (U): July1945 Trough September 1977, February 1978, Appendix B: Chronology Development by Country, CY1951-1977, B-4; p. 146. 根据台湾解密档案，当局划拨台南机场、新竹机场、台中机场和澎湖的马公、大屿五处及周边设施供美军使用，其中部署在台南的“飞弹部队”共有 79 人。参见“为我方对驻台美军单位部队应负何种义务请惠予解见复应办由”，1958 年 1 月 20 日；“第十附件”，日期不详，台北：“中央研究院”近史所藏“外交部档”，档号：426. 2/0006。

4 驻联合国代表团电，1961 年 9 月 22 日，台北：“中央研究院”近史所藏“外交部档”，档号：426. 2/0006。

盛顿不得不考虑为反共的蒋介石政权保留一个立足点，以便使其亚太战略保持更大的灵活性。1950 年 6 月，朝鲜战争爆发，杜鲁门政府命令第七舰队进入台湾海峡。1954 年 12 月，美台在磕磕绊绊中签署了共同防御条约，台湾也成为美国西太平洋环形防御线的一环。美台军事同盟的建立促成了中美在台海地区的军事对峙，艾森豪威尔、肯尼迪和约翰逊政府延续了这一政策。

1969 年 7 月，尼克松在关岛发表对亚洲政策的声明，被称为“尼克松主义”，其主旨是“美国仍然恪守对盟国的军事保护，但不会派军队对抗侵略；美国主要是以军事和经济援助来帮助这些国家；亚洲盟国自身应承担起更多的防务责任”。[1] 这些政策变化必然涉及亚太军事战略调整，比如 1969 年 8 月，基辛格（Henry Kissinger）关于“防务援助与尼克松主义”的一份谈话表明，美国将加大军售而不是军事援助在对外防务支出中的比例，到 1974 年时对台湾的军事援助项目将为零。[2] 1971 年 7 月 29 日召开的“国防规划研究委员会会议”就对“国家安全研究备忘录”第 69 号文件（NSSM69）进行了讨论，会议上基辛格总体上比较赞成通过部署战术核力量保持亚太地区的威慑力，同时尽可能减少常规力量

1 有关“尼克松主义”的研究，可参见夏亚峰：《“尼克松主义”及美国对外政策的调整》，《中共党史研究》2009 年第 4 期，第 46—56 页。尼克松关岛声明之后，8 月 2 日美国国务卿罗杰斯访台。蒋介石通过与其谈话，并结合美国释放的一系列信号，认为美国“联匪制俄与弃我之政策表示无遗”。《蒋中正日记》（未刊本），1969 年 8 月 31 日，《蒋中正先生年谱长编》第十二册，第 634 页。

2 美国对外军援将呈下降趋势：援助项目目前的水平是 50 年代初的六分之一，是 60 年代的二分之一；而军售呈上升趋势：1954—1964 年，以现金和贷款形式的军售只是军援项目的六分之一，到 1974 年军售将是军援的七倍。参见《基辛格谈话提纲：“防务援助与尼克松主义”》，1969 年 8 月，张曙光、周建明编译：《中美“解冻”与台湾问题：尼克松外交文献选编》，香港中文大学出版社，2008，第 41—43 页。

的投入。[1]

无论是对亚太的整体军事战略，还是在台湾的军事部署，裁减驻军是政策调整的必然，也是对尼克松主义“大战略”及美国对华政策变化的一种回应。[2] 对此，1971 年 3 月 12 日讨论美国在台湾的军事部署以及美国对华政策时，决策者们分析了 NSSM106 号文件提出的五个选择。[3] 基辛格最看重第五个方案，反复询问如果中共同意和平统一，美军是否可以全部撤出。[4] 随着尼克松访华以及中美谈判的不断深入，1973 年 11 月基辛格与周恩来谈判时，美方承诺：“1974 年，我们将撤退目前在台湾 2 个中队的 F-4 幽灵Ⅱ式战机，上半年撤一个中队，下半年再撤一个中队。我们也将从台湾撤出 U-2 侦察机，还要撤掉在台湾的核武器。这使我们在台湾的军力降到只剩下通信与后勤人员。”[5] 1974 年 7 月 18 日，美军在台南部署的核装备陆续撤出。[6] 美国撤出核保护伞，这对台湾本已存在的“安全危机”来说无疑是雪上加霜。

---

1 Minutes of Defense Program Review Committee Meeting, July 29, 1971, in M. Todd Bennett (ed.), *FRUS*, 1969－1972, Vol. XXXIV, National Security Policy (Washington D. C.: GPO, 2011), pp. 790-803. 这份主要针对中国的 NSSM69 号文件“美国在亚洲的核政策”，1971 年 7 月 14 日由基辛格签署，要求委员会在制定美国的亚洲核政策时，需要综合考虑中国的核能力、美国在亚洲核部署的调整、对盟国的承诺以及核不扩散政策，详见 http://www.nixonlibrary.gov/virtuallibrary/documents/nssm/nssm_069. pdf。

2 与对台防务政策一致的是，驻韩美军裁减也是美国亚太战略调整的既定步骤。参见 *FRUS*, 1969-1972, Vol. XIX, part 1, 2010。

3 这五个选择分别是：（1）保持现在的驻军规模；（2）增加非战斗人员；（3）增加战斗人员；（4）减少现在的驻军规模，但保留重返台湾的能力；（5）根据中共的武力统一的意愿，撤离所有驻军，只保留“使团”人员，同时保留重返台湾的能力。

4 Memorandum for Record of the Senior Review Group Meeting, March 12, 1971, in *FRUS*, 1969-1972, Vol. XVII, China (Washington: GPO, 2006), pp. 269-274.

5 Memorandum of Conversation, November 11, 1973, in *FRUS*, 1973-1976, Vol. XVIII, China, Washington: GPO, 2008, pp. 331-359.

6 The Assistant to the Secretary of Defense (Atomic Energy), History of the Custody and Deployment of Nuclear Weapons (U): July 1945 trough September 1977, February 1978, Appendix B: Chronology Development by Country, CY1951-1977, p. 155.

上述基于缓和中美关系考虑的政策调整自然会刺激台湾敏感的神经：一是害怕美国在亚洲的战略全面收缩；二是担心华盛顿进一步同大陆改善关系。预感到美国亚太政策将有大幅调整的蒋介石一方面不失时机地向美国传递“忧虑”的信息，另一方面则尽可能最大限度地榨取更多的美援。[1]

1969 年 12 月，“驻台大使”马康卫（Walter McConaughy）[2] 与蒋介石会谈，向其转达和说明尼克松的对华政策：美国对中国大陆改变的举动都是出于和平和友善的目的，希望后者能够理解。而“对华政策”的另一个方面即与台湾的关系，尼克松承诺美国不会背弃共同防御条约的承诺，愿意信守甚至加强同台湾在政治、经济、文化领域的关系。[3] 此次知会后，美国调整了第七舰队在台湾海峡的部署，舰队所属的两艘军舰终止在台湾海峡的例行巡航。[4] 同月，美国参议院撤销了援助台湾 F-4D 战机的议案，蒋介石对此虽表示“得之不足喜，失之不足忧”，“但美对我外交之恶劣前途可知者，自立之心益切”。[5]

1970 年 4 月 21 日，访问美国的蒋经国会见尼克松。晚年的蒋

---

1 近些年国内对中美缓和时期美国对台政策的代表性研究有温强：《试论尼克松对华决策机制及其面临的内部反弹——以对台军援问题为中心》，《台湾研究集刊》2009 年第 1 期；李正楠、张杨：《与缓和同轨——尼克松政府对台政策新探》，《历史教学》2009 年第 2 期；赵明昊：《中美缓和背景下的彭明敏事件》，《美国研究》2011 年第 1 期。

2 又译沃尔特·麦康瑙希，1948—1950 年任美国驻上海总领事，1950—1952 年任美国驻港澳总领事。1959—1961 年任驻韩国大使，1966 年起在台北担任“大使”，并于 1974 年卸任。

3 Memorandum of Conversation, December 17, 1969, in *FRUS*, 1969-1972, Vol. XVII, China, pp. 146-151.

4 对于第七舰队终止巡航，美方提前有所告知，蒋介石则提出交涉，希望“减少”而非“终止”巡航，最终也未能改变结果，遂慨叹“美国诚不可靠也”。参见“11 月 8 日，闻美国告知将停止第七舰队巡逻台湾海峡，痛心美国之不可靠”；“11 月 14 日，痛愤美国高层不变更停止海峡巡逻决策”，《蒋中正先生年谱长编》第十二册，第 645—648 页。

5 《蒋中正日记》（未刊本），1969 年 12 月 18 日，《蒋中正先生年谱长编》第十二册，第 657 页。

介石对蒋经国多委以大事，所以这次会议可看作是美台领导人之间最高级别的一次会晤。蒋经国表示，安全是台北当局最关心的事情，因为柬埔寨、老挝和越南问题，台湾有被边缘化的趋势。作为回应，尼克松表示“尼克松主义”的目标并非是从亚洲撤出。其次，该政策一个往往被忽视的方面是，美国希望帮助盟友们“自助”。尼克松再次强调美国不会背弃盟友。[1] 次日，蒋经国还就军事援助问题与美国国防部长莱尔德（Melvin Laird）进行了专门的讨论。1971 年 12 月 30 日，台湾“外交部长”周书楷拜会基辛格，就中美缓和背景下台湾的防务问题表达了极大的关注，希望美国能增加军事援助，比如 F-104 战机和坦克等。基辛格表示美国没有任何削弱对台军事援助的举措，并说对中国大陆的缓和政策是形势所驱，而非内心意愿。[2]

1972 年 3 月，尼克松访华回到美国后，“驻美大使”沈剑虹立即登门拜会。尼克松一方面表示《上海公报》只是一份声明而不是一项条约，另一方面表示美国支持两岸和平解决问题。当沈追问大陆有没有承诺放弃使用武力，尼克松回答“没有”。第二天，沈剑虹即飞回台北面见蒋介石。后者听完汇报神色凝重，表示“从此以后，我们要比以前更依靠自己”。[3] 5 月，沈剑虹从台湾述职归来，

1　Memorandum of Conversation, April 21, 1970, in *FRUS*, 1969 - 1972, Vol. XVII, China, pp. 197-202. 对于尼克松的承诺，蒋介石已不再信任，甚至认为尼克松是比“共党”更为“险恶”之人：“俄共险恶狡诈，乃是阳性的，人人皆知。而尼氏阴险虚妄，则属阴性……但余对尼氏早已绝望，凡事只有自立自强，而对其毫无希求，故决不以为介意也。”《蒋中正日记》（未刊本），1970 年 10 月 30 日，《蒋中正先生年谱长编》第十二册，第 712 页。

2　Memorandum of Conversation, December 30, 1971, in *FRUS*, 1969-1972, Vol. XVII, China, pp. 629-634.

3　沈剑虹：《使美八年纪要：沈剑虹回忆录》，世界知识出版社，1983，第 11 页。蒋介石对美国之不信赖，使其想起在大陆的败退，认为“大陆以依赖外援而沦陷，驻台以经援断绝而图强，于是经济反得独立自足”，未来台湾“再不可以外援联防为依据，重蹈大陆之覆辙”，而应具备“迈向独立自强之心理”。《蒋中正日记》（未刊本），1972 年 3 月 2 日，《蒋中正先生年谱长编》第十二册，第 779—780 页。

向基辛格通报了台湾领导人对尼克松访华的反应。沈剑虹再次提到了对台军事援助的问题，问及援助清单的状况：200 辆 M-48 型坦克、100 架 F-5E 和 45 架 F-5B 战机等。基辛格表示白宫没有延缓这些援助项目。[1]

1972 年 8 月 10 日，沈剑虹与莱尔德会见，专门就美国军事援助问题与其磋商。在会见中，沈强烈表达了对大陆空军发展迅速的担心，敦促美国尽快交付战斗机 F-4D 和合作生产 F-5E。美方在事前给莱尔德的备忘录中表示美国将继续保持台湾现有的军事实力，同时也要强调美国的支持受到财政支出的限制。对于沈剑虹屡次提到的战机问题，美方答复：目前对台军事援助的资金已经不足，暂时无法满足台湾的需求。[2]

从尼克松上任到其访华之后，美台一直围绕台湾的安全问题反复交涉。美国采取的方式是“安抚”，至于台湾一直期盼的军事援助则竭力“拖延”。虽然中美和解的进程步步加快，但美国对台安全承诺更多的是“口惠而实不至”，因此自主进行核开发再次成为台湾应对尼克松主义“自助”号召的“选择”。

1945 年 8 月，美国两个原子弹投向日本广岛、长崎，彻底摧毁了日本的心理防线，也宣告了日本发动的太平洋战争最终失败。此后，原子弹就成为最具威力的大规模杀伤性武器，也是冷战时期美苏军备竞赛的核心武器之一。核武器在战略意义上的“边际效益”远大于其应用价值，促使许多国家和地区都试图从发展核武器中获

1　Memorandum of Conversation, May 3, 1972, in *FRUS*, 1969-1972, Vol. XVII, China, pp. 894-897.

2　Memorandum of Conversation, August 10, 1972, in *FRUS*, 1969-1972, Vol. XVII, China, pp. 1037-1039.

得更大的利益。[1] 因而从 20 世纪 50 年代起，核武器就有不断扩散和蔓延的趋势。其中，台湾从 20 世纪 60 年代到 80 年代几欲拥有制造核武器的能力，但经过美国和国际原子能组织的屡次压制，台北的核武迷梦最终还是破碎了。1988 年初张宪义出逃美国、台湾宣布放弃发展核武器后，再未启动发展核武的计划。

1　约翰逊总统时期，美国政府高层对于国际核扩散形势曾有过争论，国家安全事务助理沃尔特·罗斯托（Walt Rostow）认为，推动发展核武器通常有几种原因，每个国家可能是不同原因的组合：（1）民族自豪感，作为显示科学和工业能力的手段；（2）进入东西方外交更高层次的筹码；（3）对两个核大国施加压力，提升在本阵营内部的地位；（4）在集体安全体制失效的情况下提供遏制的军事力量；（5）增强国家在外交和非核武器军事行动中的外交能力，包括可能的核讹诈；（6）获得进入那些与核武器和发射系统有关的工业技术领域的机会。参见 A Way of Thinking about Nuclear Proliferation, November 19, 1964, in USDDO, Gale, 2019, CK3100260816。

第五章
第二次台海危机中美国的核决策

1958 年是美国开展在亚太地区部署核武器的第一年。为了履行《美台共同防御条约》，同时加强台湾的防务以保持台海均势，美国在台南的美军基地部署了核武，为其提供核保护伞。然而就在是年夏，第二次台海危机爆发，并成为检验"大规模报复"战略和亚太地区核部署有效性的"试金石"。[1] 在以往研究中，有两个相互关

1　两次台海危机都是两岸学者长期关注的话题，随着档案的不断解密，其中的研究话题也日益多元。比如冯琳利用美国外交档案和《蒋中正先生年谱长编》侧重于分析美台在台海危机上因目标不同而产生的矛盾，同时揭示两岸在一个中国立场上的默契粉碎了美国"两个中国的图谋"。奚庆庆利用英国档案，梳理出危机过程中英国态度不断调整，由分歧逐步走向支持美国的过程。但也有学者认为在危机一开始英美就几乎完全站在一起，英国对美国政府的决策影响有限。孙绍正用"理性行为者模式"分析美国在台海危机中通过软硬两手、外交与军事并用的手段达到维持台海现状、降低冲突烈度的目标。他还通过还原国家安全委员会各部门的争论与博弈，展现艾森豪威尔如何身处幕后，让其核心幕僚成员贯彻其处理危机的意志。张淑雅从美国对台"反攻大陆"政策变化的角度，指出第二次台海危机期间对蒋介石的制约最终促成"反攻"走向"淡化军事、突出精神"之路。参见冯琳：《1958 年台海危机中的美台分歧及美国"两个中国"设想的落空》，《军事历史研究》2018 年第 1 期；奚庆庆：《第二次台海危机与英国对美的外交因应及政策》，《安徽史学》2019 年第 4 期；赵学功、王亚萍：《英国、美国与第二次台湾海峡危机》，《当代中国史研究》2018 年第 4 期；孙绍正：《艾森豪政府处理第二次台海危机之理性决策分析》，《国防杂志》（台北）2010 年第 1 期；孙绍正：《美国国安会主要成员在 1958 年台海危机期间之决策争辩与妥协》，《国防杂志》（台北）2011 年第 3 期；张淑雅：《台海危机与美国对"反攻大陆"政策的转变》，《"中央研究院"院近代史研究所集刊》（台北）2001 年第 36 辑；《"主义为先锋，武力为后盾"：八二三炮战与"反攻大陆"宣传的转变》，《"中央研究院"近代史研究所集刊》（台北）2010 年第 70 辑。

联且为学者们一直关注的问题：第一，整个艾森豪威尔时期有三次意欲使用核武器来应对地区危机，除第二次台海危机外，在执政初期的朝鲜战争、第一次台海危机中“未使用”的原因有哪些；第二，就第二次台海危机而言，在基本完成亚太地区的战术、战略核武器部署的情况下，仍“未使用”的原因是什么。

有学者对比研究了全部三次东亚地区的危机以及美国在其中的核决策，认为1953年朝鲜战争和1954年第一次台海危机中，艾森豪威尔和国务卿杜勒斯更多的是以“高调吆喝”的方式充分利用核武器的威慑作用，而实际上美国并没有切实可行的作战方案。还有学者指出，除参联会主席之外的大部分高官都反对是前两次没有使用核武的原因。而对第二次台海危机，很多根据美国解密档案进行研究的成果认为这是一个美国对中国进行成功“威慑”的案例。随着中国档案的开放以及利用，人们发现台海危机是中美相互的“威慑”，中国并非因美国的“威慑”而主动降低对抗程度，各自达到了目的。有的学者从“大规模报复”战略的实践出发探讨该战略在危机中遇到的困境，还有学者专门讨论美国国内舆论对政府政策转变的影响。[1]

赵学功教授利用美国国家档案馆所藏国务院、参联会和政策计

1 Appu K. Soman, *Double-Edged Sword Nuclear Diplomacy in Unequal Conflicts The United States and China, 1950－1958* (Westport: Praeger, 2000); H. W. Brands, Jr., “Testing Massive Retaliation: Credibility and Crisis Management in the Taiwan Strait,” *International Security* 12, no. 4 (1988): 124–151; Matthew Jones, “Targeting China: U. S. Nuclear Planning and Massive Retaliation in East Asia, 1953－1955,” *Journal of Cold War Studies* 10, no. 4 (2008): 37－65; Leonard H. Gordon, “United States' Opposition to Use of Force in the Taiwan Strait, 1954－1962,” *Journal of American History* 72, no. 3 (1985): 637－665; George Eliades, “Once More unto the Breach: Eisenhower, Dulles, and Public Opinion During the Offshore Islands Crisis of 1958,” *Journal of American-East Asian Relations* 2, no. 4 (1993): 343–367; David Mckinley Walker, “Eisenhower's New Look, Tactical Nuclear Weapons, and Limited War with a Case Study of the Taiwan Strait Crisis of 1958” (PhD diss., George Washington University, 2004); Richard Hanania, “Tracing the Development of the Nuclear Taboo: The Eisenhower Administration and Four Crises in East Asia,” *Journal of Cold War Studies* 19, no. 2 (2017): 43–83.

划室档案，分析了外部的盟国、舆论和内部各部门之分歧与未能使用核武器的关系，同时还提出中国在危机期间灵活主动的外交政策也是重要的因素。张淑雅研究员则从大处着眼，认为美国竭力避免使用核武，原因在于“大规模报复”战略和缩减地区军事投入相互矛盾，反映了应对地区危机时坚持战略原则却缺乏足够常规力量的困境。[1] 在诸多研究中，两位学者的成果最富有启发性，也促使笔者进一步发掘档案并加以探讨：除国际局势考虑和内部反对声音之外，在朝鲜战争、第一次台海危机中两度对中国进行核讹诈，已经完成在中国周边“核战布局”的美国，实施对华核打击是否在危机前早已存在“思维困局”和“实践障碍”？公开叫嚣“用核”之“表”与实际无可操作方案之“里”有何关系？

第一节　美国政府对核政策的反思与检讨

1955 年，第一次台海危机结束。经过这次危机，艾森豪威尔得到的经验教训是，即便“丢失”部分外岛，国民党在台湾岛内的地位也不会有太大的影响。而对美国来说，盲目卷入台海争端得不到绝大部分民众以及西方盟国的支持。危机过后，中美在日内瓦的大使级会谈也没有对双方关系起到实质性的推动作用，只是解决了交换战俘和滞留人员的问题，特别是在解除对华禁运上没有任何进展。1957 年 6 月 28 日，杜勒斯在旧金山发表演讲，对中国的政策和行为大加诋毁，彻底关上了双方对话的大门。随着美国加紧制造“两个中国”局面、不断加大对台援助力度，特别是 1958 年初将可

1　赵学功：《第二次台湾海峡危机与美国核威慑的失败》，《历史研究》2014 年第 2 期；张淑雅：《困境重现之因：1958 年台海危机与美国的外岛政策再思考》，《“中央研究院”院近代史研究所集刊》（台北）2012 年第 77 辑。

携带核弹头的“屠牛士”导弹输入台湾，反倒让蒋介石看到了可乘之机，逐步扩大在金门、马祖等外岛的布防，使两岸局势日趋紧张。

然而，如果我们把眼光投射进美国政府内部，早在1955年高层就已经开始检讨核政策和国家安全战略，且各方的意见及争论到1958年时还未落定。这让我们似乎可以得出这样一个结论：第二次台海危机爆发，恰恰处于美国安全战略的转型期，“旧制已衰，新制未立”，决策者们越来越意识到“大规模报复”战略在应付地区冲突中的局限，却还未找到能够衔接或补充原有战略的办法，最终造成了危机过程中不同部门的意见冲突和决策混乱。

首先进入美国政府高层议题的，是随着核威力不断增大、核试验不断增加且事故频发的情况下，美国国内与国际社会对突然爆发“核大战”有多少的“耐受力”。为此，艾森豪威尔建议组织各个领域的专家进行研究。1955年10月，国安会要求国务院先行筹备。一个月后，国务院列出了名单。[1] 这项研究任务须在1956年12月1日前完成，设定的主题包括：核武器对人们态度和行为的长期影响；民众对领导人发动核大战的态度；核大战对民众和社会组织的影响。[2] 如前所述，这个话题主导了1955—1957年美国政府内部有关核武器及相关政策的讨论。

报告于1956年11月21日被提交给国家安全委员会。它指出，在没有显著改善预防措施的情况下，对美国大规模的核攻击会导致大约5000万人死伤，且会使战时政府处于危机之中，国家也会分

---

1 Study of the Human Effects of Nuclear Weapons Development, November 25, 1955, in White House Office, Office of the Special Assistant for National Security Affairs: Records, 1952-1961, NSC Series, Briefing Notes Subseries, Box 9, DDEL.

2 Memorandum for Dillion Anderson: Human Effects of Nuclear Weapons Development, March 13, 1956, in White House Office, Office of the Special Assistant for National Security Affairs: Records, 1952-1961, NSC Series, Briefing Notes Subseries, Box 9, DDEL.

裂。在突然袭击中，人们的心理会因为破坏和死伤规模而受到冲击。对此，政府和一些民众领袖应该就核时代的国家安全实施公众教育和行动计划，包括对核袭击有所准备。而且，民防计划应该融入政府的常规运作和社区常规活动。“在应对核时代存在的各种复杂问题和危险时，美国人民的传统和制度能够赋予他们力量，但这种力量必须通过有效的教育、激励人心的领导力来培养。”[1] 在报告的结尾，专家组认为随着人们意识到核武器的影响，所有国家的人民，“当面临核武器能够具备相互摧毁的能力时，将不大可能支持民选领导人发动一场核大战”。

次年1月底，国安会执行秘书莱（James Lay, Jr.）提交国安会的备忘录对报告进行了提炼，认为报告最初的目的是请各界专家对关键性问题进行小范围讨论，实际的结果已经超越了这个目标。备忘录还指出，报告提出了很多涉及国家安全评估的问题，特别是面对核时代的大规模战争，除了大量平民的伤亡，国家也将陷入分裂，这些后果值得关注。[2] 参联会讨论了该报告后，表示支持国家安全委员会的看法。[3]

除了核武器对人类社会的潜在破坏力，从军事角度对“大规模报复”战略有效性的思考也逐渐“上行”到决策高层。早在1957年8月，卡特勒就向艾森豪威尔反映，政策计划部门频繁提出的一个问题是：如何保有足够的能力应付有限战争？最初提出该问题的是国务院，后来国防部也表达了一定的关注。特别是近期，政策规

1　The Human Effects of Nuclear Weapons Development, November 21, 1956, in White House Office, Office of the Special Assistant for National Security Affairs: Records, 1952–1961, NSC Series, Briefing Notes Subseries, Box 9, DDEL.

2　Memorandum for the National Security Council: The Human Effects of Nuclear Weapons Development, January 29, 1957, in White House Office, Office of the Special Assistant for National Security Affairs: Records, 1952–1961, NSC Series, Briefing Notes Subseries, Box 9, DDEL.

3　Human Effects of Nuclear Weapons Development (C), July 30, 1957, in RG218, Central Decimal File, 1958, Box 80, NARA.

划委员会[1]的两位军方代表又提了出来。至于如何应对，高层在当时并无确切答案，并约略觉得在国际局势紧张和财政限制并存的时候，优先考虑强化“阻遏全球战争发生”的手段。鉴于兹事体大，卡特勒建议更高层级的决策部门（总统或国安会）组织专门小组进行讨论。[2]

更值得注意的是，这份备忘录附有两份美国军方的报告。其中，第一份报告主要讨论了核武器的威力与军事政策之间的关系。随着现代武器的发展，特别是爆炸威力的不断增强，认为只要核武器越大越多就能保证军事战略上的优势，这个思路是有问题的。因为，任何事物都有局限，特别是强调火力（firepower）会出现几种可能：情况一，敌我双方都最大限度地相互使用核武器；情况二，双方互相使用核武器并采取防御措施，使得一方或双方免于完全的破坏；情况三，面对一场小规模战争，双方都不希望扩大为核大战；情况四，保持冷战对峙或出现比情况三更小规模的游击战。对于情况三所反映的局部战争，一味增加核武器威力不是长远之策，即使使用当量较小的战术核武器。“这种武器会伤及自己的军队，而且在发射或取消发射之前必须获得充足的情报。”[3] 而另一份报告则认为需要重新考虑越来越依仗核威慑的政策。“如果要实现威慑，一国必须有能力（can）且有意愿（will）使对手确信冒险行动

1 Policy Planning Board，由国务院政策规划室牵头，国务院、白宫和国防部分别派代表参与政策制定和协调的机制。

2 Memorandum for the President: Limited War in the Nuclear Age, August 7, 1957, in White House Office, Office of the Special Assistant for National Security Affairs: Records, 1952-61, Special Assistant Series, Chronological Subseries, Box 5; White House Office, Office of the Special Assistant for National Security Affairs: Records, 1952-1961, OCB Series, Subject Subseries, Box 3, DDEL.

3 Increasing Emphasis on Firepower, July 11, 1957, in White House Office, Office of the Special Assistant for National Security Affairs: Records, 1952 - 61, Special Assistant Series, Chronological Subseries, Box 5; White House Office, Office of the Special Assistant for National Security Affairs: Records, 1952-1961, OCB Series, Subject Subseries, Box 3, DDEL.

无利可图。如果不能做到这两点，威慑就会失败，反而刺激对手。”对于美国来说，战略空军、航母、导弹潜艇等这些“能力”已经足够让人确信，只是“意愿”不足。但是有什么力量能够推动总统按动核按钮，毁灭千万计的俄罗斯人甚至美国人，两国工业、城市遭到破坏，世界还可能被污染？没有人知道。报告怀疑，只有两国国土直接遭到攻击时才可能发生这种极端情况。而且，如此“冒天下之大不韪”的行为得不到盟国的信任和支持。因此，对于可以依靠核威慑来进行局部战争，报告虽持极大的怀疑态度，却也没提出更好的办法。[1] 两份报告指出了问题却无解决方案，“大规模报复”战略在应付局部战争上的困境已浮出水面。

1957 年 10 月，苏联卫星“斯普特尼克 1 号”成功发射，极大震动了美国社会和政界，媒体也惊呼美苏之间出现了“导弹差距”。这种状况意味着美国在战略武器投放能力上大大落后于苏联，其核优势遭到严峻的挑战。为此，艾森豪威尔决定再次组织专家委员会来研究对策。11 月 7 日，国安会将完成的报告以 NSC5724 号文件的形式提交给总统，此即著名的“盖瑟报告”。[2] 艾森豪威尔准备通过他比较习惯和信任的国安会会议来对这份报告进行讨论并制定具体政策。12 月 16 日进一步修订的 NSC5724/1 号文件，实际上就

1 Increasing Reliance upon Deterrent Capabilities, July 11, 1957, in White House Office, Office of the Special Assistant for National Security Affairs: Records, 1952 - 61, Special Assistant Series, Chronological Subseries, Box 5; White House Office, Office of the Special Assistant for National Security Affairs: Records, 1952-1961, OCB Series, Subject Subseries, Box 3, DDEL.

2 Report to the President by the Security Resource Panel of the ODM Science Advisory Committee: Deterrence & Survival in the Nuclear Age, November 7, 1957, in White House Office, Office of the Special Assistant for National Security Affairs: Records, 1952-1961, NSC Series, Policy Paper Subseries, Box 22, DDEL; *FRUS*, 1955 - 1957, Vol. XIX, National Security Policy, pp. 638 - 661.

是要求各部门对盖瑟报告提出评论与建议。[1] 从 1958 年 1 月开始，经过六个月的时间，报告提出的问题几乎贯穿了大多数国安会的会议。而在半年之后至其任期结束再到肯尼迪时期，报告提出的事务也时常出现在国安会的讨论当中。总体而言，盖瑟报告建议美国减少战略力量的弱点，增强弹道核导弹研发能力，改善应对有限军事行动的能力，重组国防部，建设保护平民的避难所。报告还认为美国必须迅速做出反应，否则将失去在战略上制衡苏联的机会。“盖瑟报告极大地影响了艾森豪威尔第二届任期的国家安全政策。”[2]

1958 年 4 月 7 日，国务院和国防部举行联席会议，从“安全战略”的高度检讨“大规模报复”战略形成以来的美国核政策。会上，杜勒斯对目前“有没有足够的威慑能力”表示疑虑，同时认为该战略可能还有效，但“实施会有局限”。自 1950 年以来，核技术发展迅速，美苏都拥有了较大的核武库。美苏之间的核大战不仅会毁灭双方，也会让整个北半球不再适合人类生存。同时，盟国越来越不能接受因局部冲突而引发核大战，美国和它们的分歧会日益加大。他提到英国、法国、德国甚至意大利都对美国的“战略观念”提出了质疑。杜勒斯还指出，美国核武库中还没研制出合适的种类，能让美国设计出一种“地区防御”理念，而且这个研发的时间不会短。他甚至提出，美国是否已经成为原有战略思想的“囚徒”或是陷入了恶性循环？如果没有“清洁”的战术核武器，美国的战略设计就无法实践。当然，他的意思并非是放弃“大规模报复”能力，而是认为美国应该增加灵活性。国防部长麦克尔罗伊（Neil

1 NSC5724/1: Comments and Recommendations on Report to the President by the Security Resource Panel of the ODM Science Advisory Committee, December 16, 1957, in White House Office, Office of the Special Assistant for National Security Affairs: Records, 1952-1961, NSC Series, Policy Paper Subseries, Box 22, DDEL.

2 David Snead, *Gaither Committee, Eisenhower and the Cold War* (Columbus: Ohio State University Press, 1999), p. 3.

McElroy）赞同“武器的设计和生产应反映战略观念的变化”，战略观念变了，武器应该随之进行改进。参联会主席特文宁（Nathan Twining）补充说，美国大当量和小当量的武器都在顺利研发和生产。海军作战部长伯克（Arleigh Burke）也认为美国不缺乏打大战的能力，但应该尽快修订军事战略以应付介于常规战争和核大战之间的情况。参联会成员、陆军参谋长泰勒补充道，现在确实没有符合“有限战争”要求的战术核武器，要到1960—1961财年才能生产出来10吨当量的小型核元件。[1] 会后，卡特勒给了杜勒斯和麦克尔罗伊一份备忘录，阐述自己在这个问题上的观点。首先他认为核大战已经过时了，因为作为一种国家目标实现手段，其造成的破坏无法估量。“大规模报复”战略旨在威慑，不是发动攻击，主要针对的是苏联一些人口密集型城市而非军事目标，这在双方都拥有报复、摧毁对方的能力的当前不仅不可行，而且一味投入会损害局部冲突的应对能力。“应对有限战争，美国的目标应该是稳定局势，而非力求速胜、引发敌对的反应，最终导致大战爆发。”[2]

---

1 Summary of Conclusion re Military Strategy and Nuclear Policy, April 7, 1958, in White House Office, Office of the Special Assistant for National Security Affairs: Records, 1952-1961, NSC Series, Briefing Notes Subseries, Box 14, DDEL; Memorandum of Conversation, April 7, 1958, in DNSA, ProQuest, 2019, NH00099. 就在同一天，针对罗素等科学家与和平主义者的呼吁，国务院内部也在讨论如何应对舆论，其中给副国务卿的一份备忘录显示，这些科学家提出了一个尖锐的问题：“是在共产主义奴役之下活着，还是盲目地走向人类集体灭亡?”与苏联互扔核弹的结果就是将北半球置于灾难之中。他们认为，核大战轻则会威胁人类的未来生存，重则可能会因为骨癌蔓延而影响整个动物界。W. Y. Klliott to the Under Secretary: The Question of Nuclear Destruction as It Affects the Future of the Human Race on this Globe, April 7, 1958, in White House Office, Office of the Special Assistant for National Security Affairs: Records, 1952-1961, OCB Series, Subject Subseries, Box 5, DDEL.

2 Cutler to John F. Dulles re Military Strategy and Nuclear Policy, April 7, 1958, in White House Office, Office of the Special Assistant for National Security Affairs: Records, 1952-1961, NSC Series, Briefing Notes Subseries, Box 14, DDEL. 卡特勒谈及的内容，最早是1957年9月20日由海军战争研究组的一份编号为NWG71-57的研究报告“核平衡对国家政策的影响”提出的。参见 White House Office, Office of the Staff Secretary, Records of Paul T. Carroll, Andrew J. Goodpaster, L. Arthur Minnich and Christopher H. Russell, 1952-1961, Subject Series, Department of Defense Subseries, Box 5, DDEL。

这次会议对于理解第二次台海危机中美国的核决策非常关键。[1]就在危机爆发前四个月，高层内部讨论清晰地表明，这一时期美国的因应之策实在是“捉襟见肘”：如果准备在地区冲突中使用核武，核武库中并没有可供调用的“清洁核武器”；如果主要依靠常规力量，则取决于危机一旦爆发，美国紧急部署、调动和运输的能力。[2]似乎最可行的，就是利用虽已过时，却尚可利用的“大规模报复”能力来威慑对手，但并非真正动用核武，以避免局势失控，最终实现美国的目标。用卡特勒的话说，就是“应对有限侵略的目标及手段必须是有限的，外交和军事行动的原则应限制在不宜‘赢得过多’——赢得战争的目标应该被‘稳定局势、避免升级’所取代”。

如前所述，军方早已提出“大规模报复”战略存在局限，盖瑟报告的出台又让这个问题愈加凸显。1958 年 3 月，国安会要求国务院和国防部尽快完成有关对“有限战争”的评估。5 月间，一直在调研有限军事冲突应对能力问题的陆军部，也敦促高层早日组织各部门联合研究。[3] 作为结果，“当前至 1961 年 7 月 1 日美国和盟国对有限军事行动的能力”报告最终在 6 月份出台，由麦克尔罗伊和杜勒斯联合签署并提交国安会。

这份长达 265 页的报告专门对远东地区发生的有限军事行动做

---

1 杰拉德·史密斯的回忆录也强调这次会议的重要性，杜勒斯在会上指出美国“制造出了许多战术核武器，但是缺少使用它们的指导方针”，这一点得到了军方的伯克、泰勒和麦克尔罗伊的赞同，也认为美国还未研发出适合低于“大规模报复”战略层级使用的核武器。参见 Gerard C. Smith, *Disarming Diplomat: The Memoirs of Ambassador Gerard C. Smith, Arms Control Negotiator* (Lanham: Madison Books, 1996), pp. 75-76。

2 “大规模报复”战略实施以来，美国国防战略向核报复能力倾斜，而对远东地区的常规力量投入则显得不足。有关内容可参见张淑雅：《困境重现之因：1958 年台海危机与美国的外岛政策再思考》，《“中央研究院”院近代史研究所集刊》（台北）2012 年第 77 辑。

3 National Level Study on Capabilities to Cope with Limited Military Operations, May 27, 1958, in White House Office, Office of the Staff Secretary, Records of Paul T. Carroll, Andrew J. Goodpaster, L. Arthur Minnich and Christopher H. Russell, 1952-1961, Subject Series, Department of Defense Subseries, Box 1, DDEL.

了假设性评估，并提出“在启动和执行有限军事行动中，决策过程的决定性因素是政治而非军事”。除了分析盟国对有限战争的态度和支撑力度，报告指出在诸多有限的军事行动中，核武器只是最后的选项。即便如此，应对这种冲突必须做好准备工作，因为拟用的核装备和相关的支撑设施建设是必要的。但是报告认为，目前美国在远东地区的准核武器能力不足。最适合于有限战争使用的、属于高能范畴的“清洁核武器”，最快也要到 1961 年 7 月才能研发出来。而且，如果限制使用核武器，很可能要额外部署军队、建立海外军事基地和设施，加强海、空军连接本土的通道建设和海外后勤保障运输能力建设。应对有限军事行动的效果，取决于海空力量的及时支援，特别是美国本土军力的投放速度。[1]

美国高层在讨论可用的战术核武器时，多次谈及核武库中乏善可陈。这是因为自福龙丸事件发生后，美国军方开始注重对小型核武器实用性，特别是核弹空爆效果的评估，其结果却并不如人意。1955 年 7 月，参联会曾指示武器系统评估小组（WSEG）评估在军事行动中使用核武产生放射性尘埃的影响。1956 年 7 月，美国在太平洋进行“红翼鸫行动”（Operation Redwing）氢弹试验后，高能热核武器爆炸产生的大量放射性物质，不仅引起了公众的关注，也引发决策者对核武器使用乃至核政策的思考。在原子能委员会主席斯特劳斯的推动下，开始寻求研制上述报告中提到的“不会导致人

1　U. S. And Allied Capabilities for Limited Military Operations to 1 July 1961, June 18, 1958, in White House Office, Office of the Special Assistant for National Security Affairs: Records, 1952-1961, NSC Series, Policy Paper Subseries, Box 22, DDEL.

类灾难”的“清洁核武器”。[1] 对此，1958 年 3 月 20 日，艾森豪威尔专门召集参联会及幕僚进行讨论，在会议上军方对前景并不乐观，认为以美国的技术能力需要 5—10 年才能制造出来。[2]

同时期，参联会要求联合战略规划委员会（JSPC）考察空爆核武器的实战价值。1957 年 6 月，武器系统评估小组提交了报告。1958 年 4 月 9 日，参联会批准了“1958 年 7 月至 1959 年 7 月联合战略能力规划报告”的核武器附件，其中对使用空爆核武器的操作程序做出了指导。报告得出的基本结论是，空爆核武器在破坏性和投放方面有其固有的军事价值，但更适用于核大战。空爆在军事上的不利因素也很多，放射性尘埃不仅对敌方产生影响，战场上的美军和友军同样也面临严重威胁。加上军事效果取决于投放区域、气象条件等复合因素，使得控制其破坏程度成为一个难题。综合考虑，报告认为“使用空爆核武器带来的危害，可能会大大超过军事上的收益”。[3] 7 月初，根据国安会的指示，参联会敦促武器评估部门建立机制，对海外引爆核武器产生的放射性尘埃进行监测和报告。[4] 同期，原子能委员会还向国安会提交备忘录，预测世界人口

1 “清洁核武器”是相对于传统核武器和脏弹而言的，指的是采取核裂变方式且控制裂变过程以较少产生放射性物质、对非军事目标和人员以及环境造成的污染较小的核装置。1958 年开始，艾森豪威尔政府将“清洁核武器”问题与“有限战争”结合起来考虑，但技术难度和时间限制让高层试图以“可用的武器”支撑“可行的战略”暂时无法实现。这也是为何直到肯尼迪时期才推出“灵活反应战略”的原因之一。有关这一问题可参考 Toshihiro Higuchi, “‘Clean’ Bombs: Nuclear Technology and Nuclear Strategy in the 1950s,” *Journal of Strategic Studies* 29, no. 1 (2006): 83-116。

2 By Cutler re “Clean” Nuclear Weapons, March 21, 1958, in White House Office, Office of the Special Assistant for National Security Affairs: Records, 1952-1961, NSC Series, Briefing Notes Subseries, Box 14, DDEL.

3 Operational Implication of the Use of Surface-Burst Nuclear Weapons (U), April 25, 1958, in RG218, Central Decimal File, 1958, Box 80, NARA.

4 Overseas Nuclear Detonation and Radiative Fallout Reporting System, July 16, 1958, in RG218, Central Decimal File, 1958, Box 80, NARA.

范围内可承受的核武器数量。[1] 军方的评估报告表明，空爆核弹会引发大规模平民死伤以及导致美军伤亡，而在有限战争中可以使用的“清洁核武器”却尚无踪影。

然而，就在这种“纸上、手中皆无可谈之兵”——高层对应对地区冲突还没有形成统一策略、核武库中尚无可用于实战的武器装备之时，台海地区已是阴云密布，一场考验华盛顿的危机正悄然逼近。

第二节　危机爆发前对使用核武器的持续争论

在内部深入讨论“大规模报复”战略有限性之前，美国政府高层将第一次台海危机期间没有使用核武器主要归咎于内外环境和条件，并未反思安全战略本身。因此，在两次台海危机之间，美国仍然是按照既往策略加强台湾“防卫”。杜勒斯在 1955 年 3 月 10 日的国安会会议上曾言，同中国在台海的对峙，美国是否要为台湾“打一场仗”更多的是一个时间问题，因为在西欧问题没有解决，特别是联邦德国没有加入北约之前，美国不能与中国直接起冲突。此外在他看来，美国和国际舆论环境对“用核”也不利。他说，如果舆情不允许，美国即使按照使用核武器来设计军事计划，到时候也不得不改变。[2] 在当时，军方给出的意见是，不对中国大陆的军事基地使用战术核武器就无法实现对金门、马祖的有效“防卫”，因为美国在台海没有足够的常规力量，也无法接受常规力量对抗产

1　The Number of Nuclear Weapons Which Might Be Tolerable to World Populations, July 7, 1958, in RG218, Central Decimal File, 1958, Box 80, NARA.

2　240th Minutes of Meeting of the NSC, March 10, 1955, Eisenhower, Dwight D. : Papers as President of the United States, 1953-1961 (Ann Whiteman File) , NSC Series, Box 6, DDEL.

生的伤亡人数。[1] 而且1954年12月至1955年2月间，美国在远东涉及核武器的军事调动，包括向冲绳部署了核炸弹，向日本部署了无核炸弹，[2] 显然是针对台海局势的。

特别是1958年上半年，可发射核弹的“屠牛士”导弹入台，更是助长了蒋介石的气焰。1958年5月7日，参联会通过了对上年度NSC5723号对台政策文件的进展报告。[3] 第二天，特文宁给国防部长的备忘录显示，2月份国民党当局曾向美国“提出导弹要求和原子能用于其他用途”的提议，即请美国向台湾有关人员提供培训课程以使用导弹和核武器。参联会经过考虑制定了JCS2118/100号文件，认为台湾是适合部署中程导弹的地区，优先次序低于北约和其他非北约欧洲地区。但美国的军事规划在考虑以某些现代武器加强盟国威慑和报复力量时，“会同时考察接收国保持和使用该装备的能力以及国内安全程度”。参联会最终认为台湾还不具备这两个条件。[4] 华盛顿最担心的是，不知道蒋介石获得导弹、核武器这些装备后会用作何处。对于1958年夏蒋介石增兵金门、马祖的意图，有学者认为退一步可将外岛作为测试美国拱卫台湾的决心，进一步则可能诱使美国上钩以协助其“反攻大陆”。

前文述及，6月中旬国务院和国防部联合出台了有关有限战争的对策报告，其中附件B就是专门针对台海地区发生有限军事行动

---

1 比如8月29日，参联会给太平洋司令部的电报显示，如果台海开战，核空袭将调动驻扎关岛的B-47轰炸机，若需增援则从美国本土调防。To CINCPAC CP H M Smith TH, August 29, 1958, in RG218, Geographic File, 1958, Box 5, NARA.

2 Robert S Norris, William M. Arkin & William Burr, “Where They Were,” *Bulletin of the Atomic Scientists* 55, no. 6 (1999), Appendix B.

3 OCB Report on U. S. Policy toward Taiwan and the Government of the Republic of China (NSC5723), May 7, 1958, in RG218, Geographic File, 1958, Box 5, NARA.

4 Memorandum for the Secretary of Defense: GRC Proposals for Improvements to the Defense of Taiwan (U), May 8, 1958; Report by the Joint Strategic of Plans Committee to the JCS on GRC Proposals for Improvements to the Defense of Taiwan (U), April 21, 1958, in RG218, Geographic File, 1958, Box 5, NARA.

的评估，假设中国人民解放军渡海作战，第一阶段由国民党和美军共同抵御 7—10 天，并发出使用核武器的警告。具体内容包括台海发生局部冲突的可能性及各自目标、蒋介石政权可提供的支撑、亚洲及国际各国的反应、美国应对方案等方面。这份文件的重要性在于，它提出的诸多问题均在危机爆发后成为制约美国使用核武器的因素。比如，在讨论日本的美军基地时，文件判定如果美国进入到使用核武器的阶段，日本政府很可能会禁止美国使用日本领土范围内的基地。[1] 参联会还敦促总统对军方酌情使用核武器进行提前授权，包括第一阶段的“警告使用”和第二阶段初期的“使用”。当然，选择使用核武器是谨慎的，主要针对“入侵”和支援部队，其后是轰炸机场、港口、发射基地、通信网络等军事目标。但是核攻击限于大陆的军事能力，但同时又指出一些军事目标坐落于人口密集的地区……[2] 为了减少平民伤亡，同时做好军事上的动员和准备，美国在使用前将给出 7—10 天的警告期限。[3] 文件的最后还对苏联的角色进行了估计，认为莫斯科可能会给予支持，至多以志愿军的形式出兵，但在初期不会提供核武器。

显然，美国是否决定使用核武器，苏联是一个重要的变量。在赫鲁晓夫秘密访华前夕，按照国安会的指示，中情局对远东地区爆发有限冲突进行评估：如果美国使用核武器，中苏和“自由世界”

1　1957 年 10 月，新闻署报告日本人对驻军及基地的态度日趋负面，主要是担心朝鲜半岛和台湾海峡一旦发生危机，日本必将卷入其中，很可能成为美国的“核基地”，危机升级就会遭到来自苏联的核攻击。Report #14: Trends in Japanese Attitudes Toward U. S. Troops, Bases, and the Role of Atomic Weapons, October 17, 1957, in RG306, Attitude and Opinion Reports Relating to Latin America and the Far East, 1955 - 1964, Container 1; Public Opinion Barometer Reports, 1955-1962, Box 1, NARA.

2　后两行多未解密。——笔者注

3　Appendix B: Far East Area, Hypothetical Limited Military Operations in Defense of Taiwan, June 18, 1958, in White House Office, Office of the Special Assistant for National Security Affairs: Records, 1952-1961, NSC Series, Policy Paper Subseries, Box 22, DDEL.

会如何反应？报告得出的结论是：中苏会进行核报复，对台湾或第七舰队使用核武器；而在“自由世界”，亚洲国家会在一开始强烈反对，如果美国能够迅速解决危机并不伤及平民，舆论会有所改善，一旦危机升级或拖延，反对的国家会增加。[1]

1958年7月31日，赫鲁晓夫秘密访华。毛泽东与之会谈四次，均未提及台海问题。8月3日，中苏双方公开发表联合公报。这无疑是对台、对美释放重要信号。连蒋介石都认为这是中苏双方九年来合作关系中最重要的一次，立即料定大陆即将对台有所行动，如果制定好对策则是“反攻复国唯一之良机”。同日，蒋向美国“驻台大使”庄莱德（Everett Drumright）发出“警告”。[2]

台海局势似乎千钧一发，大洋彼岸已是风声鹤唳。参联会在8月初即建议国防部做好准备，增加对台军事装备援助，向远东调集美军以“防卫”台湾。比如空军可以给台湾提供“响尾蛇”空对空导弹和F-86型战斗机。[3] 12日，“驻美武官”卢福宁转告美国国防部意见，台方原来坚持索要的F-100型战机因库存不足改为F-86型交付。[4] 长期依赖核报复能力，导致在远东的常规力量投入不足，一旦发生危机，美国的政策难免首鼠两端。杜勒斯也意识到了这一点。他与白宫助理格雷（Gordon Gray）曾讨论在美苏导弹技术

---

1 Sino-Soviet and Free World Reactions to U. S. Use of Nuclear Weapons in Limited War in Far East (SNIE 100-7-58), July 23, 1958, access January 10, 2020, https://www.cia.gov/library/readingroom/docs/CIA-RDP79R00890A001000030011-1.pdf.

2 《蒋中正日记》（未刊本），1958年8月3、4日，《蒋中正先生年谱长编》第十一册，第86—87页。

3 Memorandum for the Secretary of Defense: Basis for Military Contingency Planning in the Far East (U), August 7, 1958, in RG218, Geographic File, 1958, Box 5, NARA.

4 《卢福宁致蒋中正电》，1958年8月12日，《蒋中正先生年谱长编》第十一册，第90页。早在1957年11月，太平洋司令部建议海军作战部长伯克，美军应将可携带核弹的“F-100超级军刀”战斗机部署到台湾，调防不可携带核弹的F-86型战机，借此强化西太平洋的防务能力。可见后来因各种原因并未实现。From CINCPAC to CNO, November 19, 1957, in RG218, Geographic File, 1957, Box 9, NARA.

发展情况下，监测苏联“突然袭击”的可能性。结果两人都比较悲观，预计至少要到 11 月美国才能准备好。[1] 对于台海局势，杜勒斯认为很可能要面对常规力量不足、使用核武器的局面。

8 月 12 日，杜勒斯与艾森豪威尔讨论日益紧张的台海局势。杜勒斯认为外岛只是在心理和政治上重要，这一点得到了艾森豪威尔的认同。紧张局势之所以出现，是因为苏联拥有核导弹之后“共产党集团”在边缘地带试探美国决心。杜勒斯表示，如果美国坚定不移，爆发大规模战争的可能性就不大。[2] 就在同一天，完成“压缩饼干”（Hardtack）系列核试验后，军方向总统进行汇报，提到一种小型核武器的试验效果很好，“非常有发展潜力”。艾森豪威尔听后慨叹，热核武器威力巨大，却比不上国际舆论的力量，后者更能束缚美国的政策。[3] 显然，缺少“清洁核武器”的支撑，“大规模报复”向“有限战争”转换是无法实现的。

在第二次台海危机爆发前后，曾任国务卿原子能事务特别助理、1957 年升任负责政策计划的助理国务卿史密斯，是艾森豪威尔政府内始终反对使用核武器的官员之一。8 月 13 日，他给副国务卿赫脱一份备忘录，就第二天国安会即将讨论的台海局势提出建议。备忘录透露，当时参联会的作战计划是如果大陆对外岛、台湾或韩国发起进攻，美国深入大陆对包括上海、杭州、南京和广州在内的

1　Memorandum of Conversation with Mr. Gordon Gray, August 8, 1958, in USDDO, 2019, CK2349175960.

2　Memorandum of Conversation with the President, August 12, 1958, in White House Office, Office of the Special Assistant for National Security Affairs: Records, 1952-1961, OCB Series, Subject Subseries, Box 8, DDEL; Memorandum of Conversation with the President, August 12, 1958, in USDDO, 2019, CK2349172623. 会议上，杜勒斯认为另外一件紧急的事情就是“暂停核试验谈判”，因为美苏很可能会在日内瓦达成协议。就在金门炮战的前一天，美国宣布至当年 10 月底暂停核试验。可见，这也是同时期影响高层核决策的一个重要议题。

3　Memorandum of Conference with the President, August 12, 1958, August 14, 1958, in Eisenhower, Dwight D. : Papers as President, DDE Diary Series, Box 35, DDEL.

军事目标进行核打击。这些地方人口密集，袭击必定造成平民死伤。备忘录还附上了当时热议的“有限战争”问题之要点，并认为一旦大陆进行报复，就是美苏核大战的信号。[1] 在史密斯看来，以现在军方的战争规划，美国将面临核大战的风险，“防卫”金门、马祖在政治上是行不通的。如果要做，美国必须改变军事策略，另外制定一种“能够限制战争升级”的方案。

就在同一天，国务院和国防部举行联席会议，就大陆夺取外岛的可能性进行研判，并向“至 1961 年 7 月美国与盟国在有限军事行动中的能力”工作委员会提交了报告，其中观点也反映在中情局 SNIE100-7-58 号文件中。对于是否要对大陆使用核武器，有些官员认为应该提交给工作委员会讨论。上述“至 1961 年 7 月美国与盟国在有限军事行动中的能力”报告包含一个附件，专门分析金门、马祖“防卫”中的有限战争问题。如果大陆的意图是夺取金门、马祖，美国必须尽快做出反应，包括决定使用核武器，目标范围在金门、马祖范围 500 英里半径内。[2] 军方为了灵活应对，会前准备了针对全面战争的核报复力量和应付有限战争的力量两套方案。同时认为在有限战争的必要阶段，美军是可以使用核武器的，不过须由总统决定是否授权。[3] 这份材料说明，高层对台海局势的

---

1 Memorandum for Mr. Herter on August 14 Discussion of Taiwan Straits, August 13, 1958, https: //nsarchive. files. wordpress. com/2010/03/war-with-china1. pdf. 该文件由国家安全档案项目在 2010 年 3 月公布。

2 Briefing Note for the 376th NSC Meeting on August 14, 1958, August 13, 1958; Background Information for Taiwan Straits Discussion, undated, 1958, in Eisenhower, Dwight D. : Papers as President of the United States, 1953-1961 (Ann Whiteman File), NSC Series, Box 10, DDEL; Policy Planning Staff-JCS Joint Staff Meeting, August 14, 1958, in RG59, Policy Planning Staff-Council Meetings with DOD and JCS, 1947-1962, Box 3, NARA. 但国务院的记录版本仅仅表明双方就外岛问题进行了重点讨论，并提醒决策层制定应急措施。

3 Memorandum for Gen. Goodpaster by James Lay, Jr. , August 14, 1958, in Eisenhower, Dwight D. : Papers as President of the United States, 1953-1961 (Ann Whiteman File), NSC Series, Briefing Notes Subseries, Box 10, DDEL.

分析和因应，与同期正在激辩却未有答案的“有限战争”问题有着紧密的联系。

8月14日国安会会议后，与会者留在椭圆形办公室讨论台海问题。参联会主席特文宁陈述了军方的看法：第一，美国应该支持国民党军，如有必要则动用美军，防止大陆封锁金门、马祖；第二，如有需要美军协助国民党“防卫”大陆进攻外岛，“应该授权美军对中共在台海附近的机场使用小型核武器”；第三，美国应该公开上述两项政策，让对手保持“猜测”的心理。艾森豪威尔认为外岛没什么战略价值，也非进攻台湾的跳板。但是现在国民党在那里布了重兵，反而让美国面临两难境地。当讨论到大陆是否会进攻金门、马祖及空袭台湾，特文宁与艾森豪威尔产生了分歧。在赫脱看来，如果要“防卫”外岛，不仅要轰炸大陆附近的机场，还可能会深入到上海等内地地区。特文宁表示参联会正在为此制定作战细节。艾森豪威尔认为，如果大陆对外岛发起公开行动，美国应该非常谨慎，不要立即采取措施，导致冲突扩大化。他担心苏联会介入，毕竟中国是其最大的盟国，“美国的行动应该有明确的限度”。赫脱问及，如果美国使用核武器，中国是否会使用核武报复。特文宁答道，如果美国使用小型核武，大陆就不会。会议自始至终，总统多次强调大陆进攻外岛、出兵台湾的可能性很小。[1] 会议结束前，艾森豪威尔表示，这个时候美国没有什么可做的，言外之意是要静观其变。

美国军方却并未“静观”，国防部加快在台海地区做出军事部

1　Discussion at 376th Meeting of the NSC, August 14, 1958, in Eisenhower, Dwight D.: Papers as President of the United States, 1953-1961 (Ann Whiteman File), NSC Series, Box 10, DDEL; *FRUS*, 1958-1960, Vol. XIX, China, pp. 52-55; USDDO, 2019, CK2349106170. 文件所附台海局势讨论备忘录仅限于部分官员传阅，且不得复制，阅后交回白宫办公室。艾森豪威尔图书馆所藏原档完全解密，《美国对外关系文件集》和“美国解密档案在线”的两个版本为部分解密，特别是有关使用核武器的讨论内容均被覆盖。

署，包括给国民党军F-86战斗机提供40枚“响尾蛇”导弹，以及向台湾调防F-100战斗机等。参联会还建议加强美国在远东的军事能力，甚至考虑在台部署“奈基-大力神”导弹。[1] 就在金门炮战打响前两天，参联会一份编号DM-280-58的文件以附件形式列举五种情况下美国的应对方案。方案A，针对台海地区日益紧张的局势，美国的行动包括：采取步骤增加对台空防能力的援助，甚至考虑尽早部署奈基导弹。通过第七舰队和空军调防来增加美军在该地区的显示度。但是，美国不能放松约束，不能允许国民党军队轰炸大陆机场设施。方案B，当大陆空军开始渗透并对台湾或澎湖的空军基地采取行动时，美国将动用部署在台和第七舰队的飞机来应对。如果大陆行动的规模较大，美国空军和海军可以攻击大陆沿海空军基地并使用常规或核武器，以及部署在台湾的“屠牛士”导弹。参联会认为使用战术核武器不会导致与大陆的全面战争，反而会使大陆停止进攻。如果大陆以强力反应，美国将选择使用或不使用核武器来深入大陆空袭。方案C，若大陆采取以空军和海军封锁外岛的方式，美国将通过空中掩护和海军护航来保证运输补给。这一行动有可能会需要打击中国内地的机场，甚至需要动用核武器，这可能会引发中美大战。方案D，如果大陆对外岛发起攻击便意味着中美大战不可避免，美国将使用核武器，并出动战略空军轰炸大陆的目标。方案E，若大陆对澎湖和台湾岛发起进攻，美国需要尽早对进攻的军队使用核武器。[2]

从历次高官会议和参联会的内部文件，我们已经可以看出美国政府内部就大陆实际意图、美国应对方案出现了比较严重的分歧。特别是在使用核武器的问题上，国务院基于几年来对“大规模报

---

1 Situation in Taiwan, JCS 2118/107, August 21, 1958, in USDDO, 2019, CK2349444605.

2 Consideration of Courses of U. S. Action with Respect to Taiwan (U), September 3, 1958, in RG218, Geographic File, 1958, Box 5, NARA; USDDO, 2019, CK2349444613.

复”战略局限的认识，以及“有限战争”争论悬而未决这个事实，明确反对在台海局势中动用核武器。而以参联会为代表的军方，明知空爆方式在军事上尚存隐患和操作难度，且对“清洁核武器”的研发前景亦不乐观，依旧将使用战术核武器列入作战规划。这种表里不一、回避矛盾的做法，必定在危机爆发后产生消极后果。

第三节　无法兑现的“核报复”与“核打击”

金门炮击第二天，庄莱德就急晤蒋介石，转达了美国国务院讨论的要点，核心就是台湾当局在对大陆采取任何军事行动前都应与美国协商。[1] 与此同时，美军加紧军事调防。陆军部要求太平洋司令部准备为国民党运输船只护航，增强第七舰队力量，“埃塞克斯”号及四艘驱逐舰从地中海增援，“中途岛”号从珍珠港驶往台湾，此外紧急启动1959财年奈基导弹援助计划，逐步由美军过渡给国民党军使用。在外岛安全遭到严重威胁时，美军将通过对沿海空军基地空袭来援助国民党军，最初授权使用常规武器，但准备使用核武器。如使用核武器得到授权，在必要的时候深入内地打击军事目标。为此，参联会命令关岛的15架B-47轰炸机处于待命状态，该

1　Telegram from the Embassy in the Republic of China to the Department of State, August 24, 1958, in *FRUS*, 1958-1960, Vol. XIX, China, pp. 70-72；《蒋中正日记》（未刊本），1958年8月24日，《蒋中正先生年谱长编》第十一册，第96页。美国东部时间22日下午两点，国务院、中情局和国防部召开联席会议，对台海局势紧急做出指示，包括向台海地区增派兵力，提升国民党军装备水平以及向外岛部署更为先进的武器。Memorandum of Meeting, August 22, 1958, in *FRUS*, 1958-1960, Vol. XIX, China, pp. 67-68.

中队不配备常规武器，如果战事扩大可对大陆进行核攻击。[1]

8 月 25 日，白宫召集会议，对参联会拟定的应对方案进行讨论。参加的人员包括艾森豪威尔、副国务卿赫脱、国防部副部长夸尔斯（Donald Quarles）、参联会主席特文宁、海军作战部长伯克、中情局局长艾伦·杜勒斯（Allen Dulles）等。杜勒斯简要汇报了情况，并预计大陆不会发起夺岛攻势。会议讨论通过了为国民党军补给船只护航的方案。对于从地中海调防航母，与会者都认为应通过公开或透露消息的方式传递“强硬”的姿态。夸尔斯则提醒，宣示武力可以对大陆产生效果，但也不要被蒋介石误读，还是要对他的行动加以限制。对于蒋介石可能会要求报复性袭击大陆的机场，艾森豪威尔明确说，积极追击对方战机和谨慎选择袭击对方机场，在这两者目标之间要划清界限。特文宁也表示认同，并表示会把这一指令传达给相关人员。[2]

白宫会议后，一直部署在冲绳的 F-86D 中队在得到命令后 8 小时内飞往台湾。防空混合编队分批次从美国本土出发，经夏威夷、中途岛和关岛飞往菲律宾和冲绳，9 月 12 日全部就位。19 日，援助台湾的 12 架 F-104 全部运抵并完成装备，运送 F-104 的运输机 C-124 同时运送了 1 472 名士兵和 860 吨货物。总计调防的各式飞机 123 架分别驻扎日本、中国台湾、菲律宾和冲绳。海军方面，“中途岛”号和“埃塞克斯”号加入第七舰队，在 8 月 31 日至 9 月

1 To CINCPAC CP H M Smith TH, COMTA WANDEFCOM[US] Taiwan, August 25, 1958, in RG218, Geographic File, 1958, Box 5, NARA; To CINCPAC CP H M Smith TH, August 25, 1958, in USDDO, 2019, CK2349444611；《蒋中正日记》（未刊本），1958 年 8 月 26 日，《蒋中正先生年谱长编》第十一册，第 97—98 页。危机促使美国加快了在西太平洋的导弹部署。9 月 2 日发往太平洋司令部的电报表明，第一支奈基导弹中队将在 11 月部署于冲绳并进入可使用阶段，第二支在 1959 年 1 月达到可使用阶段。To CINCPAC CP H M Smith TH, September 2, 1958, in RG218, Geographic File, 1958, Box 5, NARA.

2 Memorandum of Conference with the President, August 25, 1958, in USDDO, 2019, CK2349174257.

7 日之间，56 架海军舰载机携带大量的防空导弹，从日本飞往中国台湾。[1] 艾森豪威尔要求美国护航舰船保持与金门三英里距离——既是政治也是军事考虑。政治上表明不在乎大陆提出的 12 英里限度，同时也避免显示出过深的卷入；军事上则保障第七舰队的航行安全。

对于外岛价值及应对策略，太平洋司令部的意见与参联会的五步方案并不相同，指出从军事角度看外岛不值得卷入一场战争，只不过在亚洲一些中立或盟国中间有象征意义，即“心理因素大于纯军事因素”。他们认为可分四个步骤应对：第一步加强对台空中和台湾海峡的“防卫”；第二步加强国民党军力量来“防卫”外岛；第三步为国民党军的补给线提供护航；第四步属于最后的主动性步骤，对大陆进行空袭。同时，如果走到第四步，只用非核武器装备是无法达到目标的。[2]

就在美国高层谋划应对方案之时，驻联邦德国大使布鲁斯（David Bruce）发给杜勒斯一份有关赫鲁晓夫访华期间毛泽东有关台海局势谈话的“情报”：在双方会谈中，毛泽东表示大陆计划夺取金门、马祖，如无可能也要破坏岛上设施，但并不打算进攻台湾岛。赫鲁晓夫则劝说毛泽东不要在此时出兵，并警告美国人有可能

1　Bernard C. Nalty, The Air Force Role in Five Crises, 1958-1965: Lebanon, Taiwan, Congo, Cuba, Dominican Republic, in Air Force Histories Released through Archive Lawsuit Show Cautious Presidents Overruling Air Force Plans for Early Use of Nuclear Weapons, NSA, EBB249, document 10.

2　CINCPAC Message No. 6481/6483 to the JCS, August 26, 1958, in USDDO, 2019, CK2349444066.

会干涉。[1] 应该说，除中情局在7月下旬做出的评估之外，这样一份“情报”无疑对美国判断中苏关系以及苏联是否会介入起到了重要作用。

8月29日，白宫再次召集会议讨论台海局势。夸尔斯建议将局势分为三个阶段处理：第一阶段，大陆对外岛进行骚扰和封锁，美国将支持国民党军而尽力置身于战事之外；第二阶段，大陆发动大规模战争夺取外岛，美军将加入战争，但不会动用核武器也不能将战争扩大到涉事区域之外，包括军用机场；第三阶段，大陆力图进攻台湾岛，美军驻地司令官将等待华盛顿的进一步指示。经过一番讨论，对于当时处于的第一阶段，达成的一致是：认为国民党能力不济时，可以提供护航和保护，但严格限制在国际水域。[2] 从中不难看出，军方的应对方案变得越来越“务实”，即使大陆准备解放台湾，美国也不能贸然启动全面报复。

让军方有所顾虑的，还有周边盟国的军事配合问题。8月30日，驻日大使麦克阿瑟二世发往国务院的第493号电报专门报告了

---

1 U. S. Ambassador David Bruce to Secretary of State John Foster Dulles, August 28, in USDDO, 2019, CK2349652102. 显然，从已有中、俄解密档案和文献来看，毛泽东并未在与赫鲁晓夫的四次会谈中提到台海局势。参见沈志华主编《俄罗斯解密档案选编：中苏关系》第八卷，东方出版中心，2015，第127—184页；《毛泽东年谱（一九四九——一九七六）》第三卷，中央文献出版社，2013，第396—401页。只是第四次会谈中，双方着重讨论了核武器和美苏战略力量对比问题。8月31日，《真理报》发表声明，认为解放台湾和外岛属于中国内政，苏联将对中国人民的“正义斗争”提供一切必要的道德和物质支持。但是，白宫的政治评估也注意到苏联并没有提出“对中国的侵犯将是对社会主义集团的侵犯”。Summary of Political Aspects of Taiwan Straits Developments, August 31, 1958, in USDDO, 2019, CK2349249549.

2 Memorandum of Conversation with the President, August 29, 1958, in USDDO, 2019, CK2349174255. 尽管内部讨论显得十分“保守”，但在公开场合美国不断采取手段向大陆施压。为了提振国民党军士气，同时也是“显示”威慑的决心，美军在8月30日进行核武器（未携带核弹）试射并邀请蒋介石等人参观。同时从美国本土增派B-47轰炸机到关岛，使其达到一个连队（wing）的规模，做足“核报复”姿态。《蒋中正接见布鲁克谈话纪要》，1958年8月30日，《蒋中正先生年谱长编》第十一册，第99页；Situation Report for JCS No. 46, August 30, 1958; Situation Report for JCS No. 45, August 28, 1958, in USDDO, 2019, CK2349276011; CK2349276007。

危机期间使用日本基地的事务。在感觉美国有可能卷入台海危机时，日本政府坚持要求美国保持事前协商，特别是使用横须贺和佐世保两个海军基地，以确保大陆不会对日本进行报复。同时，驻日美军雇佣的日本劳工可能会在左翼领导下进行罢工。文件特别提到如果最终动用了核武器，日本政府迫于公众和国会压力会借机要求美国撤出驻日美军，至少会中止在危机期间为美军提供停靠、补给和后勤服务。[1] 其实，这在讨论“有限战争”问题时已有预判，此时不过是应验而已。

9 月 2 日，国务院与参联会讨论大陆进攻和夺取外岛以及美国干涉的后果。军方首先认为外岛在台湾安全和政治上具有重要性，大陆一旦进攻并准备夺取外岛，单凭国民党军无法抵抗。关于“美国可能介入的性质和程度”这个话题，特文宁介绍说按照美国的军事规划，美军将对大陆炮兵阵地和机场进行空袭，预计采用投放 1—8 万吨当量、空爆方式的小型核武器。参联会主张如果对大陆进行空袭，只有采用核武器，常规武器无法保证炸毁所有设施。当然这会增加冲突升级的风险，美国也会被指控为“入侵”。对此，在场的伯克和泰勒认为要想避免使用核武器，只有让大陆认识到美国别无选择，无论是通过传递信息还是通过一次军事行动。当前中美双方似乎都没有台阶可下，因此冲突升级的可能性是存在的。杜勒斯则指出使用核武器的政治后果，包括日本可能会对美国使用驻日美军基地有所限制。无论用或不用，对美国来说可能会面临两难：不用，丢掉外岛有损于美国在盟国中的声誉；使用，在保住外岛的

1　Telegram from Tokyo to Department of State, August 30, 1958, in USDDO, 2019, CK2349446516.

同时也会影响美国的国际声誉。[1] 与会者比较倾向于承担第二个风险，否则一方面要重新改变整个防务思想体系，[2] 另一方面将来遇到类似危机时美国的决策会更加困难。参联会提出如果使用核武器，要留给太平洋司令部“足够”的时间做出判断，这个时间范围是4—48小时。泰勒最后补充道，台海危机表明美国需要更灵活的武装。[3]

会后，杜勒斯与史密斯私下对军方的规划进行了讨论，杜勒斯明显表现出不太认同，史密斯也认为如果军方对大陆进行打击，绝不会限于金门、马祖附近的机场，因为按照国务院和国防部就“有限战争”达成的一致，打击必定包括内地。史密斯指出为了“防卫”金门、马祖而动用核武器，将是“在一场最不受欢迎的战争中使用最不受欢迎的武器”。他还认为，战后第一次使用核武器是这样一种情形，必定加速国际社会从法律上废除核武器的脚步。杜勒斯还是强调外岛不是美国安全利益的要素，只是具有政治价值，一旦陷落蒋介石必定倒台。而且菲律宾政局的恶化也让远东防御链条

1 根据美国新闻署向行动协调委员会和“国务院—国防部台海危机工作组”的汇报，如果美国介入台海战事，国际舆论会对美国不利，因为普遍认为外岛不值得冒险打一场战争。如果使用核武器，只有国民党当局、韩国、南越、泰国和菲律宾会支持，但当地的人民想法会比较多元。其他国家的人民和政府将不同程度地反对或谴责。副署长专门写信给艾森豪威尔劝说，动用核武器不可避免会伤及平民，让美国众叛亲离，永远失去人类的尊重，并强调“有限的核战争是不存在的”。Estimate of the Free World Reaction, Country by Country: to Three Possible Courses of Action by the U. S. in Quemoy-Matsu, September 6, 1958, in Eisenhower, Dwight D.: Papers as President of the United States, 1953 - 1961 (Ann Whiteman File), Administration Series, Box 32, DDEL; A Very Private Message from Abbott Washburn to the President, September 10, 1958, in Dulles, John Foster: Papers, 1952-1959, White House Memoranda Series, Box 8, DDEL; Summary of White House Staff Notes No. 414, September 3, 1958, in USDDO, 2019, CK2349470110.

2 原文用了“philosophy”一词。——作者注

3 The Case for U. S. Intervention, September 2, 1958, in White House Office, Office of the Staff Secretary, Records: 1952 - 1961, Subject Series, Department of State Subseries, Box 3, DDEL; Case for U. S. Intervention in Support of Taiwan's Defense of Quemoy and Matsu Islands, in USDDO, 2019, CK2349245349; Memorandum of Conversation, in USDDO, 2019, CK2349276411. 后两个版本均为部分解密。

堪忧。史密斯认为，随着弹道导弹时代的到来，美国必须重新评估远东的战略地位。在苏联的帮助下，大陆有可能对关岛、冲绳和菲律宾进行报复。杜勒斯问，如果不使用核武器，在军事上还有何办法？史密斯借用会议上泰勒“灵活武装”的建议，提出增加在远东的常规力量部署。[1] 这次会议有两个值得注意的环节：一是使用核武器的决定再次受到原有防务思想的束缚，核报复与常规力量之间的矛盾继续凸显；二是军方首次在会议场合提出使用“空爆”核装置，却没有如实反映该方式的局限，以至于大部分人对空爆方式不太了解。比如，赫脱在会后跟史密斯交谈时，就对使用空爆核武器表示困惑。

高层对空爆核弹之危害不甚清晰，通过另外两份文件也可得到验证。9 月 4 日，杜勒斯与艾森豪威尔讨论核武器话题，后者认为这是所有问题的关键所在。杜勒斯特别指出前些天参谋长们提到的空爆问题，但是文件并没有显示他们对此有何认识。[2] 当天，按照艾森豪威尔的指示，杜勒斯给英国首相麦克米伦复信，提及“美国只会在必要的时候，使用不会产生放射性尘埃的小型空爆装置”。[3]

1　Memorandum of Conversation between Secretary Dulles and GCS re Quemoy & Matsu (TS), September 2, 1958, in Dulles, John Foster: Papers, 1951–1961, Gerard C. Smith Series, 1957–1961, Box 1, DDEL.

2　Memorandum of Conversation with the President, September 4, 1958, in White House Office, Office of the Special Assistant for National Security Affairs: Records, 1952–1961, OCB Series, Subject Subseries, Box 8, DDEL; Memorandum of Conversation with the President, September 4, 1958, in USDDO, 2019, CK2349176020.

3　John Dulles to McMillian, September 4, 1958, in USDDO, 2019, CK2349192616. 10 月，杜勒斯访问台湾与蒋介石会面时，提到了使用核武器的“固有的缺陷”：要能够清除对方炮兵阵地，核弹就要足够大，空爆无法有效打击，地爆会在金、马地区和大陆附近区域引发放射性尘埃而造成平民死伤。Memorandum of Conversation, October 22, 1958, in *FRUS*, 1958–1960, Vol. XIX, China, pp. 430–433; Bernard C. Nalty, The Air Force Role in Five Crises, 1958–1965: Lebanon, Taiwan, Congo, Cuba, Dominican Republic, in Air Force Histories Released through Archive Lawsuit Show Cautious Presidents Overruling Air Force Plans for Early Use of Nuclear Weapons, NSA, EBB249, document 10.

足见杜勒斯对当时空爆技术和影响的无知。

9月4日，杜勒斯在新港发表声明。声明原定由艾森豪威尔发表，为了试探各方反应而改为杜勒斯。声明一方面显示美国捍卫台湾及外岛的“决心”，另一方面也大摇橄榄枝，建议重新开启美国自己中断的大使级会谈。[1] 这表明美国人吸取了第一次台海危机的教训，同时也反映出高层内部的分歧和决策困境迫使他们寻找稳定局势的出路。6日，周恩来也公开发表“关于台湾海峡地区局势的声明”，对杜勒斯的表态做出了积极回应。

在周恩来发表声明后，美国高层立即进行了讨论。艾森豪威尔对美国的回复草稿做出要求：增加“具体且明确接受中方谈判”的内容。就在会后，参联会特文宁要求总统签署文件，授权参联会在台湾或外岛遭到进攻的情况下采取协助国民党军轰炸大陆目标的紧急措施。艾森豪威尔认为他有足够的时间做出决定，不需要预授权，美国空军对大陆的空袭必须得到他的批准。[2] 显然，局势的缓和让艾森豪威尔收紧了对形势的处置权利。

与此同时，军方下达的文件口气也趋于缓和。相比于8月29日给驻台美军司令史慕德（Roland Smoot）的作战指令，修订版文件措辞由原来较为强硬的表述，均加上了缓和性的词语。比如“将（will be）立即以核武器进行还击”改为“会（would be）立即以核武器进行还击”；在美国常规力量介入未奏效的情况下，“美国不可避免（inevitable）使用核武器对中共空军基地和其他目标进行攻

1 Statement by the Secretary of State, September 19, 1958, in White House Office, Office of the Special Assistant for National Security Affairs: Records, 1952－1961, OCB Series, Subject Subseries, Box 8, DDEL; *FRUS*, 1958-1960, Vol. XIX, China, p. 135. 但是在公开场合，美国一直保持高压姿态，不停地挥舞“核大棒”，包括分别向冲绳和外岛增派可用于核打击的B-47轰炸机和8英寸榴弹炮。空军部长也公开宣称准备对中国进行核打击。参见赵学功：《第二次台湾海峡危机与美国核威慑的失败》，《历史研究》2014年第2期，第150—151页。

2 Memorandum of Conference with the President, September 6, September 8, 1958, in USDDO, 2019, CK2349174261.

击”改为“很可能被迫（most probable that we have to）”。[1]

同时，国务院、国防部和新闻署联合向驻外使馆下达指示，统一在台海问题上的宣传口径。指令首先强调“失去台湾，对自由世界来说就突破了远东的防御体系”。对于海外部署的核武器，以现行美国政策为准绳，“既不承认也不否认”。与核武器部署相关的事宜，必须明确强调美军任何武器系统都是“双用的”。在有无核弹头的问题上“不得蠡测”。凡是有关使用和授权使用的话题，一律拒绝答复。[2] 杜勒斯和麦克尔罗伊在讨论台海局势时，谈到美国部分媒体发表一些不利于缓和的报道，对方会因此而产生误读乃至增加战争的危险。[3] 这一方面表明美国急于利用时机给台海降温，另一方面也体现出信息管控也是有限战争中非常重要的部分。

至9月19日，参联会通过新的对台行动方案，判定大陆主要的方案就是封锁而不登岛，策略应是继续为国民党军提供护航。同时，美国意识到如果放任国民党空袭大陆炮兵阵地会招致对台湾的报复，可能会引发中美直接对抗。各种方案按照与大陆爆发直接冲突的风险顺序排列，并给出了优缺点。核武器选项已经排在了最后：为国民党提供核武器，使用8英寸榴弹炮从金门发射；授权对大陆沿海机场和目标进行核轰炸。[4] 从核武选项的下移，我们也可看出危机高潮已过。虽然9月底参联会依然坚持认为如果对内地使

1　Taiwan StraitsSituation (U), September 6, 1958, in RG218, Geographic File, 1958, Box 5, NARA.

2　Joint State-USIA-Defense Message to Circular, September 8, 1958, in White House Office, Office of the Staff Secretary: Records, 1952-1961, Subject Series, Department of Defense Subseries, Box 1, DDEL.

3　Memorandum of Discussion between Dulles and McElroy, September 11, 1958, Dulles, John Foster: Papers, 1951-1959, General Correspondence and Memoranda Series, Box 1, DDEL.

4　Courses of Action with Respect to Taiwan (U), September 19, 1958, in RG218, Geographic File, 1958, Box 6, NARA.

用核武器就会扭转局面，而且苏联不会进行核报复，[1] 但此时，军方内部反对的声音也已经公开了。[2]

由此，我们基本可以断定，9 月 11 日美苏通信之后，第二次台海危机中的核武器使用话题暂告一段落，剩下的就是尽力维持现状，加快与大陆恢复谈判，并做好盟国之间的沟通协调。

在研究第二次台海危机过程中美国未使用核武器的原因时，学者们更多从决策的内外部环境出发，比如国际方面苏联强硬的表态、中国迅速灵活的处理，国内方面舆论、国会压力甚至国务院与国防部的矛盾，[3] 来观察决策过程存在的困难。然而，如果我们将视线拉长，同时深入挖掘美国军方档案，就会发现美国之所以未用，根本上是因为危机爆发时正好处于国家安全战略的反思阶段，不仅高层尚未就"大规模报复"与"有限战争"形成统一思想，[4] 而且虽然发现在应付局部冲突的手段上需要有更多"灵活性"，却来不及从常规力量角度做出具体的部署，包括还没研发出避免空爆核弹危害的"清洁核武器"。因此，美国政府在公开场合表现出的"强硬"完全是一种"核讹诈"，即使危机升级也拿不出可行的作战方案，只能按照危机前几个月的讨论，把"稳定局势"作为务实可行的目标。结果，美国决策者在矛盾、混乱中度过了最危险的两周。我们从事后美国军方的军史回顾也能看出一二。

空军军史处 1962 年编撰的《1958 年台海危机中美国空军的行

1 Policy Planning Staff-JCS Joint Staff Meeting, September 25, 1958, in RG59, Policy Planning Staff-Council Meetings with DOD and JCS, 1947-1962, Box 3, NARA.

2 Policy Planning Staff-JCS Joint Staff Meeting, October 9, 1958, in RG59, Policy Planning Staff-Council Meetings with DOD and JCS, 1947-1962, Box 3, NARA.

3 美国政府的内部矛盾、艾森豪威尔的决策困难，连蒋介石都通过情报得以知晓。参见《叶公超致蒋中正电》，1958 年 10 月 8 日，《蒋中正先生年谱长编》第十一册，第 122 页。

4 有关艾森豪威尔时期核政策从"大规模报复"战略到"有限战争"的变化，可参考刘磊：《从"大规模报复"到"有限战争"——艾森豪威尔时期美国有关核战略的争论》，《美国研究》2013 年第 2 期。

动》和1968年的《五次危机中美国空军的作用（1958—1965）》，除了呈现美国高层内部的矛盾，还透露出以下信息。第一，因军内在使用核武器的认识上一开始就不统一，参联会给战区指挥官的指令混乱。太平洋司令部空军司令库特（Laurence Kuter）和太平洋舰队司令费耳特（Harry Felt）最开始都是按照使用核武器进行作战规划，但8月25日参联会成员、海军作战部部长伯克下达指令，对华第一轮打击不得使用核武器。8月29日，参联会界定应对形势的三个阶段，每个阶段都禁止使用核武器。这让战区指挥官无所适从，抱怨连连。第二，在调防过程中，除了来自日本等盟国的阻力，还暴露了美军在后勤保障方面存在诸多漏洞。一些飞机编队在中转飞行过程中，保养等地勤服务一度对接不及时，设备老化严重。KB-50型空中加油机因速度慢而跟不上编队。9月2日，马里亚纳群岛发生热带风暴，夏威夷和加州海岸之间只有一个工作站，因为没有足够的天气预报网络，一组从本土调出的C-130和B-52飞机编队在恶劣天气中险些耗尽燃油。一些编队未能及时到达指定地点，还有些基地出现拥挤和超负荷运转的情况。军史处的报告毫不留情地指出，除了要升级天气预报系统、经常性检查补给物资以及改善太平洋战区的通信状况，"这场危机反映的主要问题在规划领域"。[1] 此外，1958年6月就已经提出的、对启用核武器非常重要的"总统预授权"程序，在整个危机期间都未予落实。台湾方面

1　Bernard C. Nalty, "The Air Force Role in Five Crises, 1958 - 1965: Lebanon, Taiwan, Congo, Cuba, Dominican Republic," in "Air Force Histories Released through Archive Lawsuit Show Cautious Presidents Overruling Air Force Plans for Early Use of Nuclear Weapons"; Jacob Van Staaveren, "Air Operations in the Taiwan Crisis of 1958," November 1962, in "Air Force Histories Released through Archive Lawsuit Show Cautious Presidents Overruling Air Force Plans for Early Use of Nuclear Weapons", NSA, EBB249, document 10, document 11.

提供“夸大”的情报还不时地干扰着美国的决策。[1] 同时期黎巴嫩的局势、暂停核试验谈判也对军方处理危机产生了很大影响。

既然核武库中无可用之“兵”，远东常规力量长期投入不足，远程军事调动匆忙混乱，那为何以参联会为代表的军方在决策过程中不断鼓动“使用核武器”呢？尽管他们不否认大规模核报复不具操作性，空爆方式也存在巨大争议，却在制定具体的方案时将核武器放在重要位置。一方面是因为 1953 年制定的国家安全战略存在制度惯性，一时间难以全盘抛弃；另一方面是军方意识到修订“大规模报复”战略势在必行，试图以台海危局作赌局，下重注博取转圜。[2] 第二次台海危机中，美国无法兑现总体战下的“核报复”和有限战争中的“核打击”，不仅是因为高层使用核武器的“意愿”不一，更在于军方缺乏切实可用的核“能力”。

如此，手中并无“能用”的核武却公开叫嚣使用，虽就“核威慑”而言是“失败的”，却在“核讹诈”方面收取了一定成效。而从大陆做出有礼有节的回应、危机高潮迅速退却来看，华盛顿表面强硬、内部混乱的这种“表里不一”的应对过程是“歪打正着”——台海危机最终没有超出美国人准备的“第一阶段”、形势很快“趋稳”，对他们来说着实是一种“运气”。

1　9月1日，杜勒斯在跟艾森豪威尔的电话中抱怨，美国得到的有关台海局势的信息非常不准确，比如是否存在像台湾方面所说的补给被拦截的情况，这造成了美国决策的困难。艾森豪威尔也对蒋介石千方百计拖美国人下水的做法比较懊恼。Memorandum of Telephone Conversation with the President, September 1, 1958, in Dulles, John Foster: Papers, Telephone Conversations Series, Box 9, DDEL.

2　有学者专门对艾森豪威尔政府外交公开“话语”的“高意识形态化”与内部决策的“高实用主义”进行了比较研究，并认为这种做法在冷战对抗、双方沟通渠道有限的情况下，增加了相互的误解以及危机管控的风险。参见 Christopher J. Tudda, *The Truth Is Our Weapon: The Rhetorical Diplomacy of Dwight D. Eisenhower and John Foster Dulles* (Baton Rouge: Louisiana State University Press, 2006), Conclusion。

第六章 冷战初期的美菲关系、基地谈判与核问题

20 世纪的菲律宾历史与美国息息相关。1898 年，长期处于西班牙殖民统治之下的菲律宾宣布独立，但因美西战争的缘故很快又沦为美国的殖民地。在第二次世界大战的 1941—1945 年，菲律宾遭到日本的入侵，直到战争结束的 1946 年 7 月 4 日才重获独立。在独立后的菲律宾，美国通过 1947 年签署的《美菲军事基地协定》和《美菲军事援助协定》等条约、协议保留了一定特权，同时也将美国的军事影响力留在了东南亚。战后美菲之间的特殊关系就此开始。菲律宾案例的特殊性在于，美菲关于菲律宾军事基地地位的谈判旷日持久，严重干扰了美国对菲律宾军事和战略地位的评估，导致在菲部署核武器的时间较晚，且数量也比较少。同时，菲律宾民众对核武器的反感，也促使美国在菲律宾实施“双轨并行”的方针，即军事上部署核武的同时，积极推动在菲律宾的和平利用原子能计划。

第一节　冷战初期美国对菲整体政策的演变

美国对菲政策既属于美国对亚洲（远东）政策的范畴之内，也与东南亚政策密切相关。1948 年秋，随着中国内战局势的变化，国民党在与共产党的军事斗争中节节败退，美国的远东政策的战略支点逐渐由中国转向日本。

1949 年年中，NSC51 号文件“美国对东南亚的政策”出台。该文件指出，东南亚地区所指涉的范围包括印度尼西亚、印度支那、缅甸、马来亚、泰国和菲律宾。文件将东南亚视为一个地缘整体，但也意识到国家之间差异很大，有不同的历史传统、宗教信仰和文化。如果有共性的话，这一地区的国家在人种上相关联，经济上以大米为主要食物和贸易产品，工业落后，是典型的工业产品输入地区。除马来亚不明显外，民族主义是东南亚国家在政治和经济上的主要问题。最后一个共同点，就是“克里姆林宫已经把东南亚地区看作是建立合作防御关系的对象”。东南亚在战略物资上的地位不容忽视，这里是世界橡胶的主要产地，锡、奎宁、椰棕资源丰富，也是东亚石油的主要出产地。东南亚为亚洲国家和前宗主国提供了农产品和原料，也是重要的投资地。在政治上，东南亚国家普遍不稳定，殖民主义、民族主义以及中国和共产主义的影响纵横交错。由于众多贫困人口的存在和缺乏中产阶级，在很长一段时间内东南亚的政治都为威权统治所主导。东南亚的重要性还在于，苏联正积极染指这一地区，意图攫取经济利益；同时，东南亚还因殖民问题与欧洲有着千丝万缕的联系，对美国的大西洋联盟政策来说不可或缺。文件的最后还提出了一系列的建议，具体到菲律宾则是要使之在反共方面扮演更为积极的角色，配合美国实现在亚洲地区的目标；要谋求在菲律宾的政治和文化影响；在必要时根据“第四点计划”向菲律宾提供经济上的援助和支持。[1]

以上述文件为基础，国家安全员委员会在当年底制定了NSC48/2号文件，这是杜鲁门政府第一份全面阐述其亚洲政策的纲领性文件。在基本的安全目标上，文件希望亚洲能够在美国所追求的目标上形成稳定、自立的政府；在非共产党国家或地区充分培植军事力量以维护自身安全，防止共产主义的侵蚀；逐步削弱直至最终消除苏联在亚洲的影响使之不能威胁美国的安全、亚洲地区的和平及各国家的独立；阻止任何形式的双边或多边关系威胁美国的安全、地区和平和亚洲国家的独立、稳定。为达成上述目标，文件所列出的行动方案第一条便是：加强美国在日本、琉球及菲律宾的地位。具体措施涵盖美国在经济、贸易、军事和政治等方面的援助和支持，防止亚洲的非共产党国家在内部被侵蚀，在外部受到威胁。文件突出了日本的地位，对日和约问题将会有单独的考虑和安排，并支持日本将市场由中国转向东南亚。[2] 这份文件奠定了战后美国亚洲政策的基础，同时透露出的是，菲律宾在这一政策设计中具有重要的地位。

1950年6月朝鲜战争爆发，美国对亚洲的政策也因此发生重要变化。首先是派第七舰队驶入台湾海峡，接下来操纵安理会成立“联合国军”进入朝鲜半岛。10月，随着中国人民志愿军入朝参战，美国“等待尘埃落定”的对华政策结束，中美由此进入全面对峙时期。在这一背景下，当年11月参考了NSC48/2号、最终形成的NSC84/1号“美国对菲律宾的政策”，已将中国视为在亚洲最危险的对手，同时把美菲关系、美国对菲的军事承诺和“道德义务”

1　U. S. Policy toward Southeast Asia, July 1, 1949, in USDDO, 2019, Gale, CK2349354016.

2　The Position of United States with Respect to Asia, December 30, 1949, in USDDO, 2019, Gale, CK2349353717.

看作是“独特的”（unique）。这种“道义上”的责任感在于“美国需对菲律宾国家的形成与独立负责”，菲律宾能否保持独立和稳定关系到美国的“国际形象”，也关系到美国在亚洲的影响力。而在安全上菲律宾的稳定又是美国的根本利益所在。在太平洋地区，美国确定了强化日本、琉球和菲律宾地位的政策，希望日本和菲律宾建立友好关系，以促进该地区的稳定。菲律宾群岛的战略重要性还在于，它在苏联眼中也是控制远东地区的关键，“自由世界”失去菲律宾将严重威胁反共防御岛链的完整；美国通过一系列协定获得的军事基地使用权应予保持。

文件确定美国在菲律宾的基本目标是：(1) 建立并维持一个高效的菲律宾政府，维护、强化人民的亲美态度；(2) 菲律宾的军事能力能够维持国内安全、抵制外部侵略；(3) 自立、稳定的经济。为此，美国可采取的手段包括：(1) 采取一切适当措施促使菲律宾政府进行政治、财政、经济和农业领域的改革以提升国家的稳定性；(2) 给予菲律宾政府认可的军事指导和援助；(3) 在美国的监管和控制下，加大对菲律宾的经济援助；(4) 继续承担菲律宾外岛的防务责任。[1] 文件是战后美国第一份针对菲律宾的国家安全纲领性文件。

1953 年共和党人艾森豪威尔就任总统后，以 NSC162/2 号文件的出台为标志，其总体的对外战略发生了变化，相应地，对亚洲和对菲律宾政策都有所调整。

1954 年 4 月 5 日，国安会根据 NSC5413、NSC84/2 等文件制定了 NSC5413/1 号“美国对菲律宾的政策”文件。文件开宗明义地指出菲律宾对美国的价值。在战略上，它是亚太防御链条上的一

---

1 Report by NSC Executive Secretary on Position of U. S. with Respect to the Philippines, November 6, 1950, in USDDO, 2019, Gale, CK2349251992.

环，特别是地缘上与中国大陆、日本、中国台湾、印度尼西亚和印支地区有着特殊的联系。对西方民主体制、美国支持民族自决来说，菲律宾的独立和发展还具有象征性。当然，菲律宾还是椰棕等战略物资的主要产地。菲律宾的政治以麦格赛赛（Ramón Magsaysay）为首，试图拉开与美国的距离而强调与亚洲国家的关系，但实际上无法改变亲美、亲西方的总体政策。菲律宾共产党的力量也大为减弱。经济上，菲律宾发展速度不快，还无法完全满足人口增长带来的需要；政府反复说要改善农民的地位，如果能够取得成效当然是符合美国利益的。1952 年 8 月生效的《美菲共同防御条约》使菲律宾在安全上暂无近忧。政府努力改善同东南亚国家关系，对经济发展有好处，但还没有迹象出现以菲律宾为首的东亚反共阵线——而这一共同体是美国希望看到的。文件列出了美国在菲律宾的目标：（1）建立一个高效的政府，亲美而民主，可以作为在远东实施西方理念和制度的例子，给解决亚洲各国的问题树立典范；（2）形成进取的、多元化的经济，能够促进国内稳定，提升在国际市场上的竞争力；（3）军事上能够具备保持国内安全的能力，同时对“自由世界”的防务有所贡献；（4）外交上保持与美国传统的、密切的关系，同时能够提升在亚洲非共产主义国家中的影响力。[1] 与 NSC84/2 文件相比，新的对菲政策先得更为乐观和积极，特别是希望推动菲律宾在构筑亚洲反共同盟体系过程中起到主导作用。一直到 1957 年 9 月，NSC5423/1 号文件的进展报告认为，麦格赛赛总统的突然死亡并没有给美菲关系带来较大的影响，因此建议对菲政策到 11 月菲律宾大选之后再做调整。[2]

1　Memorandum by the Executive Secretary (Lay) to the National Security Council, April 5, 1954, in *FRUS*, 1952-1954, Vol. Ⅻ, part 2, pp. 590-600.

2　Progress Report on U. S. Policy toward The Philippines, September 6, 1957, in USDDO, Gale, 2019, CK2349442228.

1954 年 8 月 20 日，艾森豪威尔时期第一份对亚洲整体政策 NSC5429/2 号文件出台。在日内瓦会议之后，特别是越南北方取得革命的胜利，美国对中国以及远东的形势有了新的认知。首先，共产主义在越南取得的进展增加了周围地区乃至更远地方的反共压力；其次，支持法国和保大政府损害了美国的声誉，这对美国在亚洲的反共地位是不利的；再次，共产党国家在日内瓦会议上的表现将美国置于一种好战的、极端的、反和平的位置上，并意图发展同亚洲自由国家的关系；最后，共产党国家提升了军事和政治影响力，利用亚洲国家政治和经济疲弱的机会扩张势力，而丢失东南亚将会危害日本作为岛链重要一环的地位。文件将主要的枪口对准了中国，力图削弱中国在亚洲的影响，通过强化太平洋岛链（日本、琉球、中国台湾、菲律宾、澳大利亚和新西兰）来保障美国在这一地区的安全利益。文件的第四部分涉及东南亚，总体上美国力求捍卫在这一地区的地位、采取一系列行动恢复声誉，防止共产主义在该地区的进一步扩张。推动英国、澳大利亚、新西兰、法国、菲律宾和泰国在这一地区的防务合作，如有可能则动员东南亚和南亚国家缔结防务条约。[1] 文件专门提到如果亚洲国家遭到内部的颠覆活动，美国将动用公开或隐蔽的措施对反颠覆行动予以支持，必要时可要求国会采取适当措施，甚至是出动美国军队来应对。

第二节　“老生常谈”：1956 年美菲军事基地谈判问题

根据 1947 年美菲双方签订的《美菲军事基地协定》，美国实际

1　Review of U. S. Policy in the Far East, August 20, 1954, in USDDO, Gale, 2019, CK2349191799.

上获得了在菲律宾一系列的军事乃至民事特权。协定规定了美国在菲律宾可以使用23处基地以及相关权利，并可根据实际需要进行扩大已有基地或增加新的基地。最重要的是，美国依照协定获得了这些基地范围内的治外法权。[1] 与其他地方的美军一样，滋事生非、侵扰当地民众乃至流血冲突事件接二连三。加之，独立后的菲律宾民族主义情绪日益浓厚，对美国人在菲的行为日益不满。1956年1月，发生了乔治·罗伊交通事故案件，由于《美菲军事基地协议》的保护，罗伊没有等到当地检察机关起诉就被送回了美国；3月又有菲律宾民众采矿被美军以“矿产为美军基地财产”为由连人带物一并扣除。[2] 到20世纪50年代中期，这种潮流终于推动菲律宾当局不得不将修改基地协议的建议提交至华盛顿。

另一方面，1953年朝鲜战争结束后接连发生了法国在印度支那的失败、第一次台海危机，而中国在日内瓦会议、万隆会议上发动了和平攻势，让美国将中国的威胁放到了更重要的位置上，从而重新调整了亚太战略和具体的军事政策，菲律宾的战略地位和军事基地也变得越来越重要。而基地问题之所以突出，是因为谈判恰与美国考虑大规模在亚太地区——包括菲律宾在内部署核武器同期，菲律宾政府对基地日渐强硬的态度、美菲关系日益复杂的趋势，让华盛顿在菲部署时不得不有所顾虑，这也就可以理解为什么虽然东南亚的冷战局势和安全形势逐渐紧张，而在菲律宾的核部署数量却是最少的。

1956年2月10日，国务院与参联会召开联席会议，双方对菲律宾的军事基地问题交换了意见。刚刚访问马尼拉回国的参联会主

---

1 韩君：《美国对菲律宾政策的演变，1946—1960年》，硕士学位论文，暨南大学，2008，第8页。

2 邹志明：《战后美菲同盟的形成与演变研究，1946—1975》，博士学位论文，华中师范大学，2013，第92—93页。

席雷福德对麦格赛赛的平和、自信印象深刻，说："他自认为自己第一次在菲律宾政界的感觉达到了最好状态。"谈到基地谈判，雷福德建议最终协议最好在华盛顿达成，以免在菲律宾当地公开引起政治问题。泰勒说陆军希望派部队到菲律宾，但不一定是现在。艾森豪威尔总统同样也不希望目前在菲律宾驻军。[1]

3月7日，在驻菲使馆发回国务院的电报中，大使弗格森（Homer Ferguson）表示是时候对基地谈判的各种条款重新思考了，谈判最核心的问题或者说僵局在于"美国使用基地土体的名义"。菲律宾人认为如果有任何形式的主权缺失，菲律宾国家就不是完全独立的。报纸上甚至有炒作称，如果谈判僵持不下，菲律宾政府甚至有可能将土地问题提交"国际法院"裁决。[2]

3月15日，菲律宾总统麦格赛赛致信杜勒斯，申明他是美菲亲密关系的拥护者，并且为此不惜牺牲个人的政治前途。虽然目前菲律宾击败了共产主义，但他认为那是暂时的。为了防止共产主义的颠覆，不能让民众失望，失望是很可怕的。他指出菲律宾现在最大的问题是失业，因此希望得到美国更多的贷款。此外，麦格赛赛请杜勒斯放权给国务院的中层官员，这样可以提高工作效率。[3] 从这封信函中，我们似乎能够看到此时菲律宾总统最为关注的仍是经济问题。在美国官员的观察中亦是如此。

5月3日，代理国务卿给总统艾森豪威尔的备忘录中，指出基地谈判中悬而未决的土地问题将在新任大使赴菲律宾以后重新启

1 Memorandum on the Substance of Discussion at a Department of State-Joint Chiefs of Staff Meeting, Pentagon, Washington, February 10, 1956, 11: 30 a. m. , February 10, 1956, in *FRUS*, 1955-1957, Vol. XXII, pp. 629-630.

2 Telegram from the Embassy in the Philippines to the Department of State, March 7, 1956, in *FRUS*, 1955-1957, Vol.22, pp. 636-637.

3 Letter from President Magsaysay to Secretary of State Dulles, March 15, 1956, in *FRUS*, 1955-1957, Vol. XXII, pp. 640-642.

动。新大使打算再次视察所有基地，对于不需要的一些基地可以撤销所有权申请。当然，国防部建议在谈判前不公布这项内容。国务院希望在 1957 年秋结束所有谈判。当前，麦格赛赛更大的关注点在增加经济援助上。[1]

6 月 28 日，针对当时争议最大且引起菲律宾民众反美情绪的基地所有权问题，美菲双方公开发表“尼克松—麦格赛赛联合公报”：首先明确了军事基地的存在符合两国利益；美国对基地土地的使用将遵守基地协议，对于不再使用的多余部分美国政府将予以归还；美国支持菲律宾对基地拥有主权。除了外交和领馆用地，美国政府将移交对基地土地所有权的相关文书。[2]

公报的发表可以说是立竿见影。数日后，尼克松从马尼拉发回电报说，菲律宾当地的反美情绪得到了控制。对联合声明，马格赛赛和他的顾问以及国会满意。只不过麦格赛赛追问尼克松何时可以正式移交文书。[3] 菲律宾当局的急切心情可见一斑。尼克松回到华盛顿后，参加了 7 月 12 日召开的国安会第 290 次会议，遍访几国的副总统汇报说，他发现这些国家的领导人有一个共同之处，就是心里总想着地区事务而没有国际大局。菲律宾就是一例，口口声声就是要美国对军事基地放手，尽管他一再向麦格赛赛承诺美国迟早是会返还基地所有权的。[4]

到了 8 月份，本已暂时平稳的基地谈判问题又起波澜。治外法权问题成了最后的障碍。1947 年基地协议规定，在基地内发生的，

1　Memorandum from the Acting Secretary of State to the President, May 3, 1956, in *FRUS*, 1955–1957, Vol. XXII, pp. 647–648.

2　Telegram from the Department of State to the Embassy in the Philippines, June 28, 1956, in *FRUS*, 1955–1957, Vol. XXII, pp. 655–656.

3　Telegram from the Embassy in the Philippines to the Department of State, July 7, 1956, in *FRUS*, 1955–1957, Vol. XXII, pp. 656–657.

4　Editorial Note, July 12, 1956, in *FRUS*, 1955–1957, Vol. XXII, pp. 657–658.

除涉事双方都是菲律宾国民或危及菲律宾国家安全外，裁定权属于美国军方。菲律宾方面对此越来越不满。8 月 31 日，驻马尼拉大使馆给国务院的 596 号电报指出，裁定权问题已经成为决定成败的关键问题。[1]

10 月 1 日，驻马尼拉大使馆自行总结了一份备忘录“军事基地在美菲关系中的重要意义”。根据 1947 年的协议，美国在菲律宾主要有三处基地，除了苏比克、克拉克，还有桑莱岬（Sangley Point）的一处。这些基地的建立，并非是满足现代战争的需要，而是原有基地的现代化。每一处基地都在现代战争意义上有严重的缺点。因此，“这些基地的政治意义大于军事意义”。对菲律宾来说是安全问题，对美国来说，一则是为了显示美国对菲律宾和东南亚国家的保护的信誉，二则在军事上也可以少量安置部署在当地的美军。因此，美国有必要解决基地协议的遗留问题，但需要强调的是，基地的存在对菲律宾的好处大于对美国的好处。当前的基地谈判不能被菲律宾牵着走。对菲律宾来说，基地是美国担负防务责任的象征，也为当地经济带来诸多好处。菲律宾的一些人将基地看作是美国帝国主义的象征，因此利用媒体夸大一些事件。民众的情绪又极不稳定，很容易被利用。备忘录还强调“基地谈判的成功是美国对菲其他政策的前提条件”。这一问题实际上是美菲关系中的“痼疾”——军方长期回避的结果，不及时予以解决，美国对菲政策就难有进展。[2] 这份文件虽然层级不高，但言而有实，道出了基地问题在整个美国对菲政策中的位置。

12 月 19 日，派往菲律宾的特使即将结束任命回国，临行前致信国务卿和国防部长，对他所参与的一年多的基地谈判进行了总

1 Editorial Note, August, 1956, in *FRUS*, 1955-1957, Vol. XXII, pp. 683-684.

2 Memorandum from the Second Secretary of Embassy in the Philippines (Brand) to the Counselor of Embassy (Walker), October 1, 1956, in *FRUS*, 1955-1957, Vol. XXII, pp. 686-688.

结。他的第一个结论是，谈判应将主要问题分成两部分，一部分是可见的土地所有权问题，可以通过双方指定代表团协商解决；第二部分是涉及领事裁判等在内的“隐性问题”，最为复杂和困难，恐怕只能留待来年春天即将赴美访问的麦格赛赛与艾森豪威尔总统来决定。他的第二个结论是，美国无法承担在基地谈判上失败的代价，如果在菲律宾的基地出现松动，一定会发生连锁反应，殃及美国在其他国家和地区的军事基地。菲律宾又与美国拥有同样的语言和制度，菲律宾经济和政治出现波动对美国制度的“声誉”也是一种打击。[1] 正当美国人将基地谈判取得进展寄托于菲律宾总统访美时，1957 年 3 月 17 日，麦格赛赛因飞机失事去世。美菲关系又蒙上了一层阴影。

以上便是与美国在菲进行核部署前，美菲关系中最重要的基地谈判问题的进展。菲律宾国内的民族主义情绪、麦格赛赛本人的政治倾向和态度对基地谈判施加了一定的压力，并使基地问题成为美菲关系的关键环节。而另一方面，华盛顿也非常清楚菲律宾对美国的重要性，无论是在政治上还是军事上。从谈判过程中，透过美国人对菲律宾的观察，我们能够感觉到美菲之间“若即若离”的特点，而这种特点和趋势必定会影响美国在菲军事部署。

第三节　“双轨并行”：和平利用核能与在菲部署核武

正如前述纳什报告所言，美国在海外部署核武器，各国的官方

1　Memorandum from the Special Representative to the Philippines (Bendetsen) to the Secretary of State and the Secretary of Defense (Wilson), December 19, 1956, in *FRUS*, 1955-1957, Vol. XXII, pp. 701-707.

与民间反应并不相同，其中在日本的阻力最大，东南亚特别是菲律宾也有负面的反馈。而报告提出的建议之一，便是加强在海外的和平利用原子能计划，一方面可以稀释乃至改变所在地民众对“谈核色变”的看法，另一方面也可提升美国部署核武器最终是为了“和平”的形象。[1] 可以说，艾森豪威尔政府的和平利用原子能计划[2]在某种程度上恰恰能与核部署政策配合起来，这在菲律宾案例上尤其明显。如此“双轨并行”的措施确实是美国政府此时期核政策值得关注的一大特点。

为了获得更多的资源以支撑原子能和平利用计划，美国政府积极在菲律宾探寻核原材料。1954 年 9 月的原子能委员会给国务院的报告显示，二战期间陆军部曾经在菲律宾吕宋岛北部的山区勘查，并发现过铀矿。当时是 1945 年 4 月，勘察人员认为该矿没有什么价值，所以没有进行仔细的勘测。[3]

根据 1954 年通过的《原子能法》，美国原子能委员会可以根据一定的程序，援助其他国家设计和运行核反应堆。当然，根据该法第 123 条规定，双边的协议必须经过国会的审核。因此国务院曾要求美国驻马尼拉大使馆向菲律宾政府传递此信息。在这一背景下，1955 年 3 月 8 日，原子能委员会主席斯特劳斯根据和平利用核能的总体计划，提出了可以实施的两项方案供总统考虑，其一是近期与巴西、加拿大、瑞士、土耳其和菲律宾政府就和平利用核能达成双边政府协议；其二，菲律宾在与美国合作的同时，将邀请亚洲其他

1 Report to President Eisenhower by Frank C. Nash entitled “United States Overseas Military Bases,” December, 1957, in USDDO, Gale, 2019, CK2349144180.

2 有关艾森豪威尔政府的和平利用原子能计划及政策，可参考刘子奎：《核扩散问题与艾森豪威尔政府和平利用原子能计划》，《世界历史》2016 年第 5 期。

3 Information Concerning Reported Uranium Deposit in the Philippines, September 10, 1954, in RG59, General Records Relating to Atomic Energy Matters, 1948-1962, Box 433, NARA.

国家的科学家加入研发团队。[1]

4月初，菲律宾驻美国大使莱乌特里奥（R. T. Leuterio）与菲律宾国家电力公司会见了美国国务院官员。他表示，菲律宾国内目前并没有合适的专家，随访的电子公司人员系马萨诸塞理工学院毕业，虽然在核技术方面没有受过训练，但可以为菲律宾发展核电提供一些想法。对此美方表示，原子能委员会可以安排他去一些相关的设施，比如橡树岭国家实验室（Oak Ridge National Laboratory）参观，或者去北卡罗来纳大学、宾夕法尼亚大学的反应堆实验室参观。美方还表示，美国政府会向菲律宾提供一些原子能技术方面的书籍，这些书籍有助于菲律宾政府对原子能有基本的了解。[2] 4月4日，菲律宾驻美国和联合国大使罗慕洛（Carlos Romulo）会见了斯特劳斯，讨论美国向菲律宾援助核反应堆的问题，并向后者建议初期需要美方派遣技术顾问和专家。为此，美国方面将做出以下几方面的准备：第一，原子能委员会向菲律宾政府赠送一台研究用反应堆；第二，原子能委员会考虑在菲律宾建立农业和医用放射性同位素研究中心；第三，帮助菲律宾政府培训原子能技术人员；第四，准备在万隆会议上公开声明这些计划。[3]

4月6日，杜勒斯召集相关人员讨论在万隆会议上公开美国援助菲律宾核反应堆的计划。总统特别助理洛克菲勒（Nelson Rockefeller）认为在万隆会议上美国应积极推动在“自由世界”的

1　U. S. to Share Atomic Energy Technology with Brazil, Canada, Philippines, Switzerland and Turkey, March 8, 1955, in USDDO, Gale, 2019, CK2349171485.

2　Philippine Interest in the Peaceful Use of Atomic Energy, April 1, 1955, in RG59, General Records of the Department of State, General Records Relating to Atomic Energy Matters, 1948-1962, Box 433, NARA.

3　Atomic Energy Assistance for the Philippines, April 6, 1955, in RG59, General Records of the Department of State, General Records Relating to Atomic Energy Matters, 1948-1962, Box 433, NARA.

一些核能利用计划。比如菲律宾如果公开声明获赠美国的反应堆的话，将会有“很大的宣传价值”，这也是东南亚地区建立起的第一个核物理研究机构。杜勒斯问及是否其他国家可以通过菲律宾获取核技术，洛克菲勒断然否决，他认为大多数国家应直接同美国交涉。最后，杜勒斯认为因为缺乏技术人员，在菲律宾建立东南亚第一个核物理研究机构并不现实，但他支持菲律宾政府在万隆会议上公开美国的援助计划。[1]

4 月 20 日，菲律宾总统麦格赛赛和国会接受了美国的援助建议，具体落实由副总统负责。菲方还表示，在反应堆运抵菲律宾之前，菲律宾政府将同意以下条款：（1）由菲律宾方面提出美国提供反应堆的建议；（2）菲律宾政府保障铀物质的安全保存；（3）菲律宾政府支付运行、维护费用。[2] 接下来，美菲双方开始就原子能合作协议的文本进行协商。原子能委员会还专门设计了研究大楼，将设立在菲律宾大学。1955 年 7 月 27 日，双方在华盛顿签署了《美国与菲律宾关于民用原子能的合作协议》。

为配合在菲律宾的核能计划及政策，美国新闻署在马尼拉的分支机构专门针对民众建立了“和平利用核能科技图书馆”。1955 年 11 月底，菲律宾外交部与美国新闻署联合举办了开馆仪式，并分发了宣传手册《和平利用核能：美国在行动》和《原子能：为了更好的生活》，同时分发了美菲原子能协议的复印本。新闻署还专门

1 Proposed Announcement by Romulo at Bandung Conference-United States Research Reactor for the Philippines, April 6, 1955, in RG59, General Records of the Department of State, General Records Relating to Atomic Energy Matters, 1948–1962, Box 433, NARA.

2 Memorandum for John A. Hall, Atomic Energy Commission, April 21, 1955, in RG59, General Records of the Department of State, General Records Relating to Atomic Energy Matters, 1948–1962, Box 433, NARA.

安排了拍照和拍摄环节，照片和胶片将发往其他地区供新闻报道之用。[1]

为了更好地贯彻双方签署的协议，1957 年 6 月美国向菲律宾派遣了“原子能和平利用使团”，帮助草拟原子能计划。相应地，菲律宾政府成立了“原子能部际委员会”，并积极准备实施方案，并于 9 月向美方提交了实施计划。但是，美国在此方面的行动异常迟缓。1958 年 1 月 15 日，菲律宾政府向美方询问进展，美方在 2 月 27 日答复说，在正式考虑菲律宾的反应堆研究计划之前，还需要得到更为详细的说明。如此拖延，连原子能委员会负责国际合作事务的霍尔（John A. Hall）也觉得不合适，敦促国务院向菲律宾政府说明情况。[2]

也许是因为“纳什报告”的推动，在向菲律宾部署核武的同时，美国才开始积极考虑增加对菲律宾的核技术援助。经过国务院几个月的讨论和酝酿，1958 年 10 月，提交给原子能委员会国际合作事务负责人的备忘录显示，由于美国一直推动的亚洲原子能研究所缺乏当地政府的资金支持迟迟不能启动，所以建议国务院考虑以下方案：在菲律宾承诺向其他国家开放研究所的前提下，美国可以增加现有援菲计划额度——总额追加到 100 万美元，主要用于菲律宾的核反应堆运营。[3] 从援助菲律宾核技术的时间表，我们也可以看出美国在和平利用核能与核部署之间“双轨并行”的策略。

---

1 Atoms for Peace: Presentation of Technical Library on Peaceful Uses of Atomic Energy, December 8, 1955, in RG59, General Records of the Department of State, General Records Relating to Atomic Energy Matters, 1948-1962, Box 433, NARA.

2 Philippine National Atomic Energy Program, May 2, 1958, in RG59, General Records of the Department of State, General Records Relating to Atomic Energy Matters, 1948 - 1962, Box 433, NARA.

3 Proposal for Increased Assistance to the Philippine Atomic Energy Program, October 28, 1958, in RG59, General Records of the Department of State, General Records Relating to Atomic Energy Matters, 1948-1962, Box 433, NARA.

根据现在可见的档案，美国在菲部署核武器从 1957 年 12 月开始，首批到达的是核炸弹和深水炸弹。一年之后，在国防部建议之下，军方开始向菲律宾输入高能核弹。[1] 艾森豪威尔政府末期，总计在亚太地区部署的 1700 枚核弹装置中，只有少数的 60 枚在菲律宾。[2] 20 世纪 60 年代中，随着越南战争逐步升级，美军在菲律宾的海空军基地战略地位上升，扮演着西太平洋防御圈中的“关键的一环”。克拉克空军基地是连接西太平洋乃至整个太平洋航线的主要中转站之一，也是美国空军的地区司令部所在地，部署有一个空防控制中心、一个雷达站、一个防空中队、一个战术战斗机（tactical fighter）中队，并能够提供通信和后勤保障。苏比克海军基地则有修船厂、油库、海军飞行站、补给装备和弹药库，为第七舰队等舰船提供日常维护和补给。[3] 部署在菲律宾的核武器则成为威慑越南战场的重要手段。[4]

至 1974 年年中，随着中美关系的缓和，在台湾部署的核武器转移至菲律宾克拉克空军基地，按照太平洋司令部的要求，调防在当年 7 月 19 日完成。[5] 这引起了菲律宾的不安，担心在核战争中成为主要的打击对象。同时，这也成为它与其他东盟国家关系的一个障碍。因此，菲律宾总统马科斯（Ferdinand Marcos）趁美菲修订防

---

1 Memo DTD Dec. 17, 1958 Drafted by S/AE: R. F. Courtney to the Acting Secretary on Atomic Weapons Dispersal, December 17, 1958, in RG59, Special Assistant for Atomic Energy, Country and Subject Files Relating to Atomic Energy Matters, 1950-1962, Box 3, NARA.

2 Robert S. Norris, William M. Arkin & William Burr, “Where They Were,” *The Bulletin of the Atomic Scientists*, November/December 1999, p. 30.

3 National Policy Paper on Philippines, December 1, 1965, in DNSA, ProQuest, 2019, PH00088.

4 尼克松上台后，曾经与基辛格设想使用核武器来加速结束越南战争。参见 Jeffrey P. Kimball, William Burr, *Nixon's Nuclear Specter: The Secret Alert of 1969, Madman Diplomacy, and the Vietnam War* (Lawrence: University Press of Kansas, 2015)。

5 CINCPAC Command History for 1974, access March 8, 2018, http://www.nautilus.org/archives/library/security/foia.html.

务条约之机，要求尽快撤出在菲核武器。1976 年 10 月，时任菲律宾外长罗慕洛访美，提出新修订的共同防御条约不得部署核武器，甚至美方提出的“存储”“过境”都遭到菲方的拒绝。[1]

1976 年太平洋司令部的记录显示，根据 1977 财政年度的核武器部署计划，参联会于 11 月 6 日批准了裁减计划，10 日太平洋司令部开始执行，20—28 日，美国军方将 140 枚核弹头从菲律宾移出，装载地点为美军苏比克军事基地的骄碧角（The Cubi Point），12 月 1 日完成装载任务并启程。[2] 中美缓和带动的远东及东南亚局势变化，最终推动了美国在西太平洋核部署的调整、撤出。

1　Secretary's Meeting with Philippine Foreign Secretary Romulo, October 6, 1976, in DNSA, ProQuest, 2019, KT02105.

2　CINCPAC Command History for 1976, access March 8, 2081, http://www.nautilus.org/archives/library/security/foia.html.

结　语

“考虑到核武器备受关注，我们到现在对在何时、何地以及何种情况下，美国将核武器部署到海外去仍是一知半解——这也许令很多人感到惊奇。”[1] 冷战时期，美国曾向海外部署了数千枚带有核弹头的武器装备，所部署国家和地区的人们对此竟一无所知，更不知道它们实际部署在何处。亚欧大陆的两端正好处于美国与苏、中社会主义阵营的对抗前沿，自然也是双方战略争夺的主要对象。在拼凑地区军事同盟的同时，华盛顿利用在盟国的军事基地，实施其海外核军事战略，在亚太和西欧的军事基地屯聚了相当数量的核武器。其中，大规模部署则出现在艾森豪威尔执政的20世纪50年代。美国在亚欧地区的核武器部署，既有总体上的特征，反映了“大规模报复”战略与艾森豪威尔政府核武器观念的统一和结合；同时，不同的国家和地区案例又各有特点，折射出美国与各盟国之间关系的复杂面相。

第一节　核武器部署实施过程中的权力和观念

艾森豪威尔上台时，280毫米火炮发射核弹头成功、原子弹乃

1　Robert S. Norris, William M. Arkin & William Burr, “Where They Were,” *The Bulletin of the Atomic Scientists*, November/December 1999, p. 26.

至氢弹的小型化、“下士”导弹部队部署到欧洲，这些都使得通过战术核武器威慑对手、避免局部战争升级成为可能，也让美国决策者看到在海外部署核武器成为一种选项。然而，布局易，落子难。“新面貌”棋局的展开需要破除尚存的各种政策、机制和法律障碍。从 1953 年“大规模报复”战略出台到 1957 年正式启动海外核部署，美国政府内部的思想酝酿和思想统一，以及为政策出台所做的准备工作花了近四年的时间。如果我们将这四年放在整个战后美苏军事对抗的历史中，时间并不算长。特别是，我们如果将这个过程与冷战时期发生的重大局部冲突相比，更觉得这样一个重要政策的出台算不上谨慎。试想，在此后发生的古巴导弹危机、越南战争、阿富汗战争，只要双方领导人头脑不够冷静、克制，部署在这些军事基地中的核弹就会将整个人类带入万劫不复的深渊。幸运的是，一些重大的问题在部署之前就已经在美国决策高层被提出来了，有的还在这当中引起了相当大的争议。这些争议让核部署的利害得失、道德风险获得了充分的讨论“空间”，包括美国与盟国之间较为“顺畅”的信息沟通，最终使得华盛顿的高官们突破了一个“禁忌”，却又被套上了更多的“禁忌”。

从美国在广岛投下第一颗原子弹起，对于核武器在美国对外战略中起到何种作用，以及如何发挥其作用，无论是在军方还是民事部门内部都有极大的争论。这些争论有道德层面的思考，但更多的则是从国家安全利益出发，评估核武器能够给美国带来多少好处，以及相应地应该承担的风险。其中，国防部、国务院和原子能委员会这些“涉及核能”的核心部门，甚至包括外围的美国新闻署，都免不了从自身部门利益出发给总统出谋划策，这反而加深了各决策主体之间的意见分歧。为此，在海外核部署政策出台前的很长一段时间里，决策高层需要花大力气来统一内部思想。与杜鲁门不同，军人出身的艾森豪威尔有战争经历，同时在亚洲和欧洲都有任职背景，他成为总统后对核武器的思考自然会打上他个人的烙印。

第一个也是最重要的问题就是，要争夺核决策的话语权，而这恰恰是由 NSC162 号文件所规定的战略方向带来的。该文件大体上确定了利用美国的核优势来加强“威慑”，从而达到减少常规力量投入的目的，但在原子弹最后一道瓶颈——能否使用的问题上——并没有一致意见，此后多次对第 39 段 b 款的反复确认说明了这一点。虽然 1948 年以国家安全政策确立了总统在核武器政策上的绝对权威，但在具体执行过程中，国防部、参联会这些掌握着“第一手”信息的机构往往利用其专业背景和部门经验，同相对保守的国务院、原子能委员会进行权力的博弈和争夺。向日本和德国部署核武都存在长期争论，原因也在于海外核部署存在一定的政治风险，包括其他盟国的反对，被韩国李承晚、中国台湾蒋介石拖入地区冲突乃至核大战的可能性，当地民众特别是日本和菲律宾对核武器的抵制情绪，都让杜勒斯这样极为谨慎的人物感到非常为难。而另一方面，部署核武的好处也是显而易见的：分散美国的核武器存储、表明美国捍卫盟国安全的意志、维护美国的国际信誉，但最重要的是可以减少美国海外的常规力量投入，最终能够降低国防支出。这也就是为何 1957 年 6 月的国安会第 326 次会议如此重要了：在会议上，杜勒斯终于被“部署能够大幅裁减当地武装”“为美国节约海外军事支出”这样的理由所说服。向海外部署核武器，包括在危机事件中使用“核讹诈”的方式，都会引起争议。当然，也正是朝鲜战争、第一次台湾海峡危机这样的“机会”，使“能否使用核武器”这样的话题不断地在美国决策高层讨论，也消解着民事官员心目中的“核禁忌”。很快，以国防部为代表的军方在决策圈子中成为对核武器政策制定起决定性作用的部门。

第二，除了完成话语权的争夺，还要实现机制上的监管权力转移。可以这样说，上述各部门的意见分歧在本质上是部门权力之争。在本研究所涉及的议题上，就是国防部对民事部门原子能委员会权力的侵蚀与剥夺。我们从两个部门在1949—1959年这十年对核武库监管数量的变化（参看附录中表1）便可知，艾森豪威尔时期是国防部核监管权逐步上升乃至取得主导地位的重要时期，恰恰与美国的海外核部署（1957年为界）同步。我们从已解密的文件也能够看出，国防部扩大监管权力的理由之一就是随着海外部署的数量上升、地点增加，需要总统授予国防部门更大的核武器管理权限。相应地，原子能委员会的管理职权则逐步被压缩，主要负责与民用核能有关的事务。

第三，核部署不得不顾及民众、盟国的反应。解密档案显示，美英之间曾就"使用核武器"问题有过秘密的协议，反映了在核战阴影之下西欧盟国对美国部署、使用核武器存在的政治焦虑。[1] 在美国国内和国际社会上，也存在对世界大战的恐惧心理而出现的反核的和平运动。[2] 为了减少核政策具体实施过程中的阻力，同时也是与苏联争夺"人类和平"的道德制高点，美国政府高层意识到在国内外进行政策宣传和说明的必要性。因此，国家安全委员会才接受了"公开政策"，旨在提高民众和国会对原子武器的认识，使他们在心理上接受"与常规武器同等使用"的现实。美国还积极突破核技术的保密特性，在保证信息安全的情况下与盟国分享核武器知识、技术情报，目的是得到盟国在需要使用核武器时给予美国支

1　2005年7月公布的电子简报"协商是总统的责任：1950—1974年（英美）关于核武器使用的秘密谅解"，共计55份档案，涉及两国领导人就核武器使用问题"事前协商"、多次交涉，并达成秘密谅解予以确定。这些档案也反映出英美"特殊关系"下的一种特殊协调机制。参见 Consultation is Presidential Business: Secret Understandings on the Use of Nuclear Weapons, 1950-1974, NSA, EBB159。

2　譬如1955年7月，著名科学家罗素发起、爱因斯坦等11位科学家支持的针对核武器与人类命运的"罗素-爱因斯坦宣言"（Russell-Einstein Manifesto），1957年发展成为帕格沃什运动（Pugwash Movement），旨在利用科学家在国际学术共同体和国际社会上的影响力，推动核裁军与国际安全。

持，同时提升西方阵营在核技术方面的整体水平。此外，美国政府还充分利用和平利用原子能计划，通过对一些国家，如日本、菲律宾、联邦德国、意大利等进行民用核技术援助，分享在核电、农业和医疗等方面最新的核信息，改变当地民众对核能的认识，消除心理上的障碍，与军事上的核部署政策相互配合。

第二节　核部署之下的美国对外战略与同盟关系

可以这样说，柏林危机和朝鲜战争是美国向海外部署核武器的第一推力，使国防部内部滋生了将核武器部署到亚太及欧洲的想法。1950 年初，参联会要求允许在英国部署准核武器装备，申请将小型核元件移送美国本土以外。6 月 11 日，国防部长和原子能委员会主席面见杜鲁门，后者批准向英国部署 89 件不携带核弹头的核元件装备战略空军。当年 10 月，中国人民志愿军入朝后，根据杜鲁门的授权，剩余的核元件转而向关岛部署，以备那里的 B-29 轰炸机随时作战之用。[1] 此后，第一次台海危机对美国向亚太部署核武器的影响显然要比朝鲜战争更为直接。危机爆发后，美军便开始在冲绳部署核武器，直至 1972 年“冲绳返还”后才完全撤出。

从冷战期间美国在海外的核部署决策过程以及演变过程，我们可以发现核部署牵涉到美国地区政策与局部国别政策之间的互动、政府内部的决策与权力争夺、美国与盟国关系的复杂性等诸多问题。

1　History of the Custody and Deployment of Nuclear Weapons（U）: July 1945 Trough September 1977, p. 15.

第一，美国在海外核部署的过程与美苏冷战对抗的大局密不可分。1945 年 8 月，美国在人类历史上第一次也是唯一一次使用了核武器，不仅加速了第二次世界大战的结束，也为美苏的对抗以及核军备竞赛埋下了伏笔。1948 年第一次柏林危机发生、1949 年苏联成功核试验，这些事件骤然加剧了冷战的氛围。特别是 1950 年朝鲜战争、1954 年台海危机的爆发，使美国认为中国是比苏联更危险的对手而在亚太地区将主要矛头对准了中国。从 1950 年起，美国通过一系列的双边军事同盟条约，构筑起围堵中国的“环形防御链”，与此同时将核武器元件逐步部署到关岛、冲绳、日本本土、中国台湾、韩国和菲律宾。有了原子武器的加持，亚太地区的“竹幕”似乎比欧洲的“铁幕”更加牢固。20 世纪 60 年代末期，随着美日关系的调整特别是中美关系内在的变化，美国在调整亚太军事战略的同时，也开始从原有的核基地撤回核武器。这其中包括 1972 年“冲绳返还”与核武“密约”的签署，1974 年逐步从中国台湾、菲律宾撤出核武。鉴于朝鲜半岛并没有在战争后形成“和平条约”，美国在韩国的核武器部署一直持续到冷战结束之后、中韩建交之前。

第二，部署过程华府内部始终存在“核威慑”与“核禁忌”两种不同声音的争论，这些争论既有政府内部决策权力争夺的一面，又反映了核武器作为一种外交手段存在的“先天缺陷”，同时还体现了美国与盟国的矛盾与分歧。虽然“大规模报复”战略确定了对外战略更加倚重核武器的原则，但军方与国务院在部署区域和时机问题上存在争议，这在美国向韩、日、德驻军提供核装备方面体现得尤其明显。这些争议表明，在向盟国部署核武器时，与朝鲜战争和台湾海峡危机中试图使用核武器的决策一样，存在威慑和禁忌的“两重性”。向上述亚欧大陆部署核武器的军事利益是显而易见的，但同样存在的是政治上的风险。因为在日本担心部署会引起民众的反感乃至反抗，影响刚刚成型的日本自民党统治模式的稳定性，进而破坏美日关系之大局，所以，在日部署是以两次“密约”的形式确定下来。韩国和中国台湾两个敏感地区，特别是与它们签订了共同防御条约之后，美国决策者则担心部署会不会被李承晚、蒋介石“拖下水”。

第三，通过对大量解密档案的解读，我们发现美国在海外核部署的过程中，地区角色起到了很大的作用。在亚太地区，如果不是李承晚顽固抵制裁减韩军规模，杜勒斯很难被说服接受向韩国部署核武器的计划。日本政府官员也多次向美国表示，日本应该拥有自己的核武器，这让华盛顿不得不考虑以更为确定的方式向日本提供核保护伞，以打消东京这种危险的想法。同样，在第一次台海危机中，对美国“拱卫”台湾安全、支持反攻大陆深表怀疑的蒋介石也积极推动在台湾的核部署。但值得关注的另一面是，美国力图将这些地区的核武器控制权完全掌握在美军手中，在部署过程中决策高层也多次确认这一点。核部署反而强化了美国对这些地区盟国行为的控制，可以说核武器在这些地区的存在形成了“双重威慑”——于外可对苏联和中国形成遏制，以保持阵营两边的军事平衡；对内可控制盟国的外交行为，稳定当地的政治局势甚至影响政局走向。

第四，在盟国的核部署给美苏核对峙和军事对抗带来是“柔性”而非“刚性”。从表面上看，双方在阵地前沿剑拔弩张增加了“火药味”，但实际上有两个方面反而制约了因地区性危机而导致全面核大战的危险。其一，在盟国部署核武器的过程中，美国与盟国之间就“核监管权”的争夺，特别体现在美国与法国、德国、意大利几国关系上，反映了双方在核问题上的不信任。美国担心盟国滥用核权力而导致国际局势的失控，而盟国则对美国能否在关键时刻启动核按钮心存顾虑，这在 1956 年苏伊士运河危机之后尤其如此。其二，盟国自身特别是西欧盟国在拥有了核武器之后反而对美苏之间的风吹草动更为敏感，他们最担心稍有不慎就会成为两国核弹的试验场。而且，在北欧还有意大利和法国这样的国家，国内的左翼力量强大，与反核组织和人士的关系密切，政府经常在原子能问题上遭到诘难。因此，核武器就是加在这些领导人头上的“紧箍咒”，让他们的外交行为有所忌惮。

第三节 艾森豪威尔政府核政策的矛盾及其影响

战后二十年里，核技术的发展让美苏领导人以及全人类都面临着国家安全与核灾难之间存在的巨大矛盾，“如何赢得一场除了和平之外别无他选的冷战”成为艾森豪威尔、赫鲁晓夫们在热核时代无法回避的课题。就美国而言，从“大规模报复”战略的制定到海外和部署的具体实施，艾森豪威尔试图将当时的核技术进展同美国的安全政策结合起来。一方面，他希望核技术能在军事、经济、工业层面给美国带来好处；另一方面，大型核武器显示出来的巨大破坏力也让他心生疑虑。核技术本身存在的内在张力，开始从决策者们的讨论中出现，成为质疑、变革美国核政策的推力，而后不断蔓延、外溢，给美国的国际声誉和形象带来冲击，也极大地影响了它与盟国的关系。而且，核政策在多个方面表现出来的矛盾，似乎贯穿了整个艾森豪威尔政府的始终。

1953 年 12 月 8 日，艾森豪威尔在联合国大会上发表“原子能为和平”的演说，承诺“美国决心帮助世界摆脱原子能带来的可怕困境，并全心全意地促进人类的伟大创造力造福于生命而不是死亡”。[1] 然而具有讽刺意味的是，在艾森豪威尔任内，美国进行了160余次大大小小的核试验，其中1954年3月的氢弹试验更是造成了“比基尼事件”，核爆附近大面积海域被沉降的放射性物质污染，包括日本“第五福龙丸”号在内的300多艘渔船受到辐射影响。1953年，艾森豪威尔上台时美国拥有841枚核弹头，而到了他卸任时已经达到18 638枚，爆炸威力总计24 491百万吨当量。[2] 核武器的数量增长22倍，而爆炸力增长400倍。此外，“朱庇特”“屠牛士”“雷神”以及“北极星”导弹纷纷装备给陆海空三军。和平利用核能计划的推行，造成了核技术不断向外扩散，成为此后全世界都不得不面对的一个严重的国际安全问题。

1957年苏联卫星上天后，原有的“大规模报复”战略遭到严峻挑战，决策者们转而求助于“有限战争”思想，四年来的巨大战略投入一朝成为“战略负担”。同时，为了使美国人免于在核大战中伤亡，联邦政府又批准5年耗资250亿美元来建设民防工程。“大规模报复”战略设计的初衷本是削减国防开支、平衡财政预算，但是到艾森豪威尔任期结束时，国防方面的支出不降反升。在他两届总统任内，美国一直将“核报复”放到整个战略设计的中心位置，却在包括第二次台海危机在内的几次重大地区危机中，因各种因素而无法动用核武器。

而且“分歧”“矛盾”以及“困境”也成为核部署政策制定过程中的关键词。“大规模报复”战略的制定，使得海外核部署有了对外战略顶层设计的依据，但具体的实施则还有政治、军事甚至心理上的诸多问题和障碍需要解决、克服。这其中包括民众、盟国对

---

1 Dwight D. Eisenhower, “Atoms for Peace,” Address Before the General Assembly of the United Nations on Peaceful Uses of Atomic Energy, December 8, 1953, access April 20, 2020, https://www.eisenhowerlibrary.gov/eisenhowers/speeches.

2 “Estimated U.S. and Soviet/Russian Nuclear Stockpiles, 1945 - 1994,” *The Bulletin of Atomic Scientists*, November/December 50, no. 6 (1994): 58-59.

核武器以及部署、使用核武器的可接受程度；战术核武器与战略核武器的界限；战术核武器在局部战争中使用的可行性；向政治敏感地区部署核武器的可能性等。在艾森豪威尔两届任期内，我们可以从政府内部的分歧和争论中，感受到原子能委员会、国务院甚至总统本人对核武器的使用认知不尽相同，海外核部署的最终实现不过是各部门妥协的结果。

大规模海外核部署对美国国内的军事乃至政治影响是深远的。艾森豪威尔时期，鉴于各兵种在核战略设计中的不同地位，美军结构和作战规划发生了极大变化，在总体规模减小的同时，陆军和海军在防务体系中的地位下降。1953 年，美国军队的数量为 350 万人，而到 1959 年总人数降到了 250 万人，裁减的大部分都是陆军。[1] 相应地，空军战略兵种和导弹部队发展获得了巨大的支持。到艾森豪威尔卸任时的 1961 年，美国空军在规模上已经与陆军旗鼓相当。

然而更重要的是，核武器实用化给美国政治带来的变化。致力于核力量发展并将其纳入安全战略，不免会危及个人权利与国家力量、自由诉求和安全保障之间的平衡。冷战爆发以后，美国政府的军事化倾向十分明显，[2] 国防部、中情局等一系列机构的设立，一方面是为了应付美苏对抗、遏制苏联的需要，另一方面也与一战、二战长期积累下来且日渐坐大的军事利益集团不无关系。国防部门借核部署之机，不断利用专业的军事理论“侵夺”核控制权，而原子能委员会的管理职权则逐步被压缩。国务院本应更多地扮演“制衡”角色，但大多数情况下只体现在延长了决策时间上，并没有起

---

1 Gates Brown, *Eisenhower's Nuclear Calculus in Europe: The Politics of IRMB Deployment in NATO Nations* (Jefferson: McFarland & Company, Inc. , Publishers, 2018), p. 33.

2 相关研究可参考牛可：《美国“国家安全国家”的创生》，《史学月刊》2010 年第 1 期。

到“否决”作用，以至于1961年1月卸任时，艾森豪威尔在告别演说中指出：“一支庞大的军队和一个大规模军事工业相结合，在美国是史无前例的。”他警告美国人，“军事—工业复合体”可能会是破坏“安全与自由”之间平衡的、正在“恶性增长”的势力。[1]

总而言之，冷战时期美国在亚太地区的核部署研究，打开了观察美国军事战略、军事政策，政府内部的运作机制以及美国同盟国关系的一扇独特的窗口。通过具体的案例，我们既可以看到美国整体的对外战略调整对地区政策产生的影响，同时也能发现地区盟国的国家或民族利益诉求、维护平等关系的意志给华盛顿的局部乃至全球政策带来的冲击。无论从美国还是盟国身上，我们都可以看出核武器给它们带来的并不完全是“安全”，反而更多的是“焦虑”——笼罩在东西方冷战天空下的是那朵似乎永远无法被吹散的“蘑菇云”。在近半个世纪的两极对抗过程中，美国曾在欧亚等27个国家和地区部署了核武器，而大部分地区的民众“与核为伴”却一无所知。从这一角度思考，不免为个体生命在纵横捭阖的国际政治中的“微不足道”感到唏嘘。值得庆幸的是，美苏双方尽管把如此之多的核武瞄准了对方，甚至在重大危机中一次次“剑拔弩张”，但因为各种原因始终没有突破“核禁忌”，使20世纪下半叶的世界历史维持了一段“长和平”。由是想来，生在冷战年代核恐惧之中却活过来的人们，虽然卑微却是足够幸运的。

1 Dwight D. Eisenhower, *Farewell Address*, January 17, 1961, access June 10, 2020, https://www.eisenhowerlibrary.gov/eisenhowers/speeches.

附录

美国在亚太及海外核部署重要数据统计表

表 1　美国政府机构对核武器的监管情况（1947—1959）

单位：枚

年份	原子能委员会	国防部	总数
1947	13	0	13
1948	56	0	56
1949	169	0	169
1950	298	0	298
1951	429	9	438
1952	823	9	832
1953	1152	9	1161
1954	1463	167	1630
1955	1499	781	2280
1956	2262	1358	3620
1957	3578	2250	5828
1958	3385	4017	7420
1959	3968	8337	12 305

资料来源：Robert Standish Norris, *United States Nuclear Weapons Deployment Abroad, 1950 - 1977* (Natural Resources Defense Council: History of the Nuclear Age Dinner Series, November 1999)。

表 2　美国在亚太地区的核部署（1961—1977）

单位：枚

年度	总数	冲绳	韩国	关岛	菲律宾	中国台湾
1961	1740	756	611	255	62	14
1962	2053	943	617	298	74	26
1963	2355	1148	641	364	98	26
1964	2421	1124	690	364	147	26
1965	2470	1088	762	364	195	32
1966	2898	1191	871	473	249	50
1967	3248	1287	949	587	316	56
1968	3043	1257	901	533	273	56
1969	2808	1197	835	467	231	56
1970	2663	1022	780	569	183	38
1971	2488	835	738	666	153	38
1972	2132	442	684	726	201	26
1973	1752	0	641	774	249	26
1974	1673	0	641	780	183	8
1975	1583	0	635	780	129	0
1976	1341	0	539	726	62	0
1977	1118	0	460	666	0	0

资料来源：Robert Standish Norris, "United States Nuclear Weapons Deployment Abroad, 1950-1977," in Natural Resources Defense Council, *History of the Nuclear Age Dinner Series*, November 1999。

表 3　英、美、苏三国海外核部署情况表（1945—2013）

单位：枚

	部署地	部署时间（年）	目标
美国海外核部署	比利时	1963—2013	苏联/俄罗斯
	加拿大	1964—1984	苏联
	丹麦	1958—1965	苏联
	联邦德国/民主德国	1955—2013	苏联/俄罗斯
	英国	1954—2006	苏联/俄罗斯
	意大利	1956—2013	苏联/俄罗斯
	摩洛哥	1954—1963	苏联
	荷兰	1960—2013	苏联/俄罗斯
	菲律宾	1957—1977	中国
	韩国	1958—1961	朝鲜/中国
	西班牙	1958—1976	苏联
	中国台湾地区	1958—1974	中国
	土耳其	1959—2013	苏联/俄罗斯
英国海外核部署	塞浦路斯	1961—1975	苏联
	联邦德国/德国	1972—1998	苏联/俄罗斯
	马来西亚	1963—1965	中国
	新加坡	1965—1970	中国
苏联海外核部署	古巴	1962	美国
	捷克斯洛伐克	1969—1990	美国
	民主德国	1958—1991	美国
	匈牙利	1974—1989	美国
	蒙古	1967—1992	中国
	波兰	1967—1990	美国

资料来源：Paul C. Avey, "The Historical Rarity of Foreign-Deployed Nuclear Weapon Crises," *Security Studies* 27, no. 1 (2017): 97。

表 4　美国大陆以外地区核部署情况

国家（地区）	装备名称	部署时间	撤出时间
阿拉斯加	无核炸弹（Nonnuclear bomb）	1955 年 11 月	1967 年 6 月
	炸弹（Bomb）	1956 年 1 月	1975 年 6 月
	妖怪（Genie）①	1957 年 9 月	1960 年 9 月
	深水炸弹（Depth bomb）	1958 年 7 月	
	原子爆破弹药（ADM）	1961 年 1 月 3 日	1970 年 6 月
	猎鹰（Falcon）②	1961 年 4 月 6 日	1970 年 6 月
	155 毫米榴弹炮（155mm howitzer）	1967 年 2 月	1975 年 6 月
	奈基-大力神地对空导弹（Nike Hercules）	1970 年 1 月 3 日	
【加拿大】	无核炸弹	1950 年 7 月 12 日	1971 年 6 月
	波马（BOMARC）③	1964 年 1 月 3 日	1972 年 6 月
	妖怪	1965 年 5 月	
	猎鹰	1965 年 7 月	1966 年 12 月
	深水炸弹	1968 年 2 月	1970 年 6 月
【?】④	炸弹	1956 年 2 月	1956 年 3 月 5 日
	天狮星巡航导弹（Regulus）	1956 年 3 月 5 日	1964 年 10 月 12 日
	黄铜骑士舰对空导弹（Talos）	1964 年 10 月 12 日	1965 年 12 月
古巴	无核炸弹	1961 年 12 月	1963 年 7 月 9 日
	深水炸弹		
【格陵兰】	炸弹	1958 年 2 月	1958 年 10 月 12 日
	奈基-大力神	1959 年 11 月	1965 年 7 月

续表

国家（地区）	装备名称	部署时间	撤出时间
关岛	无核炸弹	1950 年 7 月	
	炸弹	1951 年 6 月	
	深水炸弹	1957 年 6 月 8 日	
	天狮星巡航导弹	1957 年 9 月 11 日	1964 年 4 月 6 日
	奈基大力神	1961 年 6 月	1969 年 6 月
	野猪（Boar）⑤	1962 年 1 月 3 日	1963 年 4 月 6 日
	热点（Hotpoint）⑥	1962 年 1 月 3 日	1964 年 10 月 12 日
	长曲棍球（Lacrosse）⑦	1962 年 4 月 6 日	1963 年 10 月 12 日
	小约翰（Little John）⑧	1962 年 4 月 6 日	1969 年 6 月
	“忠实约翰”（Honest John）⑨	1962 年 4 月 6 日	
	原子爆破弹药	1964 年 2 月 6 日	
	大卫克罗基特（Davy Crockett）⑩	1965 年 1 月	1969 年 6 月
	8 英寸榴弹炮（8-inch howitzer）	1965 年 6 月	
	黄铜骑士舰对空导弹	1965 年 7 月	1969 年 6 月
	阿斯特鱼雷（Astor）⑪	1965 年 11 月	1974 年 3 月
	阿斯洛克反潜导弹（ASROC）	1966 年 1 月	
	小猎犬舰空导弹（Terrier）	1966 年 3 月	1967 年 1 月
	155 毫米榴弹炮	1966 年 5 月	
	北极星中程弹道导弹（Polaris）	1966 年 7 月	1966 年 8 月
	奈基-大力神	1968 年 6 月	1969 年 6 月

续表

国家（地区）	装备名称	部署时间	撤出时间
夏威夷	炸弹	1954 年 7 月	1969 年 6 月
	深水炸弹	1955 年 12 月至 1956 年 2 月	
	天狮星巡航导弹	1956 年 3—5 月	1965 年 1 月 3 日
	野猪	1956 年 9—11 月	1963 年 4 月 6 日
	“忠实约翰”	1957 年 6—8 月	1975 年 6 月
	8 英寸榴弹炮	1958 年 10 月 12 日	1972 年 6 月
	原子爆破弹药	1959 年 1 月 3 日	1975 年 6 月
	热点	1960 年 1 月 3 日	1964 年 10 月 12 日
	奈基-大力神	1960 年 7 月 9 日	1973 年 6 月
	小约翰	1962 年 4 月 6 日	1968 年 10 月
	黄铜骑士舰对空导弹	1963 年 10 月 12 日	1968 年 8 月
	阿斯洛克反潜导弹	1963 年 10 月 12 日	
	阿斯特鱼雷	1964 年 4 月 6 日	
	大卫-克罗基特	1964 年 4 月 6 日	1969 年 6 月
	155 毫米榴弹炮	1964 年 10 月 12 日	1975 年 6 月
	小猎犬舰空导弹	1965 年 3 月	1966 年 9 月
	萨布罗克潜射核反潜导弹（SUBROC）	1965 年 8 月	
	猎鹰	1966 年 5 月	1967 年 6 月
【日本】	无核炸弹	1954 年 12 月至 1955 年 2 月	1965 年 6 月
约翰斯顿岛	雷神（Thor）[12]	1964 年 7—9 月	1971 年 6 月

续表

国家（地区）	装备名称	部署时间	撤出时间
【夸贾林环礁】	奈基-宙斯地对空导弹（Nike Zeus）	1963 年 7 月 12 日	1966 年 7 月
中途岛	深水炸弹	1961 年 7 月	1965 年 6 月
【摩洛哥】	无核炸弹	1953 年 7 月 9 日	1965 年 6 月
	炸弹	1954 年 5 月	1963 年 9 月
	深水炸弹	1957 年 9 月 11 日	1961 年 3 月
【冲绳】	无核炸弹	1954 年 7 月	1967 年 6 月
	炸弹	1954 年 12 月至 1955 年 2 月	1972 年 6 月
	280 毫米火炮（280mm gun）⑬	1955 年 12 月至 1956 年 2 月	1960 年 6 月
	8 英寸榴弹炮	1957 年 6 月 8 日	1972 年 6 月
	“屠牛士”巡航导弹（Matador）	1957 年 9 月 11 日	1960 年 12 月
	深水炸弹	1957 年 12 月至 1958 年 2 月	1972 年 6 月
	原子爆破弹药	1958 年 2 月 5 日	1972 年 6 月
	“忠实约翰”	1957 年 12 至 1958 年 2 月	1972 年 6 月
	奈基-大力神	1959 年 1 月 3 日	1972 年 6 月
	下士弹道导弹（Corporal）	1960 年 3 月	1965 年 6 月
	热点	1960 年 7 月 9 日	1960 年 12 月
	长曲棍球	1960 年 10 月 12 日	1963 年 12 月
	马斯巡航导弹（Mace）	1961 年 4 月 6 日	1970 年 6 月
	猎鹰	1961 年 7 月 9 日	1972 年 6 月

续表

国家（地区）	装备名称	部署时间	撤出时间
【冲绳】	小约翰	1962 年 4 月 6 日	1968 年 12 月
	阿斯洛克反潜导弹	1963 年 1 月 3 日	1966 年 4 月
	小猎犬舰空导弹	1964 年 1 月 3 日	1964 年 6 月
	大卫-克罗基特	1964 年 4 月 6 日	1968 年 12 月
	155 毫米榴弹炮	1966 年 5 月	1972 年 6 月
【菲律宾】	炸弹	1957 年 12 月	1977 年 6 月
	深水炸弹	1957 年 12 月	1974 年 6 月
	热点	1961 年 1 月 3 日	1961 年 9 月
	猎鹰	1962 年 4 月 6 日	1971 年 6 月
	小猎犬舰空导弹	1965 年 2 月	1967 年 6 月
	阿斯洛克反潜导弹	1965 年 3 月	1974 年 6 月
	黄铜骑士舰对空导弹	1965 年 7 月	1974 年 6 月
波多黎各	炸弹	1956 年 6 月	1972 年 6 月
	深水炸弹	1961 年 4 月 6 日	1975 年 6 月
【韩国】	“忠实约翰”	1958 年 1 月	
	280 毫米炮	1958 年 1 月	1962 年 6 月
	8 英寸榴弹炮	1958 年 1 月	
	原子爆破弹药	1958 年 1 月	
	炸弹	1958 年 3 月	
	长曲棍球	1960 年 7 月 9 日	1963 年 12 月
	奈基-大力神	1961 年 1 月 3 日	
	大卫-克罗基特	1962 年 7 月 9 日	1968 年 6 月
	中士弹道导弹（Sergeant）	1963 年 7 月 9 日	
	155 毫米榴弹炮	1964 年 10 月 12 日	

续表

国家（地区）	装备名称	部署时间	撤出时间
【西班牙】	炸弹	1958年3月	1965年6月
	深水炸弹	1959年10月12日	1976年7月
	猎鹰	1962年4月6日	1964年6月
	阿斯洛克反潜导弹	1965年8月	1965年11月
	黄铜骑士舰对空导弹	1968年10月	1968年11月
【中国台湾】	“屠牛士”巡航导弹	1958年1月	1962年6月
	炸弹	1960年1月3日	1974年7月
【冰岛】	无核炸弹	1956年2月	1966年6月
	炸弹	1956年9月	1959年9月12日
【比利时】	炸弹	1963年11月	
【法国】	无核炸弹	1958年8月	1960年1月3日
【希腊】	炸弹	1960年10月	
	“忠实约翰”	1961年12月	
	8英寸榴弹炮	1962年4—6月	
	奈基-大力神	1963年10—12月	
【意大利】	炸弹	1957年4月	
	下士弹道导弹	1956年8月	1964年9月
	“忠实约翰”	1956年8月	1976年6月
	原子爆破弹药	1959年1月3日	
	朱庇特中程弹道导弹（Jupiter）	1960年6月	1963年6月
	奈基-大力神	1960年10月12日	
	8英寸榴弹炮	1964年1月3日	
	中士弹道导弹	1964年1月3日	1976年6月
	长矛弹道导弹（Lance）	1976年1月2日	
	深水炸弹	1972年1月3日	

续表

国家（地区）	装备名称	部署时间	撤出时间
【荷兰】	炸弹	1960 年 3 月	
	“忠实约翰”	1961 年 6 月	
	8 英寸榴弹炮	1962 年 10 月 12 日	
【土耳其】	炸弹	1959 年 2 月	
	“忠实约翰”	1959 年 5 月	
	朱庇特弹道导弹	1961 年 10 月	1963 年 6 月
	8 英寸榴弹炮	1965 年 6 月	
英国	炸弹	1954 年 9 月 11 日	
	雷神（星）［Thor（Star）］	1958 年 10 月 12 日	1963 年 9 月
	深水炸弹	1968 年 1 月	
联邦德国	炸弹	1955 年 3 月 5 日	
	“屠牛士”巡航导弹	1955 年 4 月	1962 年 9 月
	280 毫米炮	1955 年 4 月	1960 年 12 月
	“忠实约翰”	1955 年 5 月	
	下士弹道导弹	1955 年 6 月 8 日	1967 年 3 月
	8 英寸榴弹炮	1956 年 3 月 5 日	
	原子爆破弹药	1957 年 3 月 5 日	
	红石弹道导弹（Redstone）	1958 年 5 月 9 日	1964 年 6 月
	奈基-大力神	1959 年 4 月 6 日	
	马斯巡航导弹	1959 年 10 月 12 日	1969 年 6 月
	长曲棍球	1960 年 4 月 6 日	1963 年 12 月
	猎鹰	1961 年 7 月 9 日	1970 年 6 月
	大卫-克罗基特	1961 年 10 月 12 日	1967 年 8 月
	小“屠牛士”空对地导弹［Bullpup（ASM）］	1962 年 7 月 9 日	1963 年 9 月

续表

国家（地区）	装备名称	部署时间	撤出时间
联邦德国	中士弹道导弹	1963年4月6日	
	“潘兴”中程弹道导弹（Pershing）	1964年4月6日	
	155毫米榴弹炮	1965年2月	
	白星眼空对地导弹（Walleye）	1972年6月	
	长矛弹道导弹	1974年1月3日	

资料来源：Robert S. Norris, William M. Arkin & William Burr, “Where They Were,” *The Bulletin of the Atomic Scientists* 55, no. 6 (1999), Appendix B。

注：① AIR-2，核空空火箭弹。

② AIM-4，空对空导弹。

③ CIM-10，地对空导弹。

④【】中为美国国防部1999年公布档案之未解密部分国家或地区名称，根据字母排序及相关解密档案推测，“?”表示根据现有档案信息仍无从判断的地点。

⑤ 轰炸用航空核火箭（Bombardment Aircraft Rocket）。

⑥ Mk105，核深水炸弹。

⑦ SSM-A-12，短程弹道导弹。

⑧ MGR-3，对地战术核火箭弹。

⑨ MGR-1，对地战术核火箭弹。

⑩ M28/M29，无后坐力火箭，可发射战术核弹。

⑪ Mark45，核鱼雷。

⑫ SM-75，中程弹道导弹。

⑬ M65，又称为“原子安妮”。

表 5　主要大国核武库储量表（1945—2006）

单位：枚

年份	国别					总计
	美国	苏联/俄罗斯	英国	法国	中国	
1945	6					6
1946	11					11
1947	32					32
1948	110					110
1949	235	1				236
1950	369	5				374
1951	640	25				665
1952	1005	50				1055
1953	1436	120	1			1557
1954	2063	150	5			2218
1955	3057	200	10			3267
1956	4618	426	15			5059
1957	6444	660	20			7124
1958	9822	869	22			10 713
1959	15 468	1060	25			16 553
1960	20 434	1605	30			22 069
1961	24 126	2471	50			26 647
1962	27 387	3322	205			30 914
1963	29 459	4238	280			33 977
1964	31 056	5221	310	4	1	36 592
1965	31 982	6129	310	32	5	38 458
1966	32 040	7089	270	36	20	39 455
1967	31 233	8339	270	36	25	39 903

续表

年份	国别					总计
	美国	苏联/俄罗斯	英国	法国	中国	
1968	29 224	9399	280	36	35	38 974
1969	27 342	10 538	308	36	50	38 274
1970	26 662	11 643	280	36	75	38 696
1971	26 956	13 092	220	45	100	40 413
1972	27 912	14 478	220	70	130	42 810
1973	28 999	15 915	275	116	150	45 455
1974	28 965	17 385	325	145	170	46 990
1975	27 826	19 055	350	188	185	47 604
1976	25 579	21 205	350	212	190	47 536
1977	25 722	23 044	350	228	200	49 544
1978	24 826	25 393	350	235	220	51 024
1979	24 605	27 935	350	235	235	53 360
1980	24 304	30 062	350	250	280	55 246
1981	23 464	32 049	350	274	330	56 467
1982	23 708	33 952	335	274	360	58 629
1983	24 099	35 804	320	279	380	60 882
1984	24 357	37 431	270	280	415	62 753
1985	24 237	39 197	300	360	425	64 519
1986	24 401	45 000	300	355	425	70 481
1987	24 344	43 000	300	420	415	68 479
1988	23 586	41 000	300	410	430	65 726
1989	22 380	39 000	300	410	435	62 525
1990	21 004	37 000	300	505	430	59 239
1991	17 287	35 000	300	540	435	53 562

续表

年份	国别					总计
	美国	苏联/俄罗斯	英国	法国	中国	
1992	14 747	33 000	300	540	435	49 022
1993	13 076	31 000	300	525	435	45 336
1994	12 555	29 000	250	510	400	42 715
1995	12 144	27 000	300	500	400	40 344
1996	11 009	25 000	300	450	400	37 159
1997	10 950	24 000	260	450	400	36 060
1998	10 871	23 000	260	450	400	34 981
1999	10 824	22 000	185	450	400	33 859
2000	10 577	21 000	185	470	400	32 632
2001	10 527	20 000	200	350	400	31 477
2002	10 475	19 000	200	350	400	30 425
2003	10 421	18 000	200	350	400	29 371
2004	10 358	18 000	200	350	400	29 308
2005	10 295	17 000	200	350	400	28 245
2006	10 104	16 000	200	350	200	26 854

资料来源：Robert S. Norris, "Global Nuclear Stockpiles, 1945 - 2006," *The Bulletin of The Atomic Science* 62, no. 4 (2006): 66。

参考文献

一、档案文献

（一）原始档案

RG59, Bureau of Far Eastern Affairs, Office of Eastern Asian Affairs, Central Files, 1947 - 1964, College Park: National Archive Ⅱ (NARA).

RG59, Deputy Assistant Secretary for Politico-military Affairs, Subject Files of the Special Assistant for Atomic Energy and Aerospace Affairs, 1950-1966, College Park: National Archive Ⅱ (NARA).

RG59, Executive Secretariat, Subject and Special Files, 1953-1961, College Park: National Archive Ⅱ (NARA).

RG59, Central Decimal File, 1955 - 1959, College Park: National Archive Ⅱ (NARA).

RG59, Central Decimal File, 1960 - 1963, College Park: National Archive Ⅱ (NARA).

RG59, General Records Relating to Atomic Energy Matters, 1948-1962, College Park: National Archive Ⅱ (NARA).

RG59, Policy Planning Staff/Council Meetings with DOD and JCS, 1947-1962, College Park: National Archive Ⅱ (NARA).

RG59, Special Assistant for Atomic Energy, Country and Subject

Files Relating to Atomic Energy Matters, 1950 – 1962, College Park: National Archive Ⅱ (NARA).

RG218, Central Decimal File, 1954 – 1956, College Park: National Archive Ⅱ (NARA).

RG218, Central Decimal File, 1957, College Park: National Archive Ⅱ (NARA).

RG218, Central Decimal File, 1958, College Park: National Archive Ⅱ (NARA).

RG218, Central Decimal File, 1959, College Park: National Archive Ⅱ (NARA).

RG218, Geographic File, 1957, College Park: National Archive Ⅱ (NARA).

RG218, Geographic File, 1958, College Park: National Archive Ⅱ (NARA).

RG306, Attitude and Opinion Reports Relating to Latin America and the Far East, 1955–1964, College Park: National Archive Ⅱ (NARA).

RG306, Intelligence Bulletins, Memorandums and Summaries, 1954–1956, College Park: National Archive Ⅱ (NARA).

RG306, Office of Plans, Coordinator for NSC and OCB Affairs, Subject and Policy Paper Files, 1953 – 1961, College Park: National Archive Ⅱ (NARA).

RG306, Records Relating to Atomic Energy Affairs, 1953 – 1961, College Park: National Archive Ⅱ (NARA).

RG306, Research Reports, 1956 – 1959, College Park: National Archive Ⅱ (NARA).

RG326, Office of the Secretary: Minutes of the Meetings of the AEC, College Park: National Archive Ⅱ (NARA).

Dulles, John Foster: Papers of John Foster Dulles, White House Memoranda Series, Dwight D. Eisenhower Library (DDEL).

Dulles, John Foster: Papers, 1951 – 1959, General Correspondence and Memoranda Series, Dwight D. Eisenhower Library (DDEL).

Dulles, John Foster: Papers, 1951 – 1961, JFD, Gerard C. Smith Series, 1957–61, Dwight D. Eisenhower Library (DDEL).

Dulles, John Foster: Papers, 1951–1959, JFD, Chronological Series, Dwight D. Eisenhower Library (DDEL).

Dulles, John Foster: Papers Telephone Conversations Series, Dwight D. Eisenhower Library (DDEL).

Dwight D. Eisenhower: Records as President (White House Central Files), 1953–61, Confidential File, Subject Series, Dwight D. Eisenhower Library (DDEL).

Dwight D. Eisenhower: Papers as President of the United States, 1953–1961 (Ann Whiteman File), Administration Series, Dwight D. Eisenhower Library (DDEL).

Dwight D. Eisenhower: Papers as President of the United States, 1953–1961 (Ann Whiteman File), NSC Series, Dwight D. Eisenhower Library (DDEL).

Dwight D. Eisenhower: Papers as President of the United States, 1953 – 1961 (Ann Whiteman File), DDE Diary Series, Dwight D. Eisenhower Library (DDEL).

White House Central Files, Office File, 1953 – 1961, Dwight D. Eisenhower Library (DDEL).

White House Office, National Security Council Staff: Papers, 1948–1961, OCB Central Files Series, Dwight D. Eisenhower Library (DDEL).

White House Office, Office of the Special Assistant for National

Security Affairs: Records, 1952 – 1961, Special Assistant Series, Dwight D. Eisenhower Library (DDEL).

White House Office, Office of the Special Assistant for National Security Affairs: Records, 1952–1961, NSC Series, Dwight D. Eisenhower Library (DDEL).

White House Office, Office of the Special Assistant for National Security Affairs: Records, 1952 – 1961, OCB Series, Subject Subseries, Dwight D. Eisenhower Library (DDEL).

White House Office, Office of the Special Assistant for National Security Affairs: Records, 1952 – 1961, OCB Series, Administrative Subseries, Dwight D. Eisenhower Library (DDEL).

White House Office, Office of the Staff Secretary, Records of Paul T. Carroll, Andrew J. Goodpaster, L. Arthur Minnich and Christopher H. Russell, 1952 – 1961, Subject Series, Dwight D. Eisenhower Library (DDEL).

White House Office, Office of the Staff Secretary, Records: 1952 – 1961, Subject Series, Dwight D. Eisenhower Library (DDEL).

台湾“中央研究院”近史所藏“外档”：11–07–02–13–05–096《美屠牛士部队驻台》。

（二）档案集

Foreign Relations of United States, 1948, Vol. Ⅵ, The Far East and Australasia (Washington, D. C.: U. S. Government Printing Office), 1974.

Foreign Relations of the United States, 1948, Vol. Ⅶ, The Far East: China (Washington, D. C.: U. S. Government Printing Office), 1973.

Foreign Relations of the United States, 1948, Vol. Ⅷ, The Far East: China, Washington (Washington, D. C.: U. S. Government Printing

Office), 1973.

Foreign Relations of the United States, 1950, Vol. Ⅵ, East Asia and the Pacific (Washington, D. C.: U. S. Government Printing Office), 1976.

Foreign Relations of the United States, 1951, Vol. Ⅵ, Asia and the Pacific (in two parts), Part 1 (Washington, D. C.: U. S. Government Printing Office), 1977.

Foreign Relations of the United States, 1952–1954, Vol. Ⅱ, National Security Affairs (in two parts), Part 1 (Washington, D. C.: U. S. Government Printing Office), 1984.

Foreign Relations of the United States, 1952–1954, Vol. Ⅱ, National Security Affairs (in two parts), Part 2 (Washington, D. C.: U. S. Government Printing Office), 1984.

Foreign Relations of the United States, 1952 – 1954, Vol. Ⅻ, East Asia and the Pacific (in two parts), Part 1 (Washington, D. C.: U. S. Government Printing Office), 1984.

Foreign Relations of the United States, 1952 – 1954, Vol. Ⅻ, East Asia and the Pacific (in two parts), Part 2 (Washington, D. C.: U. S. Government Printing Office), 1987.

Foreign Relations of the United States, 1952 – 54, Vol. XV, Korea (Washington, D. C.: U. S. Government Printing Office), 1984.

Foreign relations of the United States, 1952–1954, Vol. Ⅻ, East Asia and the Pacific (part 2) (Washington, D. C.: U. S. Government Printing Office), 1987.

Foreign relations of the United States, 1955–1957, Vol. XXII, Southeast Asia (Washington, D. C.: U. S. Government Printing Office), 1989.

Foreign Relations of the United States, 1955 – 57, Vol. XXIII, Korea

(Washington, D. C. : U. S. Government Printing Office), 1993.

Foreign Relations of the United States, 1955－1957, Vol. Ⅱ, China (Washington, D. C. : U. S. Government Printing Office), 1986.

Foreign Relations of the United States, 1955－1957, Vol. Ⅲ, China (Washington, D. C. : U. S. Government Printing Office), 1986.

Foreign Relations of the United States, 1955－1957, Vol. XIX, National Security Policy (Washington, D. C. : U. S. Government Printing Office), 1990.

Foreign Relations of the United States, 1955－1957, Vol. XXIII, Japan, Part 1 (Washington, D. C. : U. S. Government Printing Office), 1991.

Foreign Relations of the United States, 1955－1957, Vol. XXIII, Korea, Part 2 (Washington, D. C. : U. S. Government Printing Office), 1993.

Foreign Relations of the United States, 1955－1957, Vol. XXI, East Asian Security; Cambodia; Laos (Washington, D. C. : U. S. Government Printing Office), 1990.

Foreign Relations of the United States, 1958－1960, Vol. XVI, East Asia-Pacific region; Cambodia; Laos (Washington, D. C. : U. S. Government Printing Office), 1992.

Foreign Relations of the United States, 1958－60, Vol. XVIII, Japan; Korea (Washington, D. C. : U. S. Government Printing Office), 1994.

Foreign Relations of United States, 1964 － 1968, Vol. XI, Arms Control and Disarmament (Washington, D. C. : U. S. Government Printing Office), 1997.

Foreign Relations of the United States, 1964－1968, Vol. XXX, China (Washington, D. C. : U. S. Government Printing Office), 1998.

Foreign Relations of the United States, 1969－1972, Vol. XVII, China (Washington, D. C. : U. S. Government Printing Office), 2006.

Foreign Relations of the United States, 1969-1972, Vol. XIX, Korea, part 1 (Washington, D. C. : U. S. Government Printing Office), 2010.

Foreign Relations of the United States, 1969-1972, Vol. XXXIV, National Security Policy (Washington, D. C. : U. S. Government Printing Office), 2011.

Foreign Relations of the United States, 1973-1976, Vol. XVIII, China (Washington, D. C. : U. S. Government Printing Office), 2008.

Foreign Relations of the United States, 1977-1980, Vol. XIII, China (Washington, D. C. : U. S. Government Printing Office), 2013.

Foreign Relations of the United States, 1977-1980, Vol. XXVI, Arms Control and Nonproliferation (Washington, D. C. : U. S. Government Printing Office), 2015.

Se-Jin Kim (ed.), *Documents on Korean-American Relations: 1943-1976* (Seoul: Research Center for Peace and Unification, 1976).

石井修、植村秀樹監修『アメリカ合衆国対日政策文書集成：アメリカ統合参謀本部資料，1953—1961』、第3巻、東京：柏書房、2000年。

石井修、植村秀樹監修『アメリカ合衆国対日政策文書集成：アメリカ統合参謀本部資料，1953—1961』、第7巻、東京：柏書房、2000年。

吕芳上主编《蒋中正先生年谱长编》第七至十二册，“国史馆”，2015。

张曙光、周建明编译：《中美“解冻”与台湾问题：尼克松外交文献选编》，香港中文大学出版社，2008。

周建明、王至成主编《美国国家安全战略解密文献选编（1945—1972）》，社会科学文献出版社，2010。

（三）缩微胶卷

Documents of the National Security Council: 1947–1977. Documents of the National Security Council: 1947–1977, the Second Supplement.

Minutes of meetings of the National Security Council.

Minutes of Meetings of the National Security Council, the Second Supplement.

Minutes of Meetings of the National Security Council, the Third Supplement.

Records of the U. S. Department of State Relating to the Internal Affairs of Korea, 1955–1959.

President Eisenhower's Meetings with Legislative Leaders, 1953–1961.

（四）电子数据库

U. S. Declassified Documents Online (USDDO), Farmington Hills: The Gale Inc., 2019.

Japan and the United States: Diplomatic, Security, and Economic Relations, 1960–1976, Digital National Security Archive (DNSA).

US Nuclear History: Nuclear Arms and Politics in the Missile Age, 1955–1968, Digital National Security Archive (DNSA).

U. S. Nuclear Non-Proliferation Policy, 1945–1991, Digital National Security Archive (DNSA).

The Philippines: U. S. Policy during the Marcos Years, 1965–1986, Digital National Security Archive (DNSA).

U. S. Nuclear Nonproliferation 2, Part I: From Atoms for Peace to the NPT, 1954–1968, Digital National Security Archive (DNSA).

The Kissinger Transcripts: A Verbatim Record of U. S. Diplomacy, 1969–1977, Digital National Security Archive (DNSA).

《人民日报》电子数据库。

（五）网络资源

Revelations in Newly Released Documents about U. S. Nuclear Weapons and Okinawa Fuel NHK Documentary, The National Security Archive (NSA), 1997.

United States Secretly Deployed Nuclear Bombs in 27 Countries and Territories During Cold War, The National Security Archive (NSA), 1999.

U. S. Opposed Taiwanese Bomb during 1970s, The National Security Archive (NSA), 1999.

U. S. Nuclear Weapons on Chichi Jima and Iwo Jima, The National Security Archive (NSA), 1999.

First Declassification of Eisenhower's Instructions to Commanders Predelegating Nuclear Weapons Use, 1959–1960, The National Security Archive (NSA), 2001.

Consultation is Presidential Business: Secret Understandings on the Use of Nuclear Weapons, 1950–1974, The National Security Archive (NSA), 2005.

Nuclear Weapons, the Vietnam War, and the "Nuclear Taboo", The National Security Archive (NSA), 2006.

"How Many and Where Were the Nukes", The National Security Archive (NSA), 2006.

New Archival Evidence on Taiwanese "Nuclear Intentions", 1966–1976, The National Security Archive (NSA), 2007.

Air Force Histories Released through Archive Lawsuit Show Cautious Presidents Overruling Air Force Plans for Early Use of Nuclear Weapons, The National Security Archive (NSA), 2008.

Nuclear Noh Drama: Tokyo, Washington and the Case of the Missing Nuclear Agreements, The National Security Archive (NSA), 2009.

Documents Show Cold War Air Defense Relied on Widespread Dispersal of Nuclear Weapons, The National Security Archive (NSA), 2010.

U. S. Nuclear Weapons on Okinawa, The National Security Archive (NSA), 2015.

U. S. Cold War Nuclear Target Lists Declassified for First Time, The National Security Archive (NSA), 2015.

The First Nukes on the Korean Peninsula: New Evidence on the Origins of U. S. Deployments 1958–1991, The National Security Archive (NSA), 2019.

Public Papers of the Presidents of the United States (PPP).

いわゆる「密約」問題の調査について，日本外務省公开。

二、英文专著及回忆录

Agarossi, Elena and Zaslavsky, Victor, *Stalin and Togliatti: Italy and the Origins of the Cold War* (Chicago: Stanford University Press, 2010).

Ball, Desmond and Richelson, Jeffrey (eds.), *Strategic Nuclear Targeting* (Ithaca: Cornell University Press, 1986).

Baucom, Donald, *The Origins of SDI, 1944 – 1983* (Lawrence: University Press of Kansas, 1992).

Brown, Gates, *Eisenhower's Nuclear Calculus in Europe: The Politics of IRMB Deployment in NATO Nations* (Jefferson: McFarland & Company, Inc., Publishers, 2018).

Comfort, Kenneth Jerold, *National Security Policy and the Development of Tactical Nuclear Weapons, 1948–1958*, the second edition

(NY: The Public Administration Institute, 2005).

Dockrill, Saki, *Eisenhower's New-Look National Security Policy, 1953–61* (New York: St. Martin's Press, Inc., 1996).

Eldridge, Robert D., *The Origin of the Bilateral Okinawa Problem: Okinawa in Postwar U. S.-Japan Relations, 1945 – 1952* (New York: Garland Publishing House, 2001).

Gaddis, John L., *The Cold War: A New History* (New York: Penguin Books, 2005).

Gaddis, John L., *The Long Peace: Inquiries into the History of the Cold War* (New York: Oxford University Press, 1987).

Gaddis, John L., *The United States and the Origins of the Cold War, 1941–1947* (NY: Columbia University Press, 1972).

Gaddis, John L., *We Now Know: Rethinking Cold War History* (NY: Oxford University Press, 1997).

Harrison, Hope M., *Driving the Soviets Up the Wall: Soviet-East German Relations, 1953–1961* (New Jersey: Princeton University Press, 2003).

Hayes, Peter, *Pacific Powderkeg: American Nuclear Dilemmas in Korea* (Lanham: Lexington Books, 1991).

Hurley, John J., *The Influence of Religion on the West German Christian Democratic Parties: Friedenspolitik and the Decision to Support Nuclear Deployment* (Washington, D. C.: Ph. D. Diss., Catholic University of America, 1991).

Jervis, Robert, *The Illogic of American Nuclear Strategy* (Ithaca and London: Cornell University Press, 1984).

Jones, Matthew, *After Hiroshima, The United States, Race and Nuclear Weapons in Asia, 1945–1965* (Cambridge: Cambridge University Press,

2010).

Kei, Wakaizumi, *The Best Course Available: A Personal Account of the Secret U. S. -Japan Okinawa Reversion Negotiation* (Honolulu: University of Hawaii Press, 2002).

Kennan, George F., *Memoirs: 1925–1950* (Boston: Little, Brown and Co., 1967).

Leffler, Melvyn P. and Westad, Odd Arne (eds.), *The Cambridge History of the Cold War, Vol. Ⅰ–Ⅲ, Origins* (Cambridge: The Cambridge University Press, 2010).

Leffler, Melvyn P., *For the Soul of Mankind, the United States, the Soviet Union and the Cold War* (New York: Hill and Wang, 2007).

Leonard, Barry (ed.), *History of Strategic Air and Ballistic Missile Defense, Vol. Ⅱ (1956 – 1972)*, U. S. Army Center of Military History, 2010.

Mastny, Vojtech (ed.), *War Plans and Alliances in the Cold War: Threat Perceptions in the East and West* (New York: Routledge, 2006).

Perkovich, George, *India's Nuclear Bomb: The Impact on Global Proliferation* (Berkeley: University of California Press, 1999).

Reiss, Edward, *The Strategic Defense Initiative* (Cambridge, UK: Cambridge University Press, 1992).

Rose, John, *The Evolution of U. S. Army Nuclear Doctrine, 1945–1980*(Boulder: Westview Press, 1980).

Sagan, Scott, *Moving Targets: Nuclear Strategy and National Security* (Princeton: Princeton University Press, 1989).

Sarantakes, Nicholas Evan, *The American Occupation of Okinawa and U. S. -Japanese Relations* (College Station: Texas A&M University Press, 2000).

Seongwhun, Cheon, *Toward Greater Transparency of Non-nuclear Policy: A Case Study of South Korea* (Seoul: The Korean Institute for National Unification, 2005).

Smoke, Richard, *National Security and the Nuclear Dilemma, An Introduction to The American Experience* (New York: Newbery Award Records, Inc., 1987).

Steiner, Barry, *Bernard Brodie and the Foundations of American Nuclear Strategy* (Lawrence: University Press of Kansas, 1991).

Stephen Jin-Woo Kim, *Master of Manipulation: Syngman Rhee and the Seoul-Washington Alliance, 1953 – 1960* (Seoul: Yonsei University Press, 2001).

Szalontai, Baláżs, *Kim Il Sung in the Khrushchev Era: Soviet-DPRK Relations and the Roots of North Korean Despotism, 1953–1964* (Chicago: Stanford University Press, 2005).

Tannenwald, Nina, *The Nuclear Taboo: the United States and the Non-use of Nuclear Weapons since 1945* (Cambridge University Press, 2007).

Taylor, Maxwell, *The Uncertain Trumpet* (NY: Harper & Brothers, Publishers, 1960).

Terriff, Terry, *The Nixon Administration and the Making of U. S. Nuclear Strategy* (Ithaca: Cornell University Press. 1995).

U. S. Joint Chiefs of Staff, *Department of Defense Dictionary of Military and Associated Terms* (Washington: Government Printing Office, March 23, 1994, amended through April 15, 1998).

Westad, Odd Arne, *The Global Cold War, Third World Interventions and the Making of Our Times* (Cambridge, UK: Cambridge University Press, 2007).

Williamson, Samuel and Rearden, Steven, *The Origins of U. S. Nuclear Strategy, 1945–1953* (New York: St. Martin's Press, 1993).

三、中文专（译）著及回忆录

艾森豪威尔：《艾森豪威尔回忆录：白宫岁月》，复旦大学资本主义国家经济研究所译，生活·读书·新知三联书店，1978。

巴瑞特·提尔曼：《美国空军》，周正、徐明毅译，南京出版社，2004。

查尔斯·希契、罗兰·麦基因：《核时代的国防经济学》，闵振范等译，北京理工大学出版社，2006。

戴维·罗特科普夫：《操纵世界的手：美国国家安全委员会内幕》，孙成昊、赵亦周译，商务印书馆，2013。

弗拉季斯拉夫·祖博克：《失败的帝国：从斯大林到戈尔巴乔夫》，李晓江译，社会科学文献出版社，2014。

哈里·杜鲁门：《杜鲁门回忆录》（上、下），李石译，东方出版社，2007。

亨利·基辛格：《核武器与对外政策》，北京编译社译，世界知识出版社，1959。

孔华润主编《剑桥美国对外关系史》，新华出版社，2004。

雷蒙德·加特霍夫：《冷战史：遏制与共存备忘录》，伍牛、王薇译，新华出版社，2003。

李普曼：《冷战：美国外交政策的研究》，裘仁达译，商务印书馆，1959。

迈克尔·多布斯：《午夜将至：核战边缘的肯尼迪、赫鲁晓夫与卡斯特罗》，社会科学文献出版社，2015。

麦乔治·邦迪：《美国核战略》，褚广友等译，世界知识出版社，1991。

梅尔文·莱弗勒：《人心之争：美国、苏联与冷战》，孙闵欣等译，华东师范大学出版社，2010。

乔治·凯南：《凯南日记》，曹明玉译，中信出版社，2016。

塞勒斯·万斯：《困难的抉择——美国对外政策的危机年代》，郭靖安等译，中国对外翻译出版公司，1987。

史塔生：《艾森豪威尔：推动和平》，王威等译，世界知识出版社，1992。

斯蒂文·瑞尔登：《美国参谋长联席会议史（1942—1991）》，许秀芬等译，世界知识出版社，2015。

威廉·阿金等编《简明美国军事百科全书》，方未之等译，军事译文出版社，1991。

沃尔特·博伊恩：《跨越苍穹：美国空军史（1947—1997）》，郑道根译，军事译文出版社，1999。

沃尔特·拉费伯尔：《美国、俄罗斯和冷战：1945—2006》（第10版），牛可等译，世界图书出版公司，2011。

约翰·赫尔弗斯：《美国海军》，高婧译，南京出版社，2004。

约翰·加迪斯：《长和平：冷战史考察》，潘亚玲译，上海人民出版社，2010。

约翰·加迪斯：《遏制战略》，时殷弘等译，世界知识出版社，2005。

约翰·加迪斯：《冷战》，翟强、张静译，社会科学文献出版社，2016。

约翰·纽豪斯：《核时代的战争与和平》，军事科学院外国军事研究部译，军事科学出版社，1989。

兹比格纽·布热津斯基：《实力与原则：1977—1981年国家安全顾问回忆录》，邱应觉等译，世界知识出版社，1985。

文安立：《全球冷战：美苏对第三世界的干涉与当代世界的形

成》，牛可等译，世界图书出版公司，2012。

尼基塔·赫鲁晓夫：《赫鲁晓夫回忆录》（三卷），述弢等合译，社会科学文献出版社，2015。

劳伦斯·弗里德曼：《核战略的演变》，黄钟青译，中国社会科学出版社，1989。

蔡佳禾：《双重的遏制：艾森豪威尔政府的东亚政策》，南京大学出版社，1999。

崔磊：《盟国与冷战期间的美国核战略》，世界知识出版社，2013。

崔丕：《冷战时期美国对外政策史探微》，中华书局，2002。

崔丕：《冷战时期美日关系史研究》，中央编译出版社，2013。

戴超武：《敌对与危机的年代：1954—1958年的中美关系》，社会科学文献出版社，2003。

复旦大学韩国研究中心主编《韩国研究论丛》，上海人民出版社，1995。

国际问题研究所编译：《国际条约集》，商务印书馆，1980。

侯锐：《美国战略核导弹发展与控制研究（1945—1980）》，辽宁大学出版社，2011。

姜振飞：《美国约翰逊政府与国际核不扩散体制》，中国社会科学出版社，2008。

刘金质：《冷战史》，世界知识出版社，2003。

牛军主编《冷战时期的美苏关系》，北京大学出版社，2005。

欧阳红兵、阮宗泽：《杜勒斯：冷战外交家》，世界知识出版社，1999。

沈剑虹：《使美八年纪要：沈剑虹回忆录》，世界知识出版社，1983。

沈志华等著：《冷战时期美国重大外交政策案例研究》，经济科学出版社，2014。

石斌：《杜勒斯与美国对苏战略：1952—1959》，中国社会科学出版社，2004。

世界知识出版社编《杜勒斯言论选辑》，世界知识出版社，1959。

王传剑：《双重规制：冷战后美国的朝鲜半岛政策》，世界知识出版社，2003。

王绳祖主编《国际关系史》，世界知识出版社，1995—2004。

王绳祖主编《国际关系史资料选编》，武汉大学出版社，1983。

王玮、戴超武：《美国外交思想史》，人民出版社，2007。

王玮主编《美国对亚太政策的演变，1776—1995》，山东人民出版社，1995。

王震：《一个超级大国的核外交——冷战转型时期美国核不扩散政策（1969—1976）》，新华出版社，2013。

王仲春、夏立平：《美国核武器与核战略》，国防大学出版社，1995。

吴大猷：《吴大猷文选⑥：在台工作回忆》，远流出版事业股份有限公司，1989。

许嘉：《美国战略思维研究》，军事科学出版社，2003。

杨天石：《找寻真实的蒋介石：蒋介石日记解读Ⅱ》，华文出版社，2010。

于群主编《美国国家安全与冷战战略》，中国社会科学出版社，2006。

詹欣：《冷战与美国核战略》，九州出版社，2013。

张曙光：《美国遏制战略与冷战起源再探讨》，上海外语教育出版社，2007。

赵学功：《巨大的转变：战后美国对东亚的政策》，天津人民出版社，2002。

赵学功：《十月风云：古巴导弹危机研究》，天津人民出版社，2009。

周建明：《美国国家安全战略的基本逻辑：遏制战略解析》，社会科学文献出版社，2009。

朱强国：《美国战略导弹防御计划的动因》，世界知识出版社，2004。

资中筠主编《战后美国外交史：从杜鲁门到里根》，世界知识出版社，1994。

总装备部电子信息基础部编《现代武器装备知识丛书：核武器装备》，原子能出版社等，2003。

四、英文论文

Aldous, Christopher, "Achieving Reversion: Protest and Authority in Okinawa, 1952-70," *Modern Asian Studies* 37, no. 2 (2003).

Avey, Paul C., "The Historical Rarity of Foreign-Deployed Nuclear Weapon Crises," *Security Studies* 27, no. 1 (2017).

Ball, Desmond and Robert Toth, "Revising the SIOP: Talking War-Fighting to Dangerous Extremes," *International Security* 4, no. 4 (1990).

Ball, S. J., "Military Nuclear Relations between the United States and Great Britain under the Terms of the McMahon Act, 1946-1958," *The Historical Journal* 38, no. 2 (1995).

Betts, Richard K., "Security and Solidarity: NATO's Balancing Act after the Deployment of Intermediate-Range Nuclear Forces," *The Brookings Review* 3, no. 4 (1985).

Boer, Connie De, "The Polls: The European Peace Movement and Deployment of Nuclear Missiles," *The Public Opinion Quarterly* 49, no. 1

(1985).

Brands, Hal, "Rethinking Nonproliferation: LBJ, The Gilpatric Committee, and U. S. National Security Policy," *Journal of Cold War Studies* 8, no. 2 (2006).

Bright, Christopher John, "Nike Defends Washington: Antiaircraft Missiles in Fairfax County, Virginia, during the Cold War, 1954-1974," *The Virginia Magazine of History and Biography* 105, no. 3 (1997).

Bundy, McGeorge, George F. Kennan, Robert S. McNamara and Gerard Smith, "Nuclear Weapons and the Atlantic Alliance," *Foreign Affairs* 60, no. 4 (1982).

Burr, William and Jeffrey T. Richelson, "Whether to 'Strangle the baby in the Cradle': The United States and The Chinese Nuclear Program, 1960-1964," *International Security* 25, no. 3 (2000/2001).

Carter, Barry, "Nuclear Strategy and Nuclear Weapons," *Scientific American* 230, no. 5 (1974).

Chang, Gordon H., "To the Nuclear Brink: Eisenhower, Dulles, and the Quemoy-Matsu Crisis," *International Security* 12, no. 4 (Spring, 1988).

Dingm, Roger, "Atomic Diplomacy during the Korean War," *International Security* 13, no. 3 (1988).

Foradori, Paolo, "Tactical Nuclear Weapons in Italy-Striking a Balance between Disarmament Aspirations and Alliance Obligations," *The Nonproliferation Review* 19, no. 1 (2012).

Fuhrmann, Matthew and Todd S. Sechser, "Nuclear Strategy, Nonproliferation, and the Causes of Foreign Nuclear Deployments," *Journal of Conflict Resolution* 58, no. 3 (2014).

Gavin, Francis J., "Blasts from the Past: Proliferation Lessons from the 1960s," *International Security* 29, no. 3 (2004/2005).

Gavin, Francis J., "Nuclear Nixon: Ironies, Puzzles, and the Triumph of Realpolitik," in Fredrick Logewall and Andrew Preston (eds.), *Nixon in the World, American Foreign Relations, 1969–1977* (New York: Oxford University Press, 2008).

Gavin, Francis J., "Politics, History and the Ivory Tower-Policy Gap in the Nuclear Proliferation Debate," *Journal of Strategic Studies* 35, no. 4 (2012).

Gavin, Francis J., "Predicting Proliferation during the 1960s: The Story of LBJ's Gilpatric Committee" (Paper presented for the conference "Intelligence and Prediction in an Unpredictable World", Stanford University, June 20–21, 2003).

Halperin, Morton, "The Decision to Deploy the ABM: Bureaucratic and Domestic Politics in the Johnson Administration," *World Politics* 25, no. 1 (1972).

Hayes, Peter, "American Nuclear Hegemony in Korea," *Journal of Peace Research* 25, no. 4 (1988).

Jackson, Michael Gordon, "Beyond Brinkmanship: Eisenhower, Nuclear War Fighting, and Korea, 1953 – 1968," *Presidential Studies Quarterly* 35, no. 1 (2005).

Jones, Matthew, "Targeting China: U. S. Nuclear Planning and 'Massive Retaliation' in East Asia, 1953–1955," *Journal of Cold War Studies* 10, no. 4 (Fall 2008).

Jones, Matthew, "Up the Garden Path? Britain's Nuclear History in the Far East, 1954 – 1962," *The International History Review* 25, no. 2 (2003).

Komine, Yukinori, "Okinawa Confidential, 1969: Exploring the

Linkage between the Nuclear Issue and the Base Issue," *Diplomatic History* 37, no. 4 (2013).

Kristensen, Hans M. and Norris, Robert S., "A History of US Nuclear Weapons in South Korea," *The Bulletin of The Atomic Scientists* 73, no. 6 (2017).

Kristensen, Hans M., "Japan Under the Nuclear Umbrella: U. S. Nuclear Weapons and Nuclear War Planning in Japan During the Cold War," A Working Paper to The Nautilus Institute, 1999.

Lee, Jae-Bong, "U. S. Deployment of Nuclear Weapons in 1950s South Korea and North Korea's Nuclear Development: Toward Denuclearization of the Korean Peninsula," *The Asia-Pacific Journal: Japan Focus* 8-3-09 (2009).

Maddock, Shane, "The Fourth Country Problem: Eisenhower's Nuclear Nonproliferation Policy," *Presidential Studies Quarterly* 28, no. 3 (1998).

Maddock, Shane, *The Nth Country Conundrum: The American and Soviet Question for Nuclear Nonproliferation, 1945 – 1970*, Ph. D. Dissertation to University of Connecticut, 1997.

Melissen, Jan, "Nuclearizing NATO, 1957 – 1959: The 'Anglo-Saxons', Nuclear Sharing and the Fourth Country Problem," *Review of International Studies* 20, no. 3 (1994).

Mitchell, Derek J., "Taiwan's Hsin Chu Program: Deterrence, Abandonment, and Honor," in Kurr M. Campbell, Robert J. Einhorn and Mitchell B. Reiss (eds.), *The Nuclear Tipping Point: Why States Reconsider Their Nuclear Choices* (Washington: The Brookings Institution, 2004).

Norris, Robert S., William M. Arkin & William Burr, "Where They

Were," *The Bulletin of the Atomic Scientists*, November/December 1999.

Norris, Robert S., William M. Arkin & William Burr, "Where They Were: How Much Did Japan Know," *The Bulletin of the Atomic Scientists*, January/February 2000.

Oakes, Guy, "The Cold War Conception of Nuclear Reality: Mobilizing the American Imagination for Nuclear War in the 1950's," *International Journal of Politics, Culture, and Society* 6, no. 3 (1993).

Paul, T. V., "Systemic Conditions and Security Cooperation: Explaining the Persistence of the Nuclear Nonproliferation Regime," *Cambridge Review of International Affairs* 16, no. 1 (2003).

Powell, Robert, "Nuclear Deterrence Theory, Nuclear Proliferation, and National Missile Defense," *International Security* 27, no. 4 (2003).

Priest, Andrew, "In American Hands: Britain, the United States and the Polaris Nuclear Project, 1962–1968," *Contemporary British History* 19, no. 3 (2005).

Sechser, Todd S., "Sharing the Bomb: How Foreign Nuclear Deployments Shape Nonproliferation and Deterrence," *The Nonproliferation Review* 23, no. 3–4 (2016).

Sun, Yi, "John Foster Dulles and the China Dilemma in the United States Foreign Policy, 1953 – 1959" (PhD diss., Washington State University, 1994).

Walker, David McKinley, "Eisenhower's New Look, Tactical Nuclear Weapons, and Limited War with a Case Study of the Taiwan Strait Crisis of 1958" (PhD diss., The George Washington University, 2004).

五、中文论文

陈捷、尚金锁：《美国早期有限战争理论初探》，《军事历史研究》1999 年第 2 期。

陈捷、尚金锁：《美国早期有限战争理论初探（续一）》，《军事历史研究》1999 年第 3 期。

陈捷、尚金锁：《美国早期有限战争理论初探（续二）》，《军事历史研究》1999 年第 4 期。

陈舟：《美国有限战争理论的形成与发展》，《军事历史》1995 年第 6 期。

崔丕：《〈美日返还冲绳协定〉形成史论》，《历史研究》2008 年第 2 期。

崔丕：《美日对中国研制核武器的认识与对策（1959—1969）》，《世界历史》2013 年第 2 期。

崔丕：《美日返还冲绳施政权谈判中的核密约问题考》，《上海交通大学学报（哲学社会科学版）》2014 年第 4 期。

高奇琦：《美国在韩核部署的历史分析（1958—1991）》，《韩国研究论丛》2008 年第 1 期。

葛兆富：《美国“大规模报复战略”出台成因探析》，《山东师范大学学报（人文社会科学版）》2003 年第 1 期。

郭培清：《从“大规模报复”到“灵活反应”》，《吉林师范大学学报（人文社会科学版）》2003 年第 3 期。

黄椿：《对大规模报复战略的几点评价》，《美国研究》1989 年第 4 期。

李秋发：《肯尼迪政府的灵活反应战略探析》，《军事历史研究》1997 年第 1 期。

李正楠、张杨：《与缓和同轨——尼克松政府对台政策新探》，

《历史教学》2009 年第 2 期。

梁志：《一段隐秘的历史：美国在台湾的核部署（1957—1960）》，《中共党史研究》2017 年第 11 期。

林孝庭：《“中华民国”核武研发之探讨（1961—1980）》，《“国史馆”馆刊》2012 年第 31 期。

刘洪丰：《60 年代以来台湾核武器研制与美国对台政策》，《青岛师范学院学报》2002 年第 3 期。

刘磊：《“抵消战略”与卡特时期美国核战略的延续与变化》，《美国研究》2014 年第 5 期。

刘磊：《从“大规模报复”到“有限战争”——艾森豪威尔时期美国有关核战略的争论》，《美国研究》2013 年第 2 期。

刘磊：《肯尼迪政府时期美国对苏联核战争的设想》，《军事历史研究》2014 年第 2 期。

刘磊：《施莱辛格主义与尼克松政府核战略的调整》，《史林》2013 年第 4 期。

刘少东：《日本政府在最初处理冲绳问题上的努力》，《历史教学》2009 年第 6 期。

刘姝：《美国对法国核武器研制的评估与对策（1958—1960）》，《社会科学战线》2009 年第 2 期。

刘子奎：《核扩散问题与艾森豪威尔政府和平利用原子能计划》，《世界历史》2016 年第 5 期。

刘子奎：《美国早期防扩散政策与美英苏禁止核试验谈判》，《历史研究》2015 年第 4 期。

潘锐：《从“大规模报复”到“星球大战”——论冷战时期美国核战略的演变》，《太平洋学报》2002 年第 3 期。

石斌：《20 世纪 50 年代美国政府关于核报复战略的内部争论》，《史学月刊》2004 年第 11 期。

汪伟民：《疯狂的年代：尼克松政府在越南战争中的核选择》，《国际观察》2007 年第 2 期。

王娟娟：《战后初期美英在使用核武器协商权问题上的争议》，《社会科学辑刊》2011 年第 1 期。

夏亚峰：《“尼克松主义”及美国对外政策的调整》，《中共党史研究》2009 年第 4 期。

尹晓亮、文阡萧：《日本在无核三原则下的隐蔽诉求——基于日美核密约的解读》，《东北亚学刊》2015 年第 5 期。

臧扬勤：《同盟的深化——美日核潜艇靠港谈判（1963—1964）》，《冷战国际史研究》2013 年第 16 辑。

詹欣：《美国对华核战略与一九六九年中苏边界冲突》，《中共党史研究》2011 年第 10 期。

詹欣：《美国对中国第一次核试验的对策再考察》，《国际论坛》2015 年第 5 期。

詹欣：《美国尼克松政府对华核军控政策评析》，《当代中国史研究》2014 年第 1 期。

詹欣：《美国与朝鲜核问题的历史分析》，《东北师范大学学报（哲学社会科学版）》2007 年第 2 期。

詹欣：《试论美国对中国核武器研制的评估与对策（1961—1964）》，《当代中国史研究》2001 年第 3 期。

詹欣：《试析美国对台湾研制核武器的对策》，《冷战国际史研究》2006 年第 3 辑。

詹欣：《约束与局限：试述台湾核武器计划与美国的对策》，《台湾研究集刊》2014 年第 3 辑。

张静怡、宋久光：《从“纯威慑”到“实战威慑”——六十年代以来美国核战略的演变》，《美国研究》1998 年第 4 期。

张曙光：《威慑理论：美国国际战略学的一个重要领域》，《美国研究》1990 年第 4 期。

张淑雅：《困境重现之因：1958 年台海危机与美国的外岛政策再思考》，《“中央研究院”院近代史研究所集刊》2012 年第 77 辑。

张扬：《官智合流：冷战时期美国政治—学术复合体初探》，《社会科学战线》2012 年第 6 期。

赵明昊：《中美缓和背景下的彭明敏事件》，《美国研究》2011 年第 1 期。

赵学功：《核武器与美国对朝鲜战争的政策》，《历史研究》2006 年第 1 期。

赵学功：《核武器与美国对第一次台海危机的政策》，《美国研究》2004 年第 2 期。

赵学功：《简论冷战时期美国核战略思想的演变》，《世界近现代史研究》2013 年第 10 辑。

赵学功：《第二次台湾海峡危机与美国核威慑的失败》，《历史研究》2014 年第 2 期。

后 记

从华盛顿特区出发，沿着70号州际高速公路一直向西，大约2000千米就能来到一座名为阿比林（Abilene）的小镇。这里是美国第34任总统艾森豪威尔的故乡。

即使是美国人，或许知道艾森豪威尔，听说过这个小镇的恐怕也不多。美国总统都有个“落叶归根”的习惯，卸任后喜欢把收藏任内档案资料的图书馆建在家乡。在中部，就坐落着艾森豪威尔和杜鲁门两位总统的图书馆。只是与杜鲁门总统图书馆所在的独立城相比，阿比林更小、更偏僻。若从海外来，需要先飞到东部或西部的大城市，然后转机到堪萨斯城，再坐车或租车到这里，交通并不便利。2019年深秋，因为查阅档案资料的需要，我和两位同在华盛顿访学的学生商量后，决定自驾前往阿比林。经过三天马不停蹄的兼程，一行三人翻越阿巴拉契亚山，跨过密西西比河，横穿一望无际的大平原，深入到美国腹地。

与艾森豪威尔当年走出阿比林刚好相反，我们来了一场穿越之旅，从“充满权力斗争”的华盛顿来到人烟稀少的中部小镇，除了收集资料，更想去了解，在这片土地上究竟是什么影响了这位军人总统的情感与经历。在快到阿比林的高速公路旁，一块“艾森豪威尔总统故乡”的牌子就在提示你，这个小镇是多么为有这样一位人物而感到自豪。相比于东部那些出身于政治家族的人，艾森豪威尔确实是一位“平民总统”。初到阿比林，我们的直观感受就是

“小”，开车不出十分钟就能纵贯整个小镇。总统纪念馆和图书馆就坐落在小镇中央，却占据着很大一块地方。

查阅档案的总统图书馆虽然不大，却井井有条、一尘不染。来到二楼的阅览室，一位专业馆员琳达接待了我们。老太太热情又和善，询问了我们的研究课题，介绍了馆藏情况，还叮嘱有问题随时可以找她。作为感谢，我们将一个中国结送给她作为小礼物。琳达很高兴，大概是很久没有中国人来访了吧，赶忙和另外一位年轻的馆员尼科尔在阅档室里找合适的地方，把中国结高高地挂起来。接下来的两周，我们三人主要的生活就是收集档案，从早上开门忙到下午闭馆，中午休息时间把镇子上为数不多的快餐店轮着吃了几遍。为了食宿便利，我们租住在阿比林以西半小时车程的萨利纳(Selina)。每天结束工作返程，看着大平原天地相接之处的红霞，盘算着自己的资料库又多了几千页档案，一天的疲劳也烟消云散了。

在艾森豪威尔纪念馆里，有一句话令人印象深刻：“我来自美国之心。”(I come from the very heart of America) 阿比林既处于美国的地理中心位置，也是美国文化传统的保存之地。与东西部喧闹、繁华的大都市相比，我觉得这里才是“真正的美国”所在。可惜，我们没机会长时间待在小镇，跟普通人的接触也很有限，对淳朴的民风更是浅尝辄止。研究美国历史多年，却未能深入到这个国家的田野，感受它的文化内核，突然感觉自己的文字多少有些浅陋。虽然小镇的日子只是艾森豪威尔戎马倥偬一生的片段，但就像他自己所说，阿比林是他的根。成为将军、总统之后，总有些源自小镇生活的东西，在他的心头时隐时现，渗透进他的所思所行。

1961 年 1 月，艾森豪威尔在卸任告别辞中警告美国人民，随着战争和冷战兴起的“军事—工业复合体”正在“危害美国的自由或民主进程”。人们普遍对他演说中的这一观点印象深刻。作为一名亲身经历过两次世界大战的政治人物，他的思想中并不缺乏对人类命运这种宏大议题的道德关切。哪怕是些零星的闪念，都可能与他在阿比林的成长经历有关。1953 年，艾森豪威尔就任总统时，美苏已经同时拥有多枚原子弹，且双方都在进行更大威力的热核试验。当年年底，他在写给丘吉尔的信中说，就任一年里最让他夜不能寐的事情就是危险的核武器。

实际上，艾森豪威尔在原子能问题上是一个“自相矛盾”的人，他一面积极鼓动和平利用原子能，甚至推动达成禁止核试验协议，而另一面却大力发展核能力，开启了大规模海外核部署之路。纵观整个冷战时期，无论是考察双方的战略或政策，还是深入到高层决策过程，我们都能发现美苏两个超级大国的领导人，一直游移于核武器的“威慑”与“禁忌”两端。从某种程度上说，核武器的历史既是人类灾难的历史，也是人类认识到共同命运的历史，正是核武器维系了美苏之间的两极对峙的“冷战”格局与状态。从事冷战史研究，核历史虽然敏感却是一个无法回避的话题。

十年前，我就关注到了“美国海外核部署”这个课题。最初研究的案例是韩国，后在华东师范大学历史学系前辈崔丕教授的指点下又关注到日本。借赴意大利参加国际会议之机，我结识了当时美国核历史研究的权威学者威廉·伯尔（William Burr）教授，才得知这个课题在当时还是个“难题”——主要是档案解密状况非常不理想，不仅公开的寥寥无几，即便公开的也很不系统。无奈，这项研究不得不停顿下来，直到 2019 年受国家公派留学，我才有机会赴美国访学、查档。于是便有了上面三人自驾造访阿比林的故事。

这本书是本人“美国海外核部署”历史研究的部分成果，最终能够写就，首先离不开华东师范大学历史学系、社会主义历史与文献研究院和世界史学科的支持。此外，特别致谢乔治·华盛顿大学的席格尔亚洲研究中心（Sigur Centerfor Asian Studies），以及中心主任裴斗虎（Gregg Brazinsky）教授，为我赴美访学、查阅资料提供了方便。在美访学期间，威尔逊国际学者中心的克里斯蒂安·奥斯特曼（Christian Ostermann）和查尔斯·克劳斯（Charles Kraus）邀请本人参加学术活动，开阔了我的学术视野；何妍和范鑫夫妇以及李潜虞、祝湘辉、金凯、耿志等新老朋友也多次组织沙龙、聚会，为焦躁的疫情生活平添了乐趣；同期访学的学生张校博、李聪慧、宋亚光和邵天泽为我查阅资料和日常生活也提供了很多帮助，在此一并致谢。世界知识出版社一直专长于国际问题图书出版，感谢冷战史研究专家李丹慧教授的提携，感谢责任编辑刘豫徽老师为本书出版所做的大量工作。本书部分内容曾以论文形式发表于《历史研究》《世界历史》《日本学刊》《军事历史研究》等刊物，成书后增补了美国国家档案馆、总统图书馆收集的资料，感谢这些刊物和编辑的抬爱以及专家们提出的写作建议。

此书献给我的家人们，赴美访学期间岳母和妻子在家中照料小儿，使我能够潜心收集资料和写作。每天早上与儿子的视频让我一天的工作精神抖擞、斗志满满。衷心祝愿家人们平顺、安康！

陈波

2023 年夏

冷战国际史研究丛书已出版图书

1. 张曙光：《接触外交：尼克松政府解冻中美关系》，世界知识出版社 2009 年 1 月出版。

2. 王新蕾：《旧金山媾和与中国》，世界知识出版社 2009 年 3 月出版。

3. 徐天新、沈志华主编：《冷战前期的大国关系：美苏争霸与亚洲大国的外交取向（1945—1972）》，世界知识出版社 2011 年 4 月出版。

4. 范宏伟：《和平共处与中立主义——冷战时期中国与缅甸和平共处的成就与经验》，世界知识出版社 2012 年 8 月出版。

5. 孙德刚：《准联盟外交的理论与实践：基于大国与中东国家关系的实证分析》，世界知识出版社 2012 年 9 月出版。

6. 房建国：《美国对阿尔及利亚战争政策研究》，世界知识出版社 2012 年 11 月出版。

7. 崔丕、[日] 青山瑠妙主编：《多维视角下的亚洲冷战》，世界知识出版社 2014 年 8 月出版。

8. 梁志：《冷战与情报：美国“普韦布洛”号危机决策史》，世界知识出版社 2014 年 12 月出版。

9. 李潜虞：《从万隆到阿尔及尔——中国与六次亚非国际会议（1955—1965）》，世界知识出版社 2016 年 3 月出版。

10. ［俄］叶菲莫娃：《斯大林和印度尼西亚 1945—1953 年苏联对印度尼西亚的政策：不为人知的一页》（吕雪峰译），世界知识出版社 2016 年 5 月出版。

11. 李晓亮：《阿富汗战争：苏联高层决策研究（1979—1989）》，世界知识出版社 2016 年 11 月出版。

12. 梁志、韩长青主编：《冷战时期的中国与世界》，世界知识出版社 2017 年 11 月出版。

13. 吕雪峰：《战后初期苏联对东欧政策：捷克斯洛伐克个案（1945—1953）》，世界知识出版社 2018 年 1 月出版。

14. 徐显芬：《未走完的历史和解之路：战后日本的战争赔偿与对外援助》，世界知识出版社 2018 年 8 月出版。

15. 牛军：《冷战时代的中国战略决策》，世界知识出版社 2019 年 10 月出版。

16. 翟韬：《文化冷战与认同塑造：美国对东南亚华人华侨宣传研究：1949—1965》，世界知识出版社 2020 年 9 月出版。

17. 牛军：《战后东亚秩序》，世界知识出版社 2021 年 11 月出版。

18. 张小明：《乔治·凯南遏制思想研究（增订本）》，世界知识出版社 2021 年 11 月出版。

19. 陈波：《威慑与禁忌：艾森豪威尔时期美国在东亚的核部署研究》，世界知识出版社 2023 年 8 月出版。